# 다시 길 위에 서다

고영덕 5수필집

오늘의문학사

다시 길 위에 서다

## 서문

우리는 매일 계획하고, 예측하며 단정 짓지만, 삶은 언제나 그 모든 틀을 비껴가곤 한다. 그래서 삶은 매 순간 새롭고, 그 무게만큼이나 뜻밖의 아름다움을 품고 있다. 확신할 수 없는 인생 앞에서 우리는 한 걸음씩 담대히 내디디며, 가만히 스며드는 어느 날의 조각들을 가슴에 담는다. 이 글들은 그런 날들의 단편들이다. 당신의 마음에도 은은히 머물기를 바라는 이야기들이다.

가치 있는 조각이 되기 위해서는 그것을 담아내는 글 또한 진심이어야 한다. 글은 머릿속의 생각을 바깥으로 꺼내는 일이기에, 그만큼 비움과 채움이 필요하다. 비워진 자리에 생각이 천천히 내려앉을 때, 비로소 한 줄의 문장이 태어난다. 때로는 웃음으로, 때로는 사색으로 가득한 순간들이 글이 되었고, 그 시간을 당신과 나누고 싶다.

기록되는 순간, 역사는 조용히 그 발걸음을 내디딘다. 흐릿했던 생각이 글로 쓰이면서 점차 형태를 갖추고, 하나의 생각은 또 다른 생각을 불러온다. 머릿속을 맴도는 수많은 단상을 글로 옮기지 않으면 어느새 사라지고 만다. 떠오른 생각은 기록되지 않는 한, 글의 재료가 될 수 없다. 머리가 복잡할수록 글은 더 또렷하고 구체적인 생각으로 이어지기도 한다. 생각이 머릿속에만 머무를 때보다, 글이 되어 흐를 때 비로소 짜임새를 갖추고 깊이를 더한다. 질문에 질문을 더하고, 생각 위에 생각을 포개다 보면 어느새 글은 사유의 층을 쌓아 올린다.

글을 쓴다는 것은 일상생활에서 경험한 것 중 소재로서 가치가 있다고 생각되는 것에 생명을 불어넣는 일이다. 내면화된 경험을 바탕으로 해석하고, 나를 관통하여 나만의 글이 나오게 된다. 우리의 일상생활 하나하나가 글을 쓸 수 있는 소재거리로, 쓰지 않으면 기억에서 잊히고 사라지게 된다. 메모지에 생각이 날 때마다 끄적거리다 보면, 생각과 고민이 쌓이고, 보고, 듣는 것이 있어 하나하나 보태질 것이다. 글을 쓴다는 것은 누군가의 삶에 가닿고 싶은 욕망이며, 자신의 존재에 의미를 부여하는 행위이고, 타인의 삶에 귀 기울이겠다는 태도이다.

글을 쓴다는 것은 곧 자아 성찰의 기회를 선물하는 일이다. 현대인은 과거 인류와 비교하면 삶의 조건은 풍요로워졌지만, 정작 자아를 돌아보는 시간이 부족하다. 글을 쓴다는 것은 그런 바쁜 일상에서 의식적으로 체험을 되새기고, 삶의 조각들에 의미를 부여하는 고요한 행위이다. 말은 순간 사라지지만, 글은 준비하는 시간 속에서 자란다. 이 점에서 글은 말과 다르다. 말처럼 즉흥적이지 않고, 미리 사색하고 독서하며 마음을 다듬는 시간이 함께한다. 글 쓰는 일은 나 자신을 돌아보는 일이고, 세상과 더 깊이 연결되기 위한 사색의 시작이다. 이렇듯 글을 쓴다는 것은 단순한 표현을 넘어, 삶을 천천히 음미하고, 풍요롭게 만드는 일이다.

글쓰기는 결국, 자신의 경험을 글이라는 그릇에 담아내는 일이다. 그 경험에 마지막 한 방울까지 온전히 쏟아낼 수 있느냐에 따라 글의 깊이가 달라진다. 때론 아무 의미도 없이 쓰는 것 같고, 도무지 끝이 없을 것처럼 막막하게 느껴지기도 한다. 그러나 매번 "이번엔 정말 못 쓰겠다."

라는 생각을 넘기며 다시 펜을 든다. 그렇게 쓰고 또 쓰다 보면, 어느새 글이 되어 있었고, 다섯 번째 수필집을 낸 나를 발견하게 되었다.

천학비재(淺學菲才)라 두려운 마음이 크지만, 최선을 다해 쓴 글이 독자에게 잔잔한 감동과 울림을 전할 수 있기를 조심스럽게 기대해 본다. 제1 독자가 되어 누구보다도 매서운 눈으로 정성껏 의견을 건네준 아내에게 깊은 고마움을 전한다. 아내의 찐 고객이신 조정숙 님께서 교정 작업에 많은 도움을 주셔서 감사했다. 또한 묵묵히 응원해 준 가족들의 따뜻한 마음은 이 길을 계속 걷게 해주는 힘이었다. 합평회 시간을 통해 올곧게 설 수 있도록 따뜻한 지도 편달을 아끼지 않으신 리헌석 문학사랑 이사장님과 여러 작가님께도 감사의 마음을 전한다.

2025. 7.
인서(仁瑞) 고 영 덕 올림

♣ 목차

서문 ················································· 5

# 1부 아버지, 그 이름의 백년

사람을 안다는 것은 ················· 15
15년 만에 다시 찾은 ················ 22
나눔의 기쁨 ··························· 27
머뭇거리다 ···························· 32
반세기 만에 설레는 만남 ··········· 37
사과합니다 ···························· 42
아버지, 그 이름의 백년 ············· 47
젖과 꿀이 흐르는 땅 ················· 56
책을 선물한다는 것 ·················· 61
피노키오 코가 될 뻔한 ·············· 66
하늘로 떠난 이름 하나 ·············· 71
나를 살린 금강 ························ 76

## 2부 어린 손녀의 눈물

기막힌 우연 ········· 85
가슴 따뜻한 사람 ········· 91
다시 길 위에 서다 ········· 96
무소식이 희소식이 아니다 ········· 102
상을 받는다는 것 ········· 107
어떤 가이드를 만나느냐 ········· 113
제발 나 좀 살려 주세요 ········· 119
첫 월급의 추억 ········· 125
하루는 길고 한 해는 짧다 ········· 130
가슴을 쓸어내리다 ········· 136
나를 위한 기도 ········· 142
뜻밖의 선물 ········· 148
어린 손녀의 눈물 ········· 153
추억을 소환한 남사당패 놀이 ········· 158
이만한 게 다행이다 ········· 163

## 3부 일요일 아침의 행복

미리 쓰는 유언장 ……………………………… 171
흉보다가 닮는다 ……………………………… 180
지금이 가장 좋다 ……………………………… 186
일요일 아침의 행복 …………………………… 192
스승을 만나러 오는 …………………………… 197
밀포드 사운드에 뿌린 눈물 …………………… 203
누가 장담할 수 있는가 ………………………… 209
내가 난 가족 …………………………………… 215
할아버지, 기분이 다 풀렸어요 ………………… 220
옷이 커졌다 …………………………………… 226
인정받고 싶은 욕망 …………………………… 231
형님의 성품 …………………………………… 236
우리 집 위치의 재발견 ………………………… 241
관심이 사랑이다 ……………………………… 246
어찌 이런 일이 ………………………………… 251

## 4부 나의 사랑하는 모임

용왕님 이제 그만 ……………………………… 259
누가 아이를 이길 수 있나 ………………… 265
예승이에게 보내는 첫 번째 편지 ………… 271
합리적인 의심 ……………………………… 276
쉴 틈이 없는 목욕탕 저울 ………………… 281
개는 죄가 없다 ……………………………… 286
나의 사랑하는 모임 1 ……………………… 292
나의 사랑하는 모임 2 ……………………… 298
서로에게 다가가는 시간 …………………… 304
대마도의 우리 민낯 ………………………… 310
여행과 잠 …………………………………… 316
50년 만에 만남이 있던 날 ………………… 321
가슴으로 전해지는 효심 …………………… 326


◆ 수필집 해설 _ 리헌석 문학평론가 · 331

다시 길 위에 서다

# 1부
## 아버지, 그 이름의 백년

# 사람을 안다는 것은

겉모습만 보고 사람의 속내를 판단하는 것은 바람직하지 않지만, 우리는 대부분 그렇게 살아간다. 사실 우리는 겉을 보고 사람을 판단하고, 어떤 경우에는 그것을 꽤 능숙하게 해내기도 한다. 물론 100퍼센트 정확할 수는 없지만, 첫인상 속에는 분명 진실의 일면이 담겨있는 듯하다. 겉모습만으로도 타인의 성격과 기질, 이타적 성향이나 공격적 성향까지 놀라울 정도로 정확하게 예측하는 때도 있다. 그러나 깊게 들여다보면 마음이 아플 만큼 자세히 드러나는 진실을 마주한 경험도 있었을 것이다.

아내는 친구 ○○ 씨를 꿈 많던 20대에 만났으니 50년 지기다. 해마다 빠지지 않고 아내의 생일을 챙겨줄 정도로 정 많던 친구는, 두 오빠 모두 서울대에 진학할 만큼 똑똑했지만, 아버님의 사업이 기울자, 본인은 대학 진학을 포기해야 했다. 훌륭하게 된 오빠들은 집안의 자랑거리였고, 삶에 큰 힘이었다. 가끔 우리 집에 올 때 애들의 장난감이며 선물을 사온 적이 많았다. 마음씨 착한 친구는 무슨 사연이 있었는지 결혼 적령기를 넘기고 50대 초반에 자녀가 있는 분과 결혼하여 지금은 호주 남동쪽 도시인 멜버른(Melbourne)에 살고 있다. 그곳은 아름다움과 살기 좋은 환경으로 잘 알려진 도시로, 7년 연속 전 세계에서 가장 살기 좋은 도시로 선정된 바 있다.

십여 년을 넘게 다니던 직장도 체력적으로 힘들었는지 그만두고, 집에서 소일하게 되었다. 딸이 미용 기술을 배워 호주 멜버른에 기술이민을 가서 영주권 비자를 받은 후 자리를 잡고, 결혼하여 손녀를 보아달라는 간절한 요청으로 부모 영주권 비자(Parent Resident Visa)를 받아 호주에 간 지 4년이 되었다. 딸의 처지에서는 새로운 삶의 시작은 많은 도전과 인내가 필요했지만, 한국과는 달리 전문 직업인으로서의 삶에 만족감을 느끼고 있다고 한다. ○○ 씨는 그곳의 일이 바빴는지 고국에 나올 기회가 없었다.

뉴질랜드 여행을 마치고, 시드니에 머무는 동안 아내는 ○○ 씨가 생각이 났던 모양이다. 혹시 시드니에 산다면 볼 수 있을지도 모르겠다는 기대감이 컸다. 일정을 마치고 숙소에서 차분하게 전화를 걸었다.
"○○야! 나 미영이야!"
"응, 반갑다. 어쩐 일이야?"
"여기가 어딘지 알아? 시드니야."

"어떻게 멀리까지 왔어?"

"응, 여행 왔어."

통화는 한 시간 이상 길게 이어졌다. 멜버른에서 시드니까지 비행기로 두 시간이라 보고 싶은 마음은 꿀떡 같지만, 다른 일 때문에 갈 수 없다며 무척 아쉬워했다. 내년 3월 한국에 오면 꼭 우리 집에 꼭 들르겠다는 말이 그나마 위안이 되었지만, 노후에 말 설고 물선 타향살이가 만만치 않아 아직도 호주에 살겠다는 마음이 반반이라는 말에 갈피를 못 잡은 마음이 더 애틋했다.

호주에서 여행 둘째 날, 블루마운틴(시드니 도심에서 차로 2시간 거리에 있으며, 100만 헥타르에 걸쳐 거대한 협곡이 펼쳐진 호주의 대표 국립공원으로 유네스코 세계문화유산에 등재됨) 구경을 위해 이른 점심 식사를 교민이 운영하는 스테이크 식당인 '에버튼 하우스(Everton House)'로 갔다. 1870년에 지어진 주택은 고풍스러워 보였다. 한국 관광 가이드들이 이곳을 단골로 이용하는지 한국 관광객 일색이었다. 우연의 일치인지 자전거 동호회에서 같이 활동하는 케이크 님을 이곳에서 만나다니! 세상이 넓기도 하지만 좁았다. 가족여행을 온 모습이 가장으로서 멋지게 보여 박수를 보냈다. 식사를 마치고 정원을 둘러본 후 고기를 굽고 있는 동포분과 말을 나누는데, 대전에 살았던 데다, 갑장이라 그런지 한층 더 친근하게 느껴졌다. 아들이 도와 달라고 해서 왔다며, '여기서 사는 게 어때요?'라고 묻지도 않았는데 먼저 말한다.

"한국이 살기 편리하고 좋아요."

"예, 그렇군요. 몰랐네요. 땅도 넓고, 자연 친환경적인 부자나라라 여기가 좋은 줄 알았는데요?"

"그게 아니에요. 여기에 온 지 몇 년이 되었지만, 재미가 없어요. 땅이 넓어서 누구를 만나려면 자동차로 꽤 가야 하는데, 말과 운전이 서툴러서 못 가요. 그리고 한국의 편의점 같은 곳이 별로 없어 불편해요."

"그렇군요. 잘 참아 내시고 건강하세요. 아드님 사업도 잘됐으면 좋겠네요."

그의 말 속에는 그리움과 안타까움, 무력감이 섞여 있었고, 나는 그 아픔을 고스란히 느낄 수밖에 없었다. 고단하고 무거운 감정이 그의 말끝마다 묻어났고, 고국에 대한 그리움이 짙게 배어 있었다. 고국에서는 버스나 지하철, 자동차로 가고 싶은 곳을 어디든지 쉽게 다녀올 수 있고, 언제든지 친구들과 어울려 막걸리 한 잔을 가볍게 기울일 수 있다. 음식에 신경 쓰지 않아도 되고, 말하면 다 통하고, 무엇이든지 빠르게 배달이 된다. 좁은 땅덩어리지만, 주인으로 당당하게 살아왔다. 그런 고국을 두고 여기서는 비주류, 이방인으로 알게 모르게 차별 속에서 삶을 이어갈 수밖에 없었다. 낯선 사람들과의 거리감이 그를 점점 더 움츠러들게 했을 것이다. 이제는 삶을 한 걸음 물러나 조용히 돌아보는 시기에 창살 없는 감옥에 갇혀 지내는 것 같아 안타까웠다. 일구월심 아들의 사업이 잘되기만을 바라는 부정(夫情)은 눈을 감을 때까지 끊기 어려울 것이다.

경남 남해군의 관광 명소인 독일마을이 있다. 1960년대 독일에 간호사(약 만 1천 명)와 광부(약 8천 명)로 파견되어서 30여 년간 독일에 거주하며 한국의 경제 성장에 이바지했던 이들 중 45명이 고국에서 여생 보내기를 희망하여 남해군에서 재정착할 수 있도록 부지를 조성하여 2000년대 초부터 입주가 시작되었고, 현재는 관광지로도 유명해졌다.

사할린 교포들의 강제 이주는 일제에 의해 석탄 광산, 벌목, 도로·철도 건설 등에 많은 노동력이 필요하여 1939년부터 한국인들을 강제노역 형식으로 172,000여 명이 사할린에 억류하면서 시작되었다. 이들은 온갖 차별을 받으면서 열악한 노동 현장에서 어려운 생활을 영위하였고, 2차 세계대전 종전 후 사할린에 있었던 일본인들은 대부분 본국에 귀환하였으나, 한국인 노동자들은 국적 문제를 이유로, 한국으로 귀환하지 못하고 사할린에 남게 되면서 비극이 잉태되었다. 현재 약 3천 명(약 1.7%)이 귀국하여 인천과 경기도 안산, 화성 등지에 거주하고 있다.

이 두 사례를 보면, 자녀들과 생이별까지 감수하며 떠날 수밖에 없었던 그 마음이 얼마나 깊었을지 짐작조차 어렵다. 고국을 향한 그리움이 얼마나 컸으면…. 가슴이 한없이 저려온다.

○○ 씨의 마음을 헤아려 본다. 가족과 친지 곁을 떠난 외로움을, 그는 늘 가슴속 깊이 품고 살아왔을 테다. 혹시라도 가족의 건강이 안 좋으면 '내가 뭐 하자고 이곳에서 이러고 있나?'라는 생각이 수백 번이고 되뇌게 만들었을 것이다. 나이 든 사람에게는 언어 소통도 어렵고, 모든 것이 낯설고 힘들 때가 많다. 하지만 그것은 어른으로서 버텨내야만 하는 삶의 무게로 짓눌렀을 것이다. 사회적 고립과 외로움이 얼마나 컸을까? 외로움이라는 감정이 어느 순간 마음속 빈틈을 천천히 채워나갔을 법하다. 그의 조국은 호주가 아니다. 그렇기에 그 자신이 이방인이라는 느낌을 지울 수는 없다. 살다 보면 그곳도 고향이 된다고들 하지만, 아무리 애써도 마음 한켠엔 늘 이방인 같은 쓸쓸함이 여전히 머물고 있을지도 모른다. 70여 년을 대한민국에서 산 마음 한구석에 '한국인'으로 기억

되고자 했던 건 아닐까?

　동남아시아 등에서 우리나라에 와 함께 살아가는 다문화인들이 떠올랐다. 언어 문제, 문화적 차이, 사회적 편견, 경제적 어려움, 가정폭력, 소외감 등 여러 어려움 속에서 살아간다. 이러한 어려움들은 다문화인들의 삶의 질을 떨어뜨리고 사회적 통합에도 걸림돌이 된다. 그중에서도 가장 큰 문제는 의사소통의 어려움이다. 언어와 문화의 차이는 소통의 벽이 되어, 생활 전반의 무기력감과 갈등을 불러오고 있다. ○○ 씨 또한 이들과 다르지 않을 것이란 생각이 들었고, 다문화인들을 더 따뜻한 시선으로 바라보아야겠다는 마음이 일었다.

　사람을 안다고 할 때 어느 정도를 알아야 안다고 할까? 우리는 종종 그 사람의 이름, 직업, 가족관계, 몇 가지 성격적인 특징만 알아도 '안다'고 말한다. 하지만 그것은 마치 빙산의 꼭대기만 본 것과 같다. 정말 안다고 할 수 있으려면, 그 사람이 기뻐할 때 무엇에 웃는지, 슬퍼할 때 어떤 말에 위로받는지, 두려움 속에서 어떤 선택을 하는지까지도 알아야 하지 않을까? 어쩌면 안다는 것은 정보를 아는 것이 아니라, 그 사람의 내면의 결에 닿는 일인지도 모른다. 사람은 끊임없이 변하는 존재이기에 온전히 안다는 것은 불가능하고, 계속 알아가는 과정일지도 모른다.

　이번 여행은 그동안 피상적으로만 알던 것들이 얼마나 얇고 깊이가 없었는지 일깨워 주었다. 그곳에서 살아가는 이들의 처지를 조금이나마 이해하게 되면서, 이전보다 더 깊고 진실한 대화가 가능해졌고, 연민의 마음을 느낄 수 있었다. 여행은 새로운 시각을 열어 주고, 낯선 경험 속에서 내면의 울림을 되새기게 했다. 상대를 깊게 이해하면 할수록 내 마음의 상처가 클 수 있음도 알았다. 꽃 피는 봄에 고국에 나오겠다니, 그때 나누지 못한 이야기를 실컷 나누어야겠다.

(2024. 11. 5.)

# 15년 만에 다시 찾은

머릿속에서 늘 떠나지 않았다. 언젠가 기회가 되면 다시 한번 가보자고 아내와 종종 말했지만, 1박을 하고 집으로 돌아오기 빠듯한 일정에 마음만 있었지, 행동으로 옮기지 못했다. 명확지 않은 기억을 더듬어 그 음식점을 찾는 게 어렵게만 느껴졌다. 한번 본 사람은 잊어도 한번 먹은 음식은 못 잊는다고, 15년이 지났는데도 채갱불망(菜羹不忘)처럼 그 맛을 잊지 못하고 마음 한켠에 고이 간직하고 있었다.

2009년 가을, 큰처남 사위가 경북 의성군 ○○면 소재지에 정형외과 의원 개업식을 하는데 친인척들과 함께 참석하게 되었다. 개원하는 의원 주변에 대형 병원이 있어 염려되었지만, 충분한 검토 끝에 내린 과감한 결정처럼 보였다. 간호사 등 종업원이 첫날이라서 친절하고 들떠 있는 모습이 역력했다. 면 지역에서 인력을 구할 수 없어 대구 시내에서 구했다며 출퇴근 시간과 유류비 등을 고려하여 급여를 조금 높게 책정했다고 했다. 직원들을 미리 뽑아서 교육과 훈련을 통해 시행착오를 줄일 수 있도록 했다는 말을 들었는데 엑스레이 촬영 등을 능숙하게 하는 모습이 믿음직스럽게 느껴졌다.

의원 구경과 관절 검사 등을 받고, 진료를 마치는 저녁 시간이 되어 사위가 안내하는 음식점에 차로 30여 분 가게 되었다. 어두컴컴하여 상호도 모르고 강변에 있는 집 정도의 느낌이었다. 사위는 바쁘신 와중에도 일부러 찾아오신 것을 생각하며 가장 맛있는 부위로 정성껏 대접했다. 이구동성으로 소고기가 입에서 살살 녹는다며 맛있어들 했는데 우리 내외도 그 맛이 오래도록 잊히지 않았다.

장모님 제사는 3.1절 연휴를 맞아 대구 처남댁에서 천주교식으로 간소하게 치른다. 이번엔 연휴가 사흘이나 되다 보니, 주변 관광도 하고, 15년 전 찾아갔던 한우집을 다시 들러보자는 아내의 제의에 가족들도 좋았던 기억이 있었는지 모두 동의했다. 아내는 기분이 좋았는지 '새벽에 봉창 두들긴다.'고 예정에 없던 폭탄 발언을 쏟아냈다.
"그러면 제가 백만 원을 쓸 테니 고깃값을 불문하고 최고로 맛있는 부위로 드세요."
"와아, 송미영이 최고다!"
깜짝 발언에 다들 웃음꽃이 피었다. 문제는 그 한우집이 정확히 어디였는지, 모래사장에서 바늘을 찾는 것과 같이 위치와 상호가 가물가물하다는 점이다. 아내의 마음은 오빠가 내년에 구순(九旬)을 맞지만 건강하시기도 해서, 이번 기회에 가족들을 위해 한턱내겠다는 생각이었다. 15년 전 행사를 주관했던 처조카 사위에게 전화로 물어 기어코 그 음식점을 알게 된 순간, '와~' 하고 다시 한번 감탄이 터졌다. 경북 상주시 낙동면 낙동강 낙단보 인근에 있었다. 사진을 보자 예전의 기억이 되살아나고, 그 집이 다들 맞다고 했는데 편도 거리만 약 80㎞로 가까운 길은 아니었지만 마음은 벌써 그곳에 가 있었다.

연휴라서 영업하는지 알아보고 가는 시간을 고려하여 1시로 예약했다. 사장에게 가게 된 연유를 말한 후 고기는 가장 맛있는 부위로 준비해 달라고 부탁했다. 사장도 15년 만에 세종 등 먼 곳에서 다시 방문한다는 말과 고깃값을 불문하겠다는 말에 특별한 손님이라고 느꼈는지 잘 준비하겠다는 말을 여러 번 반복했다.

차 두 대에 나눠 타고 가는데 1시간 30분이 걸렸다. 다들 그 음식점에 대한 예전 기억이 떠오르는지 무척 반가워한다. 옛 맛을 잊지 못하여 다시 찾은 집인데, 내 기억 속 그 맛을 지금도 유지하고 있을지 궁금하였다. 예단하기 이르지만, 그 옆집들은 한산한데 그 식당은 손님들로 넘쳐나 안심이 되었다. 젊은 사장은 우리를 반갑게 맞이하며 예약한 방으로 안내해 주었다. 정육점에서 고기를 사다 식당에서 먹는 정육식당이었지만, 우리는 미리 주문해서 바로 고기가 나왔다. 사장은 지방이 적고 연한 토시살과 부드러우면서 고기 향이 좋은 새우살을 준비하였다며 맛있을 거라고 자신했다.

도톰하고 선홍빛 띠는 고기가 불판에서 '지글지글 치이이익' 소리를 내며 익어간다. 군침이 도는데 음식을 앞에 두고 기다릴 때는 시간이 안 간다. 과연 맛이 있을까, 없을까? 등 여러 생각이 수없이 교차한다. 한 점을 입에 넣는 순간, 오랜 시간이 무색할 만큼 깊은 감동이 밀려와 "와~" 하고 탄성이 자동으로 흘러나왔다. 기대했던 맛은 배신하지 않고, 즐거움을 넘어 성취감을 느끼게 한다. 맛을 통해, 마치 오랜 친구를 다시 만난 듯한 편안함을 느낄 수 있었다. 신선하고 부드러운 육질의 식감과 씹을 때마다 배어 나오는 육즙의 감칠맛이 풍미를 더한다.

다행히 모두가 맛이 좋다는 말에 흐뭇했다. 참기름장에 살짝 찍거나 파채 무침, 명이나물, 상추와 곁들여 먹으면 고기 풍미가 더 좋아지는 느낌이다. 고기 향 가득 연한 식감을 느낄 수 있고, 맛과 비주얼 등이 오감을 자극한다. 셋이 먹다가 둘이 죽어도 모를 만큼 고기 자체가 맛이 있어 쌈을 싸서 먹든 어떻게 먹든 맛있다. 배불리 질리도록 먹어도 양이 줄어들지 않아 남은 고기는 싸 와야 했다. 마무리로 나온 시골 된장찌개가 소고기 특유의 느끼한 부분을 깔끔하게 잡아주어 개운했다.

아내는 식사비 계산을 마치고 금액을 공개했는데 고깃값으로 248,000원이 나왔다고 했다. (상차림비 포함까지 280,000원) 처음에는 장난치는 줄 알았다. 모두 놀라 이게 맞는지, 한 접시값만 계산했는지, 이구동성으로 5~6십만 원은 족히 나올 거로 생각했는데 반값도 안 돼 어리둥절했다. 15년이 지나서도 자기 가게를 잊지 않고, 찾아준 고객이 감사한데 맛있게 먹었다는 인사에 사장의 얼굴에 웃음꽃이 활짝 피었다. 사장은 일일이 명함을 주며 택배도 된다며, 드시고 싶을 때 언제든지 주문하면 바로 배달해 드리겠다며 연신 감사하다고 고개를 숙였다.

의성 소고기가 유명한 이유는 건국대학교 동물자원연구센터에서 개발한(2002년) '마늘 한우 관리시스템'으로 22개월 이상 키운 소에 마늘 사료를 6개월 이상 먹여서 체계적으로 키워낸 후 유통하기 때문이다. 마늘 사료가 한우 사육 시 세균의 침입을 막아 자잘한 질병 발생을 줄여 줌으로써 항생제 투여를 줄일 수 있고, 불포화 지방산이 일반 쇠고기보다 훨씬 많아 맛이 좋고, 영농조합법인이 운영하여 가격도 저렴하다고 한다. (한국일보, 2022. 11. 24.)

마음속으로만 언제 가보나 끙끙 앓았는데 장모님 기일과 긴 연휴 덕분에 희망 사항을 이루었다. 여기에 아내가 혈육들에게 멋지게 한턱을 낸 게 좋게 보였다. 가족에게 쓰는 돈은 아깝지 않고, 맛있는 음식을 먹는 행복 바이러스는 전파되었다. 가까운 지역에 이런 곳이 있다면 자주 갈 텐데 아쉽다. 백만 원을 쓰겠다고 했는데 아직도 많이 남아서 이게 종잣돈이 되어 가족 간 사랑을 나누는 돈독한 계기가 되었으면 한다. 가족은 사랑이고 힘이며, 영원한 선물이라는 사실을 깊이 느낀, 잊을 수 없는 그날, 장인·장모님께서도 천상에서 빙그레 웃으시며
'너희들이 이렇게 우애하며 잘 사는 모습이 보기가 참 좋구나. 우리는 너희들 염려 덕분에 잘 있단다.'
라고 하시는 것만 같다.

(2025. 3. 5.)

## 나눔의 기쁨

늦은 저녁, 아내가 홈쇼핑을 보다가 문득 과거 말레이시아 여행에서 먹었던 망고가 눈에 들어왔다. 그 시절 달콤했던 기억이 혀끝에 다시 피어오르는 듯했다. 진한 과즙 향과 풍부한 과육으로 이름난 태국산 망고는, 세계 3위라는 명성답게 씨가 작고 과육이 풍성하다고 했다. 씹는 즐거움에 더해지는 부드러운 식감 그리고 비타민A, B, C와 엽산, 칼륨이 골고루 들어 있다는 설명은 마치 과일 하나에 자연이 담은 정성과 선물이 오롯이 스며있는 듯했다. 신선한 망고를 항공으로 직송해 맛볼 수 있다는 쇼호스트의 현란한 멘트에 아내는 웃음을 지으며 주문을 마쳤다. 순간, 단순한 구매를 넘어 누군가와 기억을 나누고 싶어 하는 마음이 느껴졌다. 나눔이란 결국, 과일 한 조각 안에 담긴 따뜻한 추억을 함께하는 일인지도 모르겠다.

나와 아내는 망고와 두리안 등 열대과일에 잊지 못할 추억이 있다. 큰아들이 2016년 말레이시아 쿠알라룸푸르에서 근무할 때 휴가를 즐기려고, 바닷가 섬에 있는 리조트를 예약하여 자동차를 타고 갈 때의 일이다. 어느 시골에서 제철에 생산된, 크고 과육이 탱탱하며 달콤하고 풍부한 맛의 망고를 원 없이 먹어 보았던 기억이 지금도 생생하다. 그 이후 두 번 다시 그런 맛을 느껴본 적이 없어 진한 여운이 많았는데, 아내는 이 추억을 잊지 못하여 홈쇼핑 방송에 쉽게 빠져들었던 것 같다.

기다림 속에 배달된 상자를 개봉한 결과 설명대로 먹음직스럽게 숙성이 되어 있었다. 아내는 갑자기 작은아들 생각이 났는지
"이거 반절만 동관네 가져다주면 좋겠네! 우리가 한꺼번에 먹기에는 너무 많아."
"그래, 좋은 생각이야. 내가 갖다줄게."
아내의 모성애는 달랐다. 자신이 요리한 음식보다는 맛있다고 생각되는 과일이나 생선 등을 별도로 구매해서 보내 주는 경우가 꽤 많았다. 월요일 날이라 차량정체가 심할 것 같아 평소보다 30분 일찍 집을 나섰는데도 사오리 터널 입구가 진입하는 차들로 막혀 마음이 조급해진다. 아들이 눈에 밟히는 예쁜 손녀를 안고 주차장으로 나왔으면 좋겠다는 행복한 생각으로 길을 나섰다. 걱정했던 차량 정체는 없었고, 평소처럼 1시간 5분 만에 아들이 사는 아파트단지에 도착할 수 있었다.

이심전심이었을까. 빨간 옷을 입고 모자를 쓴 손녀는 어느새 쪽쪽이를 빨고 있었다. 아침 일찍 바깥에 나와 본 일이 드물었을 텐데, 오늘은 웬일인지 궁금했을 것이다. 요즘 이유식을 하루에 세 번 먹는다는 얘기

를 들은 뒤로는, 안아 보면 예전보다 한층 묵직해진 느낌이 든다. 낯가림하는지 아들에게 자꾸 가려고 해 손녀 바라기 마음을 몰라준다.

"콩 한 쪽도 나누어 먹는다."는 속담이 있다. 별로 나눠 먹을 것 없는 콩알이라도 이웃과 나눠 먹겠다는 미풍양속을 장려한 말이다. 행위의 크기가 아니라 함께 나누고자 하는 마음이 중요함을 은유한 표현이다. 부모와 자식 간에도 서로 주고받는 정이 가슴 따뜻하게 한다. 자신의 것을 잃지 않으면 누구에게도 나누어 줄 수 없다. 음식을 나누는 것은 단순히 물질을 제공하는 이상의 의미가 있다. 공동체를 중시하던 시절에는 당연히 음식을 나누어 먹었지만, 사회가 개인주의화 되면서 이웃 간 단절이 가속되고 있다. 가족들의 식사도 부득이한 일이 없다면 모두 모일 때를 기다려 함께 먹는 것이 일상이었다. 음식은 영양공급을 넘어서서 함께 나누어 먹는 사람들을 우리 의식(We feeling)으로 묶어내는 역할을 해왔다.

여유가 있어서 아들에게 음식과 과일 등을 나누는 것보다, 알콩달콩 사는 모습이 좋아 돈이 들더라도 전혀 아깝지 않고, 내가 누리는 것을 자식도 누렸으면 좋겠고, 건강한 가정과 사회인으로 역할을 다해 주길 바라는 마음이 그렇게 행동하게 한다. 음식을 함께 나누는 사람이 가족이고, 친구이고, 이웃이다. 내가 배고픈지를 알고 내가 밥을 먹었는지에 관심이 있는 사람들이 바로 부모·형제이고 사랑하는 사람들이다. 그렇듯이 맛있는 음식을 먹을 때 생각나는 사람이 있다면 사랑하는 사람이다. 빵을 먹다가 '할머니께 사다 드려야지.' 하는 생각이 났다면 진정으로 할머니를 사랑하는 마음이다.

청소년 시절 시골집에서 이웃들과 어울려서 살 때의 일이다. 평소 안 해 먹던 음식이나 귀한 음식, 제삿날, 생일 등에는 우리 집도 그렇지만, 이웃집에서도 음식 등을 가져왔다. 군것질거리가 귀했던 터라 늦은 밤, 잠을 자다 일어나 먹던 제사떡 맛은 요즘의 햄버거나 피자와는 비할 바가 아니었다. 당시 내가 맛있게 떡을 먹고 있노라면 아버님과 어머님은 "이놈아! 어른 말씀을 잘 들으면 자다가도 떡을 얻어먹는다고 하지 않더냐?"라며 웃음을 짓곤 하셨다. 어머님은 빈 그릇을 그대로 돌려보내는 일이 없이 무어라도 가득 담아 보냈다. 제사 음식은 아무리 먹어도 탈이 안 난다고 했다. 제삿날 늦은 시간이나 아침 일찍 이웃집에 음식을 나르던 기억이 난다.

아우 내외는 십여 년 전 시골에 전원주택을 짓고 "먼 데 일가가 가까운 이웃만 못 하다."는 말처럼 사교성이 좋아 사람 냄새 나는 이웃들과 호형호제하며 어울려 살고 있다. 60대 중반이 넘었지만 가장 젊은 층에 속하고, 제수씨가 음식솜씨가 좋아, 이웃과 자주 음식 나눔을 하고 있다. 사소한 나눔이 이웃을 친구로 만들고, 낯선 마을을 우리 동네로 바꾸어 놓는다. 한 번은 이를 고맙게 여긴 이웃집에서 삼겹살을 주었다며 다른 고기와는 비교가 안 되게 칼집을 잘 넣어 양념이 골고루 고기 안쪽까지 배고, 고기의 근육 섬유를 잘라 질기지 않아서 풍미를 더해 주었다. 시골에서 음식 나눔은 이웃 간 벽을 허물고, 일체감을 조성할 수 있는 일이다. 그들이 나누는 것은 음식이지만, 사실은 마음이고, 정이며, 느린 삶에 대한 존중이다. 훈훈한 시골 인심과 정을 만들어가는 것은 본인 하기 나름인 것 같다.

철학자 김형석은 "나눔이 성공보다 더 가치 있는 행복"이라고 이야기한다. 100년을 살아 보니 행복은 이웃과 더불어 사는 삶, 소유가 아닌 나눔과 베풂이 목적이 되는 삶, 돈 때문에 일하는 인생이 아닌 쓰고 베풀고 봉사하는 삶! 돈, 출세와 성공이 아닌 보람과 가치 있는 삶에서 얻어진다고 말했다. 우리 국민에게 "내가 다시 산다면, 다시 태어난다면 무엇을 하고 싶은가?"라고 설문조사를 해 보니, 많은 사람이 "나누며 살고 싶다."고 했다. (법원 사람들, 2023. 12. 5.)

나눔이라는 말의 의미를 나는 오랫동안 '주는 것'이라고만 생각해 왔다. 그러나 나눔은 풍요 속에서 베푸는 것이 아니라, 부족함 속에서도 기꺼이 내어줄 수 있는 마음에서 비롯된다는 것을 알게 되었다. 진정한 나눔은 단지 무엇인가를 건네주는 데 있는 것이 아니라, 함께 나누고자 하는 따뜻한 마음에 있다. 내 안의 여유를 덜어내는 것이 아니라, 마음속 빈자리를 함께 내어주는 일이었다.

비록 가족 간 나눔이었지만, 나눔은 남을 위한 것이기도 하지만, 자신을 위한 가치이자 에너지원도 된다. 빛은 나누어 줄수록 더 밝아지고, 꽃은 꿀을 내줄수록 열매를 맺어 가고, 미소는 번질수록 더 아름답다. 나누고 베풀수록 사람들의 몸과 마음에 기쁨과 활력이 넘치고, 나아가 사회가 더 건강해진다. 나눔은 마음을 부유하게 하고 웃음꽃이 피게 하며 사람을 보람차게 한다. 음덕양보(陰德陽報)를 바라지 않지만, 나눔이 가족 간 화합과 사랑을 몸소 실천하는 길이라고 생각되어 배달부도 흐뭇한 아침이었다.

(2024. 4. 30.)

## 머뭇거리다

삶은 한 템포 쉬었다 가야 편안했다. 문학지를 읽다 보면 맞춤법이 틀리거나, 표현이 중복된 것, 계절적으로 맞지 않거나 적절하지 않은 단어의 선택이 눈에 띌 때가 있다. 이럴 때면 작가의 성장을 위해 조심스럽게 조언해야 할지 아니면 모르는 척 넘어가야 할지 한참 머뭇거리게 된다. 나 역시 글을 쓰다 보면 몇 번이고 고쳐 쓰며 다듬는다. 부족하지만, 때때로 넓은 마음으로 다른 이에게 조심스레 알려주기도 한다. 그럴 때면 내 말이 상대에게 어떻게 받아들여질지 걱정스럽고, 한편으로는 작은 보탬이 되기를 바라는 마음이 앞선다. 그래서 선뜻 나서기보다는 따뜻한 마음으로 천천히 다가가려 애써왔던 것 같다.

젊은 시절에는 까칠한 성격에 도와주겠다는 미명으로 바로바로 행동에 옮겼지만, 지금은 알고도 모르는 척 가만히 있다. 잘해야 본전이라는 생각이 나를 억누르고 있는 것 같다. 상대가 가르쳐 주어 고맙다고 생각하면 아무 일이 없지만, 받아들이는 사람이 뭐 그게 대수냐며 뜻만 통하면 되었지! 라고, 생각할 수도 있다. 지적을 받는 사람으로서는 실수(?)라고 생각하겠지만, 때로는 기분이 썩 유쾌하지 않을 수 있다. 모르고 지나가도 되는 것을 시시콜콜하게 이야기하냐고 할 수도 있다. 겨 묻은 개가 똥 묻은 개를 나무라는 식이 될 수 있어 조심스러웠다.

말하는 사람은 상대방의 오류를 보고 이야기하는데, 아쉽게도 듣는 사람은 오류와 본인을 100% 동일시할 수 있다. 말하는 사람은 상대가 가지고 있는 작은 오류를 지적하는 건데도 상대는 100% 본인을 공격한다고 생각할 수 있어 머뭇거리게 된다. 잘못과 나를 동일시하는 현상은 심리학에서는 '동일시'라고 한다.

흔히 '나이가 들면 성격이 관대해지거나 유순해진다.'고 한다. 그래서인지 언제부턴가 매섭던 칼날도 무뎌지기 시작했다. 굳이 나서지 않겠다는 마음이나 욕을 먹지 않겠다는 마음이 강했다. 배가 산으로 가지 않는 한 나서지 않고 조용히 있고 싶었다. 튀고 싶지도, 잘난 체도 하고 싶지 않았다. 알고 있어도 모르는 체 가만히 있었다. 어른이 나잇값도 못 한다고 책잡힐까? 두려움도 있었다. 죽고 사는 일이 아닌 이상 초연해지고 싶었다. 그 사람에게 그 이후 어떤 일이 벌어졌는지는 알 수 없다. 말할 수 있는 용기가 필요하지만, 말을 들어줄 수 있는 아량이 더 필요하다.

나 자신이 남들보다 뛰어나서 그런 오류가 눈에 띈 게 아니다. 배울 점이 있는지, 관심을 가지고 정독에 가깝게 읽다 보니 눈에 거슬렸을 뿐이다. 나의 성격이나 습관이 이런 일에 익숙(?)하여 눈에 자주 띄었을 수도 있고, 기쁨과 쾌감을 주는 일이라고 여겼을 수도 있지만, 남의 어두운 면을 보려고 하지 않는다. 부정적인 정보가 발생하면 사람들은 다른 긍정적인 정보보다 부정적인 것에 더 집중하게 되는데, 이것을 '부정성 효과'라고 부른다. 굳이 단점을 고쳐 보려는 노력보다는 단점이 타인에게 피해를 주는 치명적인 결함이 아니라면 단점에 초점을 맞출 필요가 없다. 종종 타산지석으로 나 자신을 발전시키는 교훈의 계기가 되는 때도 많다.

  그 사람의 수준이 그 정도에 머물러 있어서인지, 표현력이 부족해서인지, 혹은 성의가 없거나 열정이 따르지 않아서인지 단정할 수 없다. 단지, 자기 작품이 완성되어 독자 앞에 선보였을 때 사소한 오탈자라도 발견된다면, 그것은 이미 신뢰를 흔드는 일이다. 중대한 결함이 있다면야 말할 것도 없다. 과연 독자의 눈과 귀를 어떻게 사로잡을 수 있을까? 독자의 시선은 예민하고, 판단은 냉철하다. 작가를 칭찬해 주는 백 사람의 독자보다, 아쉬움을 지적해 주는 한 명의 독자가 더 귀하다. 사랑받는 작가가 되기 위해서는 문장에서 오류가 없고, 공감을 끌어낼 만한 보편성과 자신만의 시선을 담은 개성, 이 두 가지를 고르게 갖추어야 할 것이다.

  작가는 누구나 자기만의 세계가 있고, 그 세계에 대한 침범을 기분 좋게 받아들이지 않을 수 있다. 작가에 따라서는 자기만의 프라이드, 자기만의 신념, 자기만의 방식, 자기만의 세계를 구축하여 철옹성처럼 지키려고 한다. 주위에서 누가 뭐라고 해도 자신만의 길을 걷는 것을 자랑스럽게 여기는 때도 있다. 나 역시도 나만의 세계를 만들어 나가는 사람 중 한 명이다 보니 흔들리지 않고, 자신의 세계를 창조해 내는 작가를 존경하지 않을 수 없다. 하지만 그 이상은 아니다. 적어도 내게는.

꾸물거리거나 미적대는 경우, 주저한다는 것은 머뭇거리며 망설이는 것이다. 확신이 안 서는 경우, 판단이 흐린 경우, 그렇게 해도 되는지 자신이 없는 때, 그 사람이 나에게 요청한 일이 없어서 어떻게 처신해야 하는지 아리송한 때도 있다. 그 사람과의 친소 여부, 좁쌀처럼 하찮은 것을 침소봉대하는 것은 아닌지, 이렇게 말해도 되는지 재는 때도 있다. 우쭐하는 우월의식에서 말하는 것은 아닌지 확신이 전제되지 못할 때 망설이게 되는데 시간이 길어지면 유리한 기회를 잃을 수도 있다.

주저하거나 머뭇거리는 것도 상황에 따라서는 행동을 달리해야 한다. 집을 사려고 때를 엿보고 있는데 갑자기 급매물이 나왔을 때 의사결정을 신속하게 해야 내 것이 될 수 있다. 사업을 하는 사람에게 양질의 덤핑 물건이 나올 수도 있다. 경제생활, 취업, 진학 등 우리 일상생활이 의사결정의 연속이고 선택이 아닌 필수인데, 느리고 선뜻 결단하지 못하고 자꾸 망설이면 기회는 바람과 같이 사라지고 만다. 직왕매진(直往邁進), 과감하면 위험성이 크지만, 충분히 사전에 준비하고 기회를 엿보아 낚아챈다면 만족스러운 결과를 얻을 수 있는 게 세상의 이치가 아닐까?

"입안의 혀도 깨문다."는데 사람은 누구나 실수할 수 있다. 상대의 잘못을 지적할 때는 감정을 앞세우기 전에 마음을 차분히 가라앉히고, 부드럽게 말해야 한다. 직설적으로 지적하기보다는 상대의 기분을 상하지 않게 우회적으로 말하는 것이 효과적이다. 그렇다. 누가 실수했을 때는 '사람이니까 실수를 할 수 있어. 다음부터는 잘할 수 있을 거야.'라는 마음을 갖고 상대를 대해야 한다. 상대의 자존심을 건드리지 않으면서 부드럽게 잘못을 지적하는 것은 사람과의 소통에서 아주 중요하다.

문학작품의 오류는 작가를 더욱 성숙하게 해줄 것이다. 실패를 모르며 탄탄대로의 순탄한 길은 없다. 오류의 좌절을 경험하며 걸어가는 작가의 길이 어쩌면 당연한지도 모른다. 왜냐하면 인간은 불완전하기 때문이다. 그렇게라도 변명하지 않으면 실패를 견뎌내기 어렵다. 잘못된 것을 지적해 주면 감사히 받아들이는 태도도 중요하다. 작품을 헐뜯는다고 비난해서는 안 된다. 칭찬 위주의 비평은 그 작가에게 아무런 도움이 되지 않는다. 오히려 깊은 수렁에 빠지게 할지도 모른다.

문학을 비롯한 사회 전반에서 잘못된 점을 보면 고쳐야 한다는 마음으로 직접 나서던 시절이 있었다. 하지만 이제는 한발 물러서 조용히 지켜보는 법을 익히게 되었다. 몸에 밴 습관처럼 여전히 알람이 울리듯 문제를 감지하곤 하지만, 예전처럼 곧바로 개입하지는 않는다. 이 또한 성숙해지는 과정으로 받아들이기 시작했다. 나이가 들면서, 세상을 바꾸는 것만큼이나 이해하고 기다리는 일이 중요하다는 사실을 자연스럽게 깨닫게 된 것이다.

(2024. 12. 13.)

## 반세기 만에 설레는 만남

 새로운 시작은 늘 설렘과 두려움이 공존한다. 첫사랑, 첫 직장, 첫 출근 등 '처음'이 들어간 말은 왠지 모르게 가슴이 뛰고, 불안하며, 두렵고 설렌다. 1976년 1월 초, 한 번도 듣지도, 가보지도 않은 시골에 발령이 나고, 기차와 덜덜거리는 비포장길 버스를 타고 부임지 '고창군 해리면 해리우체국'으로 향했다. 당시만 하더라도 총무처에서 주관하는 국가직 시험이라 정부의 여러 부처로 발령이 나던 때라 실망이 몹시 컸다. 포기하고 공부를 더 해서 다른 시험에 도전해 보는 것도 좋겠다는 생각이 들어 고민에 빠졌다. 그러나 형님의 권유로 발을 내딛게 되었지만, 마음이 여린 성격이라서 그런지 아쉬움이 많았다.

 그곳에서 불과 5개월간 근무하였지만, 군 입대를 위해 어쩔 수 없이 떠나야 했다. 처음 느껴본 정이었기에 버스 안에서 엉엉 울며 헤어짐을 아쉬워했다. 직장인으로서 첫걸음은 어설펐지만, 일에 대한 순수한 열정이 크고, 철부지였으나 나름의 신념이 있었다. 첫 단추를 잘 끼워야 한다는 떨리는 마음으로 일에 임하던 그때의 내 모습은 서툴긴 했어도 순수하고 진지했다. 선배가 업무를 돌봐줄 때 긍정적으로 바라봐 주고 모자란 부분은 채워줬다. 직장이라는 울타리 안에서 동료들의 따뜻한 배려는 고된 일조차 즐겁게 했다. 한 선배가 따뜻하게 조언해 주었던 기억은 지금도 잊히지 않는다.

"처음은 다 그럴 수 있어. 실수한다고 해서 실패하는 건 아니야, 하고자 하는 열정이 있어 충분히 해낼 수 있어."

나이가 들면서 첫 부임지 동료들을 만나고 싶다는 생각이 어떤 때는 하루에도 몇 번씩 불쑥불쑥 올라왔지만, 꿋꿋하게 참아냈다. 50년 만에 만난다는 마음은 말로 다 표현할 수 없을 만큼 복잡하였다. 그 만남은 단순한 재회가 아닌 그동안의 기다림과 그리움이 녹아 있는 순간으로 50년이란 시간의 장벽을 뛰어넘는 특별한 만남이 될 것이다.

며칠 전에는 남북 이산가족도 아닌데 더 이상 참을 수가 없어서 용기를 내어 K의 전화번호를 눌렀다. 통화를 해본 지가 언제였는지 기억이 안 난다. 그 동료는 첫 부임지에서 자석식 교환기가 있던 시절, 전화 고장을 수리해 주는 '60번' 업무를 담당했다. 어떻게 지내는지 근황 등을 물어보고, 기회가 되면 예전에 같이 근무했던 사람들과 자리를 같이했으면 좋겠다는 의향을 내비쳤는데, 그도 적극 동의하여 반세기 만에 만남을 목전에 두고 있다. 나만이 만남을 원하나 싶어 조심스러웠는데 다행이었다.

우리는 왜 이렇게 만나는 시간이 길어졌을까? 중장년기에는 치열한 경쟁 속에서 살아남으려고 앞만 보고 살았으며, 지천명(知天命)과 이순(耳順) 무렵은 직장에서 퇴직과 자식들 결혼으로 한가한 시간이 없었을 것이다. 마음속으로는 한 가닥 그리움이 있었겠지만, 적극적으로 나서는 게 부담스러울 수 있다. 삶 속에서 이런 일들까지 신경을 쓸 여유가 없었는지, 적당한 그리움을 안고 살아가는 게 낫다고 생각한 것인지, 또는 자신의 처지를 타인과 비교하고 싶지 않은 마음에서인지 50년이란 세월의 공백은 무엇으로 설명해야 할지?

나는 그들이 꽃길만을 걸어 왔기를 간절히 기도하는 마음으로 만나고 싶다. 그들이 하루하루 감사하며 행복하였기를, 그들이 아프지 않고 건강하게 생활하였기를, 세상의 온갖 풍파를 슬기롭게 이겨내고, 이마에 깊게 팬 주름이 있을지라도 맑고 순수한 웃음이 있었으면 좋겠다. 그들의 얼굴이 근심 걱정 없이 평안하게 보이고, 순탄한 삶을 살아왔기를 소망하는 마음으로 만날 것이다.

말을 주고받을 땐 언제나 조심이 따르기 마련이다. 오랜만에 마주한 사람에게 무심코 던진 말 한마디가, 생각지 못한 상처로 남을 수도 있기 때문이다. 잘난 듯 아는 체하거나, 더 가진 듯 우쭐대는 말과 행동은 되도록 삼가야 한다. 청년 시절의 추억을 자랑삼아 풀어 놓거나, 살아온 인생의 무용담을 길게 늘어놓는 일 역시 상대를 배려하지 못한 태도로 비칠 수 있다. 그리움 하나로 찾아온 자리라면, 허세나 우월감은 접어두고 마음을 다해 바라보고, 귀 기울이면 그뿐이다. 어쩌면 서먹서먹하고 어색한 시간이 흐를지도 모르지만, 그 순간을 견디는 일마저도 관계의 일부다. 서로가 어떤 삶을 살아왔든, 이제는 평가 없이 있는 그대로를 존중하며, 백지상태에서 다시 시작하면 된다. 그것이 진짜 만남이고, 그리움이 닿는 방식일 것이다.

소망이 이루어지게 되어 활기가 돈다. 기대가 크면 실망이 클 수 있다지만, 그러나 그것은 어디까지나 기대와 실망 두 개의 상관관계만을 따졌을 때 이야기다. 설사 실망하게 되더라도 그 시련을 통해 인생을 배우고, 그 순간을 밑거름 삼아 더 큰 성공에 이를 수 있다. 머리는 아직 깎을 때가 아닌데 어떻게 할까? 옷은 어떻게 입고 갈까? 선물이라도 준비해서 가야 할까? 식사비는 내가 낼까? 이런 즐거운 상상을 해보는 게 행복하고 희망차다.

생각해 보면 첫 직장에 출근한다는 뿌듯한 마음보다는 설레는 마음에 잠을 설쳤던 기억이 난다. 내가 이제 스스로 돈을 벌 수 있다는 생각보다 같은 일원이 되어 업무를 멋지게 해낼 수 있을지 불안하고 두려웠다. 그동안은 부모님의 돌봄이 있었지만, 외지에서 나의 일거수일투족이 타인에게 평가의 대상이라 올바르게 행동할 수 있을지 자신감이 없었다. 처음이 중요하다는데 부담감이 컸다. 그렇지만 첫 직장은 새로운 시작이자 성장의 기회로 그 여정은 절대 쉽지 않겠지만, 그 안에는 끝없는 가능성과 기회가 숨어 있어 최선을 다하자는 한 가닥 생각도 있었다.

첫 부임지에 대한 애틋한 감정은 사회생활을 처음 시작한 곳이라 잊어버릴 수 없다. 따뜻한 인정이 넘치는 가족 같은 분위기는 두려운 마음을 편하게 해주었다. 그때 그들의 순수한 마음은 지금도 소중하게 기억

된다. 형님과 누님으로 내 일처럼 가르쳐 주었으며, 짧은 기간이었지만 다양한 경험을 하도록 배려해 주어 조직과 업무에 빠르게 적응할 수 있었다. 국장님은 내유외강(內柔外剛)한 분으로 선이 굵은 사람이었다. 지금도 그 옛날 순수하고 아름다웠던 첫 직장 생활의 추억이 생각날 때면 '그때가 참 좋았지.'라고 말하곤 한다.

사회의 여러 화려한 면들만 부각되는 세상이다 보니, 촌구석에 처박혀 있는 내 모습이 초라하고, 지금의 내 길이 힘들게 느껴져 회의감이 들 때도 많았다. 그만두고 공부를 해서 더 나은 직장으로 가야 할지 고민에 휩싸인 적도 있었다. 하지만 남의 눈에 비치는 모습의 내가 아닌, 스스로 생각하고 행동하며 그것으로 성공을 가늠하는 사람이 되어 보자는 마음이 흔들리는 나를 다행히 지켜 주었다. 짧은 기간이었지만, 많은 것을 깨닫게 해주고, 성장할 수 있었던 첫 발령지는 영원한 고향처럼 그리워 가슴이 뭉클했다.

일출과 일몰이 하루를 여닫는 자연의 장엄한 매듭이듯, 산다는 것은 끊임없이 매듭을 맺고 때로는 풀어가는 과정으로 노년은 자신을 정리하는 시기라서 그 때문인지 더 절실했다. 드디어 반세기를 마음속에 간직한 매듭을 풀 수 있게 돼 설렌다. 70년이 지난 남북 이산가족의 애끓는 한(恨)을 조금이라도 알만하다. 늦었지만, 지금이라도 후회하지 않는 삶을 살고 싶다. 한편으로는 추억으로 간직하는 게 더 현명할지도 모른다는 내적 갈등이 컸지만, 한번 맺은 인연의 끈을 소중하게 여기고 싶은 마음이 모두의 마음이길 바라면서 그날을….

(2024. 6. 27.)

# 사과합니다

　십여 년 넘게 출근하면서 어느 날부터 상습 정체 구간에서 교통법규를 지키지 않는 게 편했다. 반석네거리에서 뱀 꼬리처럼 길게 늘어선 줄은 언제 풀릴지 몰라 답답했다. 처음에는 교통법규를 준수하였으나 많은 운전자가 끼어들기를 한다는 것을 알고, 나도 모르게 그 대열에 합류한 건, 아마도 집단 동조 심리에 휩쓸렸기 때문일 것이다. 가만히 있으면 나만 바보가 되는 것 같아 나를 부추겼다. 묵묵히 교통질서를 지키는 운전자들로선 화가 날 만한 일이었다. 차량이 밀리지 않는 시간에 나오면 되지만, 익숙해진 생활 습관의 변화가 쉽지 않았다. 대다수의 선량한 운전자들의 공분을 샀을 사려 깊지 못한 행동에 잘못을 인정하고 사과드린다.

법을 지키는 사회는 정의가 살아 있다. 모두가 법을 제대로 지킨다면 이 사회는 질서의 아름다움이 있고, 모두가 편안해진다. 사회가 법을 제대로 지켜야 법이 그 가치를 가지게 된다. 그래야 누구라도 법을 통하여 보호받을 수 있고, 법을 통하여 권리를 누릴 수 있게 된다. 착한 사람을 보고 '법 없이도 살 사람'이라고 하지 않는가?

꽉 막힌 도로에서 조금 더 빨리 갈 수 있다는 달콤한 유혹은 다른 일에 시간을 보낸 후 바쁘다는 핑계로 나를 질서 위반자로 만들었다. 운전자 대다수가 끼어들기를 하면 빨리 갈 수 있다는 것을 모르는 사람은 없다. 그들도 일분일초가 아쉬울 텐데 왜 묵묵히 기다리고 있을까? 법과 질서를 어기며 조금 빨리 가겠다고 하야 양심을 팔 수 없고, 조금 빨리 간다고 해서 크게 달라지는 게 없으며, 물 흐르듯 사는 게 편할지도 모르겠다. 개인이 자신의 물질적 이익을 중시하여 공공의 이익이나 타인의 이익보다 자신의 이익을 우선하는 이기심은 인간의 자연스러운 본성이지만, 다른 사람에게 피해를 주면서 취하는 이익은 더불어 살아가는 사회의 악이자 상생하는 공동체의 적이다.

3차선으로 달리다 호시탐탐 끼어들기를 할 곳이 있다 싶으면 무작정 앞부분부터 불쑥 들이밀어 뒤차는 멈칫했을 것이다. 그 나비효과가 연쇄적으로 전해져 정체의 원인이 되기도 한다. 끼어들기를 하면 선선히 자리를 내주는 운전자도 있지만, 소행이 괘씸하다고 생각해 한사코 못 들어오게 철벽 방어를 하는 운전자도 있다. 일렬로 가는 차들은 어딘가는 틈이 벌어지게 마련이고 이곳을 노련하게 파고드는 나는 전문 꾼이 되어 가고 양심의 가책이 서서히 희미해졌다.

끼어드는 것을 기분 좋게 받아들이는 운전자는 없다. 비상 점멸등을 켜서 미안함을 표하지만, 마음 한구석은 늘 자괴지심(自愧之心)이 있었다. 교통상황이 정체되고 있으면 다른 차량의 통행을 방해할 가능성이 크기에 실선과 점선 구간 없이 끼어들기 금지 위반에 해당하여 적발 시 과태료가 부과된다. 차선 변경할 때는 차선이 점선이고 정속주행을 하는 구간에서는 가능하다는 것을 모르지 않지만, 법과 양심은 상황에 따라 유리한 대로 행동하였다.

끼어들기는 상대 운전자를 짙은 선팅 등으로 알지 못한다는 팔면부지(八面不知)를 악용한다. 상대 운전자가 내 직장의 과장이나 부장, 사장님이라면 함부로 끼어들기를 할 수 없다. 같은 시대를 살아가는 소중한 인연인데 모르는 사람처럼 막 대해도 된다는 심리가 암암리에 작용한다고 생각된다. 모르는 사람에게 그릇된 욕망을 채우기 위하여 짓밟아도 된다는 치열한 생존경쟁의 본능이 작동한다. 이 나이에 그릇되고 초라한 모습을 보면 부끄럽기도 하다.

도로교통에서 가장 많은 사고 유형은 차선 변경과 끼어들기다. 동일 차로로 가고 있다가, 예를 들어서 1차선으로 나는 운행하고 있었는데 2차로의 차량이 갑자기 앞에서 끼어든다. 이런 경우에 보통 추돌사고가 제일 많은 유형이다. 일반적으로 끼어든 차에 더 많은 과실을 주고 있다. 그래서 끼어든 차가 70%, 뒤차는 30% 이렇게 과실이 책정되고 있다. 갑자기 방향 지시등도 안 켜고 끼어들었다면 100:0이 나올 수도 있다.

도로는 플랫폼이며 장소를 이어주는 생명줄이다. 내가 바쁘다고 끼어들기를 일삼고, 내가 여유가 있다고 해서 규정 속도 이하로 운전할 수도 없다. 차량흐름이 물 흐르듯 운전하는 날은 피로도가 덜하다. 그러나 무리한 끼어들기와 난폭운전 등을 경험하면 바싹 긴장하게 된다. 뻔뻔하게 얌체 짓을 하며 무임승차 하려는 이기적인 사람을 곱게 볼 리가 없다. "빈대도 낯짝이 있다"는데 미안했다. 도로망은 도시의 혈관인데 끼어들기도 동맥경화증에 걸리게 하는 하나의 요소다.

도로에서 시간은 변수가 많아 들쑥날쑥하여 운이 좋으면 제시간에 갈 수 있고, 늦어지는 경우 시간을 만회하려고 과속운전과 끼어들기를 부추긴다. 시간을 벌어야 한다는 압박감이 커진다. 믿을 수 없는 게 도로의 교통상황인데 이런 위험에서 벗어나려면 일찍 출발해야 되지만, 익숙해진 생활 습관에서 벗어나기가 쉽지 않아 악순환이 반복된다.

2023년 경찰청 교통사고 통계에 의하면 안전운전 불이행으로 인한 사고가 111,307건으로 전체 196,836건 대비 56.5%다. 안전운전 불이행은 과속, 중앙선 침범, 신호 위반을 제외한 졸음운전, 휴대전화 사용, 차선 변경, 끼어들기 등 안전불감증 행위를 가리킨다. 과거 손해보험협회에서 발표한 자료에 따르면 한 달간 '과실 비율 인정 기준' 애플리케이션의 조회 자료를 분석한 결과 사용자들이 가장 많이 조회한 사고 유형은 차선 변경, 끼어들기로 전체 21.1%를 차지했다는 통계도 있다.

양심은 선악을 판단하고 선을 명령하며 악을 물리치는 도덕의식이다. 일반적으로 양심은 사람이 자신의 도덕적 가치와 충돌하는 행위를 저지를 때 후회하는 감정을 느끼는 것으로 종종 묘사된다. 어느 날 아내가 내 차에 같이 타게 되었는데, 예정 시간보다 늦어 끼어들기를 하자
 "여보, 점잖으신 분이 교통법규를 지켜야지요? 조금 늦으면 어때요. 지금 길이 막혀서 그런 건데…."
 그 말에 부끄러워 금세 얼굴이 붉어졌다. 아내의 양심이 살아있음을 확인하는 순간이었다.

 커밍아웃(Coming out)은 자신의 지향성이나 사상을 밝힌다는 의미지만, 성소수자들이 자신의 성적 지향이나 성 정체성을 타인이나 사회에 밝히는 것을 뜻하는 경우가 많다. 내가 지금까지 저지른 불법을 글로써 사과하고 반성하여 차후 교통질서를 준수하겠다는 약속으로 과거 어두운 터널에서 벗어나 새롭게 출발하는 커밍아웃을 하고 싶다.

 죄짓고 못 산다고 과거의 잘못된 치부를 털어내 마치 구원과 죄 사함을 받은 것처럼 마음이 한결 가벼워졌다. 비는 데는 무쇠도 녹는다고 했다. 자동차가 경제활동뿐만 아니라 실생활에 없어서는 안 되는 필수품이 된 지도 오래지만, 교통사고는 당사자에게는 물론이고 이에 따른 사회·경제적 막대한 손실이 발생한다. 질서란 단속을 위한 것이 아니라, 서로의 생명을 지키기 위한 인간다움의 표현이어야 한다. 안전을 향한 배려가 일상이 되는 사회, 그 시작은 결국 나 자신으로부터 비롯되어야 한다.

(2024. 3. 31.)

# 아버지, 그 이름의 백년

 아버님은 언제나 태산처럼 크고 높으신 분이셨다. 그럼에도 늘 남남처럼 말없이 묵묵하셨고, 가까이 다가가기엔 왠지 모르게 먼 당신이기도 했다. 살아계실 땐 그 거리감이 아쉬움으로 남았고, 돌아가신 뒤에는 더는 메울 수 없는 그리움이 되어 마음속에 자리했다. '아버지'란 세 글자 속엔 수많은 단상과 추억 그리고 다 담아 내기 어려운 감정들이 복합적으로 얽혀 있다. 몇 마디 말로는 결코 설명할 수 없는 존재이신 아버님께서 올해로 태어나신 지 100년, 한 세기가 되었다. 그 긴 세월을 기념하며 백수 잔치라도 열었을 텐데…. 이제는 그리움만이 덧없이 자리를 채운다.

 아버님 고석조(부 고학곤, 모 신순옥)는 1924.9.28.(음) 다섯째로 군

산시 임피면 월하리의 풍요로운 농촌 마을에서 태어나셨다. 조상 대대로 학문을 숭상하는 유학자 집안으로 조부모님께서는 6남 2녀를 두셨는데, 성장 과정에서 넷을 잃어 3남 1녀가 되어, 큰아버님 두 분과 막내 고모님이 계셨는데 고모님은 생전에 계신다. 종갓집의 자손으로 사대봉사 등을 위한 전답이 꽤 있어 생활이 어렵지는 않았다. 선조께서 이 마을에 정착한 시기는 1200년경이라고 하니, 고려 태조 21년(938년) 회유정책으로 탐라국 왕족들에게 벼슬을 하사하여 육지에 정착하게 하였는데(고씨 문충공파 족보 참고) 그 후손이 이 마을에 거주하였다고 한다. 풍수지리상 배산임수의 지형으로 부채산과 학당산이 삭풍을 막아 주고, 마을 앞에는 평야 지대가 끝없이 펼쳐져 풍요로우며, 그 중간에 만경강의 지류인 탑천강이 유유히 흘러 재해가 없고, 걸출한 인물이 많이 나온 곳으로 인심이 후하고 살기 좋아 수십 대가 이어져 온 집성촌이다.

할아버지께서는 놀기 좋아하고 공부에 흥미가 없는 아들의 고집을 꺾지 못해 초등학교 중퇴 후 종갓집에서 일할 자식도 필요하였는지, 그 역할을 아버님께서 머슴들과 일하셨다고 한다. 초등학교를 오가는 길이 멀기도 하고, 어디에 메어 있는 게 싫었는지도 모를 일이다. 아버님의 나이가 7~16세 무렵이던 1930년대에 일제는 대륙 침략을 본격화하면서 한반도를 대륙 침략의 병참 기지로 삼고, 군국주의적 야욕을 극대화하던 시기였다. 경제적 수탈과 농민의 피폐, 정치적 억압과 민족말살정책, 사회문화적 동화정책 등으로 움츠러들 수밖에 없는 현실의 사회상이라고 생각되지만, 그때 배우지 못한 것이 평생 한이 될 줄 누가 알았겠는가?

아버님과 어머님은 중매로 만나 해방이 되던 1945년 4월, 아버님은 21살 어머님 문순옥(남평 문씨, 부 문권홍, 모 최금치)은 18살 때 결혼하여 4남 3녀를 두셨는데, 영아 시절 딸 둘을 잃어 4남 1녀가 되었다. 기회가 되면 두 누님의 천도제(遷度祭)를 지내주고 싶다. 어머님은 1남 3녀 중 둘째 딸로 가정형편과 유교 사상으로 간절하게 다니고 싶어 했던 학교에 다닐 수 없었다고 했다. 6.25 전쟁의 위험 속에서 살아남은 부모님은 본능적으로 많은 자식을 낳으셨다. 철도 공무원이었던 아버님은 1960년에 분가하여 직장과 가까운 적산가옥인 철도 관사에서 일곱 식구가 단란하게 살았다. 관사는 일본인들의 생활 방식에 가깝게 건축되어 편리했다.

둘째 큰아버님(고석만)은 한학에 밝으시고, 명석하여 고씨 문충공파 족보 편찬위원을 지내셨다. 젊은 시절에는 만주에서 측량기사로 일하여 일본어에도 능통했다고 한다. 큰집이 가세가 기운 원인의 하나는 큰아버님께서 6·25 때 부역으로 옥고를 치르고, 재판에 많은 전답을 팔아야 했으며, 첫째 큰아버님(고석철)은 병환으로 집안의 실질적인 장남 역할을 한 아버님이 적극적으로 구명운동에 참여하여 구사일생으로 살아남으셨지만, 가산 탕진과 이런 사상 및 전력을 문제 삼아 그 후 신원 조사에서 연좌제로 후손들에게 후유증이 컸다. 큰아버님 덕분에 그 일대에서는 인민군에게 희생된 사람이 한 사람도 없었다지만, 한 집안이 겪은 고초는 파란만장했다.

아버님은 풍수지리나 산천의 기운을 읽는 일에 밝아, 조상을 모시는 일에 정성을 다하셨다. 큰집 제사에는 고기와 술을 직접 준비해 빠짐없이 참석하셨고, 자식들을 데리고 함께했다. 유교식 제사는 밤 11시부터 새벽 1시 사이에 지냈는데, 어린이가 이 시간까지 잠자지 않고, 기다릴 수 없어 건넌방에 가서 자다가 나와서 제사를 지냈다. 제사를 마친 후 바리바리 싸준 음식을 들고, 달빛이 내려앉은 시골길을 터벅터벅 걸었다. 일 년이면 이런 제사가 십여 차례 있었다. 아버님은 증조할머니 묘를 명당이라고 생각되는 땅을 사서 이장을 하실 만큼 효성(孝誠)이 지극하셨다. 그토록 전통을 지키고, 자손들에게 그 의미를 전하려 애쓰셨던 모습은, 우리가 오래도록 마음에 새겨야 할 가르침이었다.

아버님은 사십 대 후반에 다니시던 직장에서 명예퇴직을 하신 후 퇴직금으로 문전옥답을 사들이고 소와 돼지를 키우는 등 농사일을 하셨다. 아버님의 수입만으로는 자식들 가르치기가 무척 힘들어 그 돌파구를 마련하려 애쓰셨다. 넉넉지 못한 생활에서 자식 다섯을 모두 학교에 보내는 것은 시골에서 웬만한 부잣집이나 가능한 일로 등에 무거운 짐을 가득 져 얼마나 힘드셨을까? 1960년대 말, 당시 시골에서 큰돈이 필요하면 소나 땅을 팔거나, 계에 들었던 돈을 타거나, 마을 유지나 부농에게 빌리거나, 외상으로 빌리고 가을 수확 후 쌀 등으로 갚아야 했다.

그 시절엔 집안 형편이 넉넉지 않거나, 공부에 흥미를 붙이지 못한 아이들이 초등학교만 마치고 도심 공장에 '공돌이'로 취직하는 경우가 혼했다. 1960년대 말, 농촌에서 올라온 청소년들은 도시 공장에서 일하며 밥 한 끼라도 따뜻하게 먹고, 잘 곳이라도 마련되는 것에 감사해야 했다. 하루 벌어 하루 먹는 삶이라도 급여를 손에 쥐면, 집에서는 한 사람 입이 줄고, 교육비 부담도 덜 수 있으니, 부모로선 어쩔 수 없는 선택이었다.

물론 자식 장래를 생각하면 결코 좋은 길이 아니었지만, 당장 눈앞에 놓인 현실 앞에서는 달리 뾰족한 수가 없었다. 먹고 사는 일이 먼저였고, 그게 생존이었다.

'돈 모아 줄 생각 말고 자식 글 가르쳐라.'는 말처럼 부모님은 본인들이 배우지 못한 한(恨)을 자식들에게는 절대 물려주지 않겠다는 굳은 신념으로 자식 교육에 누구보다도 적극적이셨다. 다른 집들처럼 일찍 공장에 보내면 편하게 살 수 있는 환경이었지만, 그런 유혹을 뿌리치고 끝내, 자식들이 책을 읽고 글을 쓸 수 있는 길을 선택하셨다. 그런 부모님을 만난 것이 내 인생에 얼마나 큰 복인지를 생각하면, 문득 눈시울이 붉어진다. 주위에서 "그렇게 해도 되겠냐."며 걱정하는 이들도 많았지만, 부모님의 철학은 확고하셨고 그 사랑은 말없이 깊으셨다.

부모님은 자식들이 공부도 잘하고 형제간 우애하는 것을 유일한 낙으로 삼으셨다. 그 시절 마을에서는 "자식 농사 잘 지었다."는 말이 회자될 만큼, 자식들의 교육에 온 정성을 쏟으셨다. 논밭을 팔아가며 학비를 마련하시던 그 마음을 떠올리면, 세월이 흐른 지금도 가슴이 먹먹하다. 정작 본인들은 좋아하시는 음식조차 마음껏 드시지 못했고, 새 옷 한 벌도 제대로 입지 않으셨다. 제주도에 가는 비행기 한 번 타보지 못하셨고, 어디 한번 훌쩍 떠나 마음껏 쉬어 보신 적도 없었다. 자식들 눈치 보느라 마음 편히 웃지도 못하신 채 평생 자식들 뒷바라지를 위해 사셨다. 그런 부모님의 삶을 떠올릴 때면, 부모님의 숭고한 정신을 잊고 있지 않는지 돌아보게 한다.

아버님께서 약주를 좋아하신 이유는 그 순간만은 복잡한 일을 잊게 해주어 기대고 싶었는지도 모르겠다. 내가 아버지가 되어 보니, 힘들고 슬픈 일이 있어도 아버지는 속으로 운다는 것을 알았다. 아버지는 선이 굵으셨다. 아버지의 주사는 나쁘지 않으셨는데 주로 노래를 끝없이 부르시다가 주무시거나, 나를 앉혀놓고 인생에 대한 당신의 철학을 풀어놓으시는 것이 다였다. 건강을 생각지 않고 약주를 자주 드시는 아버님의 행동으로 어머님과 자주 다투셨다.

1960년대 농촌에서는 가을걷이가 끝나고 다음 해 밭갈이가 시작될 때까지 어른들이 즐길 수 있는 것이 윷놀이 외에는 마땅한 놀이가 없고, 텔레비전이 없던 시절이라 몹시 따분했다. 그러다 보니 농한기에 접어들면 할 일 없는 시골 사람들이 동리 술집에 모여 겨우내 화투로 노름을 하곤 했다. 어떻게 마을 젊은 사람들의 꼬드김에 넘어갔는지, 겨울철이면 화투에 손을 대, 가족들은 이를 말리느라 고생이 많았다. 노름은 중독성이 강해 한번 노름에 빠지면 손을 씻기가 어려웠던 기억은 아버님의 작은 그늘이었다.

1976년 9월, 9사단 수색대에서 이등병으로 고된 훈련 중, 한 장의 전보가 날아들었다. 뜻밖에 아버님께서 운명하셨다는 천붕지통의 소식이었다. 어머니와 우리 다섯 형제를 남겨두고, 아버님은 그리도 이른 연세에 어떻게 눈을 감으셨을까? 뇌졸중으로 고작 쉰셋, 아직은 자식들 곁에 더 머무르셔야 할 연세였다. 서둘러 길을 나섰지만, 도착한 건 발인이 끝난 다음 날이었다. 아버님은 오지 않는 아들을 끝내 기다리며 마지막 눈을 감으셨을까. 그 마음을 헤아릴수록 가슴 한켠이 시리다. 임종을 지키지 못한 죄스러움은 물론, 그 마지막 길에 함께하지 못한 죄스러움이 가슴 깊이 남는다. 말없이 울먹이는 가족들의 얼굴을 보며 나는 끝내 참지 못하고 눈물을 쏟아냈다. 그날 늦게 도착한 나를 맞이한 집안은 그야말로 한바탕 눈물바다였다. 마지막 인사를 전하지 못한 자식의 마음은 지금도 그날의 시간을 붙잡고 있다. 시간이 지나도, 마지막 길을 함께하지 못했다는 죄송함이 가시지 않는다.

아버님과 목욕탕을 간 뚜렷한 기억은 선명히 떠오르지 않는다. 집에서 연료로 사용하기 위하여 마른 체구로 폐침목과 증기기관차의 연료였던 석탄 가마니를 져 나른 탓인지, 어깨와 등에 밴 피멍 자국을 자식에게 보이고 싶지 않으셨던 건 아닐까. 아버님이 그렇게 좋아하시던 막걸리 한 잔조차 제대로 올리지 못한 채 죄송스러운 마음만 가득 안고 살아간다. 손주들 재롱도 보지 못하시고, 백골난망의 은혜만 남긴 채 저 멀리 미국보다도 더 머나먼 피안의 세계에 계신 아버님을 그리워할 적마다, 불효자의 눈가에는 눈물이 고인다.

올해는 아버님께서 탄생하신 지 100년이 되는 해이다. 짧고 굵게 사시다 간 아버님은 따뜻한 가슴을 가지신 분으로 일구월심 본인의 안위보다는 자식들이 잘되기를 바라는 자식 바라기였다. 올가을에 부모님 산소를 사초하려고 한다. 멧돼지 등에 의하여 훼손되고, 폭우나 태풍 등 자연재해로 인하여 흙이 씻겨 내려가면서 잔디를 여러 차례 사초했으나 관리가 미흡하고, 봉분이 가라앉아 자꾸 작아지는 것 같아 볼 때마다 유택 관리가 시원치 않아 죄스러웠다.

아버님이 세상에 오신 날부터, 손자가 태어나 웃음을 전한 날까지 어느덧 네 세대, 92년이라는 시간이 흘렀다. 할아버지의 핏줄 중 가장 번성한 흐름이 아버님으로 이어졌다는 사실은, 부모님의 숭고한 희생 덕분에 더욱 빛나는 일이라 자랑이자 감사한 일이었다. 내가 마음에 품은 '중시조 만들기 프로젝트'는 젊은 시절부터 시작되었다. 아들과 며느리에게도 공감대가 형성되어, 이제는 손주 세대에서 기필코 가문을 더 굳건히 하고자 하는 흐름으로 이어지고 있다. 부모님께서 온 생애를 다해 닦아놓으신 삶의 토대를, 나는 손자 세대에서 반드시 열매 맺게 하고 싶다. 고귀한 뜻이 시대를 넘어 전해지기 위해서는, 후손이 그 의미를 되새기고 책임 있게 이어가야 한다. 옛말에 "교육은 백년지대계(百年之大計)"라 했다. 사람을 기르는 일은 하루아침에 이루어질 수 없기에, 긴 호흡으로 바라보아야 한다. 어쩌면 아버지는 그런 철학을 나에게 조용히 전해주셨는지도 모른다.

아버님은 반세기의 짧은 인생을 사셨지만, 후손에 미친 영향을 생각한다면 수명의 짧음이 무슨 의미가 있겠는가? 아버님의 그 고귀한 삶과 사랑으로 우리에게 길을 비춰 주신 지혜의 등불은 100년의 세월이 흐른 지금도 그 흔적이 우리 마음속에서 활활 타오르고 있다. 아버님의 인생은 우리의 가슴 속에 살아 영원히 숨 쉬며 아버님이 남긴 사랑은 시간이 지나도 변함이 없을 것이다. 아버님은 그 자체로 역할을 다하셨고 한 알의 밀알로 충분하셨다. 자식이 부모를 봉양하고 싶어도 부모는 기다려 주지 않는다지만(樹欲靜而風不止 子欲養而親不待) 손주들의 재롱도 못 보시고, 무엇이 그리 급히 떠나셨는지 속상할 때가 많다. 아버님을 추억하는 것은 현재 나의 모습을 찾아가는 일이기도 하다.

아버님이 살아계셨다면, 여전히 이른 아침 창문을 열며 하늘을 먼저 바라보셨을 것이다. 말씀이 적으셨지만, 안 계신 지금에서야 그 침묵이 얼마나 많은 이야기가 담겨 있었는지 알게 된다. 손주를 안아 보셨다면 어떤 표정을 지으셨을까. 살아계셨다면 물어보고 싶은 것들이 참 많다. 전하지 못한 고마움, 다 건네지 못한 사랑. 아버님이 살아계셨다면, 다정한 눈빛으로 나를 바라보며 여전히 내 편이 되어주셨을 텐데. 이제는 사진 속 미소에서만 따뜻함을 얻는다. 하지 못한 효도가 자꾸 마음을 울린다. 아무 말씀도 들을 수 없지만, 오히려 그 부재가 내 안에서 가장 큰 존재가 되어, 삶의 길목마다 조용히 나를 이끌어 주고 계신다.

아버님께서 이루지 못하신 삶의 뜻을, 부족하지만 제가 이어가겠습니다. 이제 저도 일흔을 바라보는 나이가 되어, 머지않아 아버님 곁으로 갈 날을 생각해 보게 됩니다. 아버님께서 떠나신 지도 어느덧 반세기, 세월이 흐른다 해도 핏줄의 인연과 마음속 깊은 그리움은 잊히지 않습니다. 아버님의 평안한 안식을 진심으로 기원합니다. 셋째 아들이!

(2024. 3. 15.)

# 젖과 꿀이 흐르는 땅

버스로 몇 시간을 가도 가도 끝이 없다. 도로 주변으로 목가적인 초원 지대가 넓게 형성되어 있어서 양, 사슴, 소 등이 평화롭게 풀을 뜯고 있다. 목동들은 낮잠을 즐기는지, 아니면 어디서 한잔 마시고 있는지 보이지 않는다. 가이드의 설명에 따르면 3년에 한 번은 초지를 갈아엎고 6개월 정도 휴경을 한 후 다시 풀씨를 뿌려 초지를 조성한다고 했다. 초지에서 가축이 필요한 영양소를 충분히 섭취할 수 있어 사료 의존도를 줄일 수 있을 뿐만 아니라 가축 방역에 드는 비용도 낮출 수 있다는 설명이 부러웠다.

초지에 가축들의 배설물을 퇴비로 사용하기 위해서 축구장 골대와 같은 '가축분뇨 처리장치'가 설치된 곳이 많다. 축산농가의 최대 골칫거리인 축분 처리 문제는 농가당 넓은 초지를 소유하기 때문에 땅을 수십 구획으로 나눈 뒤 격년제로 사용해서 간단히 해결한단다. 해거리 방목을 통해 휴면기에 들어간 초지 내의 축분을 쉬는 기간을 이용해 퇴비화하고 여분의 건초는 수출까지 하고 있다니 놀랍다.

뉴질랜드는 한국보다 2.7배나 큰 섬나라이며, 적도를 중심으로 한국과는 정반대의 지점에 있어 우리가 겨울이면 여름, 여름이면 겨울인 땅으로 목축과 농업국가로 잘 알려져 있다. 인구 500만 명에 소가 900만 마리이고, 양이 한창이던 80년대 초에는 7,000만 마리였다는데 지금은 그 절반 수준이라 한다. 자동차로 달려가노라면 맑은 하늘은 푸르디푸르고, 광활한 녹색 대지 위 드문드문 낮은 언덕에 어릴 적 읽었던 동화책에 나올 법한 행복이 그득한 예쁜 집들이 띄엄띄엄 있다.

초지에 심긴 나무들이 자연스러운 경계가 되고 가축들의 쉼터 역할도 했다. 아름드리나무들이 자연과 어울려 한 폭의 멋진 수채화처럼 보인다. 착유용 젖소의 축사를 제외하고는 그 어떤 건물도 없이 자연 상태에서 한 패덕(paddock)에서 다른 패덕으로 순환 방목한다. 소의 경우 1,200평(1에이커)에 한 마리를 기르도록 규정되어 있다고 한다. 젖소는 평지에서 기르고 육우나 양은 경사지나 가파른 목초지에서 기르는 것 같다.

가이드는 이곳이 캔터베리 평원(Canterbury Plains)이라고 했다. 자연을 좋아하거나 아름다운 풍경을 즐기는 사람이라면 뉴질랜드 캔터베리 평원은 여행 버킷리스트 중 한 곳으로 뉴질랜드 전체의 약 15%를 차지하는 가장 넓은 평원이다. 이런 곳에서 가축을 길러내는 1차 산업이 경쟁력을 갖는 이유를 알만했다. 기후, 토질 등 천혜의 자연적 조건으로 1차 산품 생산에 최적의 입지를 갖춘 나라다. 영양분이 있는 풀은 사룟값을 절약케 하고, 소들은 드넓은 초원에서 스트레스 없이 오염이 없는 목초들을 마음껏 뜯어 먹고 자란다. 풀을 고기로 바꾸고 있다. 마블링이 발달한 쇠고기가 아니어서 부드러운 맛은 덜하지만, 기름이 적어 건강한 맛을 선사한다. 대규모로 기르기 때문에 규모의 경제를 추구할 수 있다. 풍부한 일조량과 강우량 등 농사짓기에 더없이 좋은 기후조건과 화학성분이 가미된 농자재를 거의 쓰지 않아 '친환경농업'의 대명사로 불리는 농업 강국이 부러웠다.

도로에서 몇백 마리 양들이 대이동 하는 것을 우연히 보게 되었다. 다리를 건너 다른 초지로 가기 위해 호위(convoy) 차량이 선두에서 천천히 가고 그 뒤를 양들이 따라갔다. 후미와 중간마다 양몰이 개들이 다른 곳으로 가지 못하게 컹컹 짖는다. 우리가 탄 버스는 양떼가 다 이동할 때까지 기다려 주어야 했다. 몽골에서는 어린 목동이 많은 양을 한꺼번에 이동시키는 도구로 말과 휘파람, 몇 개의 돌멩이가 전부인데, 여기서는 달랐다. 양은 겁이 많아 강이나 다리를 건널 때도 흩어지지 않고 똘똘 뭉쳐 움직이는 습성을 보인다. 양몰이 개가 더 필요할 것을 대비하여 케이지에 몇 마리가 더 있었다.

가축을 많이 기르는 몽골과 뉴질랜드의 차이점이 무엇일지 생각해 보았다. 몽골의 육류 수출이 부진한 이유는 구제역 등 가축의 질병과 혹한의 날씨 영향 때문이다. 청정지역이라는 일반적인 인식과 달리 매년 구제역과 탄저병 등 가축 질병이 자주 발생하고, 자본과 기술 부족으로 원자재로 수출하는 경우가 많은데 뉴질랜드는 위생과 방역, 풍부한 자본과 기술력 등에서 크게 앞서고 있다는 느낌이다. 뉴질랜드는 입국 시 검역이 까다롭기로 소문이 나 있다. 초지는 양국 모두 많지만, 몽골은 초원 지대와 스텝 지대(Steppe)에 적응해 유목 생활을 하지만, 뉴질랜드는 정주하여 과학적이고, 철저한 품질관리를 하는 것 같았다.

왜 뉴질랜드에는 초지가 많을까? 첫째, 뉴질랜드는 해양성 기후로 한서의 차가 심하지 않고, 남북으로 길게 발달한 산맥은 서쪽에서는 편서풍이 탁월해서 연 최대 7,000mm 이상 비가 내리지만, 동쪽은 800mm가 안 되는 건조지역이 넓게 분포한다. 뉴질랜드 강수량은 계절적 차이보다 지역적 차이가 훨씬 크다. 둘째, 많은 초지는 인위적으로 조성되어 뉴질랜드 역사는 초지 개간, 목축의 역사라고 해도 과언이 아니다. 기존의 관목림들을 제거하고 그 자리에 초지를 조성, 목축에 이용해 왔다. 초원 지대 곳곳에 보이는 숲은 인공으로 조림한 외래종 나무들이다.

1968년 9월 19일 오후 3시, 박정희 대통령은 뉴질랜드의 오하키 공항에 도착해 폴리트 총독과 홀리오크 수상의 환영을 받았다. 수상과 곧바로 정상회담에 들어갔고, 그 자리에서 양국 정상이 가장 먼저 합의한 사항은 뉴질랜드가 전폭 지원하는 시범 목장을 한국에 개설하는 것이었다. 경기도 평택에 탄생한 시범 목장은 한국의 낙농 초년생들을 위한 모기지(母基地) 교육장 역할을 톡톡히 했다. 그곳을 거쳐 간 교육생들이 전국 방방곡곡에서 개인 목장을 조성할 때 필수적인 목초지(牧草地) 개간과 관리, 젖소 사육 관리 등에 실질적인 도움을 줌으로써 낙농 불모의 땅을 낙농 적지(適地)로 바꾸는 데 결정적인 역할을 했다. 한 걸음 더 나아가서 뉴질랜드는 낙농산업 전반에 걸친 전문가를 한국에 파견해 지속적인 교육지도를 해준 고마운 나라였다.

박 대통령은 목초가 지천으로 널린 목장의 양떼를 보고 영양결핍의 우리 어린이들을 떠올리면서 "우리 아이들이 저 배부른 양떼보다 못하다는 말이냐."며 탄식했다고 한다. 면양 도입은 쇠고기를 먹을 형편이 못 되는 대신 육질과 맛에서 전혀 손색이 없는 양고기를 먹어보자는 절박한 소망과 호주뉴질랜드의 축산 선진기술에 감탄한 박 대통령의 "우리도 축산을 제대로 해보자."라는 열망으로 시작한 게 32년 만에 양이 2,600만 마리(2020년 6월 기준)로 불어났다.

뉴질랜드는 '하늘에서 내려준 축복의 땅이다.' 끝없이 펼쳐진 광활한 초원과 따사로운 햇볕 아래 한가로이 풀을 뜯는 젖소와 양떼들의 모습이며, 자연과 더불어 평화를 누리면서 사는 여유로운 국민 모두가 행복해 보였다. 뉴질랜드는 성경의 구절처럼 과연 젖과 꿀이 흐르는 낙원과 같은 땅이냐는 근본적인 질문이 생기지만, 1차 산업만으로도 풍요롭게 사는 그들이 부럽기만 했다.

(2024. 10. 11.)

# 책을 선물한다는 것

우여곡절 끝에 책을 내고 문우들에게 보내는데 서문이 있지만, 인사말을 별도로 써서 보내야 할지 고민이 되었으나 그대로 보내 조금은 찝찝했다. 책은 작가가 펜으로 낳은 자식이자, 생각과 경험이 담긴 작가의 분신으로 조금은 소홀하다는 느낌도 있었다. 책을 보낼 때는 최소한 받는 사람이 읽어 줘야 할 부담(?)을 느끼도록 보내야 한다는 생각도 들었다. 한 권의 작품집을 다른 사람에게 보낸다는 것이 얼마나 두렵고 떨리는 일인가 알게 됐다.

이번에 출판한 수필집을 문우들에게 130여 권 발송하였다. 같은 문학 활동을 하는 문우들에게 생각 나눔을 3권째 하고 있다. 비 문학인에게 배포하는 것보다 마음과 뜻이 통하는 문우들과의 정신적 교감이 더 나아 '무주상보시(無主相布施)'의 마음처럼 누군가에게 무엇을 줬다는 걸 으스대지 않기 위해 마음을 다잡았다. 자칫 공짜로 주었는데 잘 받았다는 최소한의 예의도 없느냐고 준 사람으로서는 말할 수 있지만, 내 손을 떠난 것에 연연하지 않으려고 했다. 주어서 고맙다는 인사를 받는 것보다 먼 훗날이라도 그 책의 내용을 전하며 이야기해 주는 사람이 더 고마울 것 같다. 정성을 눌러 꾹꾹 담은 메일과 SNS가 때로는 헌근지의(獻芹之意)의 마음을 전하는 좋은 방법이 될 수 있으며 그 내용 일부를 소개해 본다.

'선생님, 수필집 잘 도착했습니다. 받자마자 서문부터 펼쳐봤는데 에구구 정말 고생하셨네요. 저는 그래서 파일을 컴퓨터 C 드라이브, D 드라이브, USB, 외장하드까지 네 군데 보관해요. 한번 당하고 나면 의심이 많이 생기지요.'

'고 수필가님! 수필집 잘 받아 보았습니다. 네 번째 수필집 상재를 축하합니다. 먼저 서문과 '엉겁결에 산을 오르다'를 읽어 보았습니다. 나머지는 천천히 읽어 보겠습니다. 인생 후반기 글 쓰는 삶을 쭉 이어 나가시기를 기원합니다. USB에 저장된 글이 통째로 날아갔음에도 다시 쓰신다고 너무 고생 많으셨습니다.'

'고 선생님! 감사합니다. 이 귀한 책을 저에게도 보내주시다니! 새벽에 일어나서 몇 편을 읽었습니다. "내 이름은 高泳德"에 깊이 공감합니다. 외람되지만, 조부님께서 "德 속에 살며 德을 베풀라."라는 뜻을 담으신 것 같네요. 저도 10세 때 고아가 되신 아버님께서 집안을 일으키라고 세울

O를 넣어서 ○○○ 이름하셨다고 들었고, 그리 살려고 노력하며 살았고 또 살아가고 있습니다. 이름 석 자! 선생님의 글을 읽고 새삼 깊은 의미를 새겨봅니다. 깨우쳐 주셔서 감사합니다. 선생님의 귀한 글! 천천히, 찬찬히 음미하겠습니다. 거듭 감사드리며 부디 댁내 두루 평안하시고 늘 건강, 건필하시길 빕니다.'

'고영덕 선생님! 보내주신 수필집을 잘 받았습니다. 수필집 네 번째 내신 것을 축하드리고, 또 저에게까지 보내주신 것을 감사드립니다. 몇 페이지를 읽으며 高 선생님의 수필가적 기질을 알게 합니다. 같은 장르에 몸 담은 사람으로서 高 선생님의 작가적 고뇌에 공감합니다. 부디 만인이 공감하는 좋은 수필로 성공을 기원합니다.'

'고 선생님! 주위는 온통 열기와 매미 소리로 가득합니다. 늘 분주하지요? 보내주신 옥저 '엉겁결에 산을 오르다.'를 잘 받아 읽고 있습니다. 단란한 가정과 친척과의 관계 등 일상에서의 일을 작품으로 빚은 솜씨에 크게 공감합니다. "USB 복구를….".를 읽고 그 낭패스러운 일에 황당하셨을 상황을 짐작합니다. 저도 경험이 있었거든요. 아파트에서 동대표를 해 본 입장에서 많은 느낌이 듭니다. 막바지 무더위 잘 이겨 내시고, 문운 더욱 펼치시기를 바랍니다.'

책에 대한 감상과 애정 어린 격려와 축하의 글을 받았을 때 기쁨은 자못 크다. 문우들이 쏟아주는 배려가 송구스럽고 책을 낸 보람을 느낄 때가 많다. 내 책을 받고 읽어주는 것에 감읍하는 것은 아니지만, 긴 글을 보내주었을 때 나는 다짐했다. 나도 책을 받게 되면 꼭 그렇게 하겠다고. 그리고 지금껏 내가 받은 책에 대해서는 대부분 그렇게 해 오고 있다. 내가 알지 못했던 점을 깨우쳐 주기도 했으며, 진정성 있게 느낌을 써주는 것을 보면서 배울 점이 참으로 많은 문우들이라고 생각했다. 나 자신이 오히려 그들로부터 배우고 동기부여가 되었다. 이 맛에 책을 나누어 주는 것은 아닌지?

독후감을 쓴다는 건 생각처럼 쉬운 일이 아니다. 단지 책의 목차를 훑어보는 것으로는 부족하다. 먼저 관심 가는 제목의 글을 몇 편 정독하거나, 그 사람의 논조와 사상, 가치관, 문장의 흐름까지도 느껴야 한다. 그렇게 충분히 공감하고 이해한 후에야 비로소 내 안에서 우러나오는 말들을 글로 써 내려갈 수 있다. 몇 번이고 고치고 지우며, 시간을 들여 정성을 다하게 된다. 이렇게 쓰다 보면 괜히 실례가 되는 건 아닐까, 혹은 너무 칭찬하는 건 아닐까 하는 마음에 조심스러워지기도 한다. 하지만 진심이 담긴 글, 누군가에게 작은 힘이라도 될 수 있는 글이라면, 그 자체로 충분한 의미가 있다. 형식적으로 쓰인 영혼 없는 글은 쉽게 잊히지만, 진정성이 깃든 글은 오래도록 마음에 남는다. 최소한의 예의를 갖춘 따뜻한 시선과 성의를 담아, 글쓴이의 노고에 화답하는 글이 되었으면 좋겠다.

책 한 권에는 글쓴이의 우주가 다 들어있다. 책은 마음을 나누는 도구이자, 경험을 나누는 일로 공감대가 형성된다. 책은 나와 그 사람을 잇는 다리가 된다. 사유의 한 단면들이 정제되어 문장으로 탄생하기까지 얼마나 고뇌하며 매만졌겠는가? 작가의 목숨과도 같은 것, 세상에 없던 새 생명의 탄생, 그리고 작가로서는 두렵고 떨리는 마음, 부끄러움을 가득 담은 책을 통해서 당신과 소통하고 싶고, 같은 문우끼리 창작 의욕을 불러일으키기도 하고, 인간관계를 더 풍요롭게 해주는 매개체 역할도 한다.

한편, 웬만해서 책을 선물하지 않겠다는 사람도 있다. 사람과 사람 사이를 좀 더 풍요롭게 하고, 읽어주는 게 어디냐고 말하는 사람도 있겠지만, 공짜로 받은 책이라고 하찮게 여겨 굴러다니거나, 먼지를 뒤집어쓴 채 처박혀 있을지도 모른다고 생각하면 심사가 마구 뒤틀려 책은 돈을 주고 사서 읽어야 한다고 여긴다.

책을 선물 받는 순간에는 다들 고마워한다. 당장이라도 책을 읽을 것처럼 의지를 불태운다. 하지만 독서에서 정작 중요한 것은 책을 덮은 후에 펼쳐지는 삶을 대하는 자세가 아닐까? 좋은 책을 많이 읽은 날은 밥을 먹지 않아도 배가 부르다는데 그런 책 한 권 쓰는 게 꿈이다. 이미 저질러 버린 몇 권의 수필집이 시간이 갈수록 쥐구멍을 찾고 싶을 만큼 부끄러움이 더해지는 것은 나만의 소심증일까? 이제 책을 내어도 누군가에게 선물하는 게 큰 부담이 된다. 작품 같지도 않은 것을 보냈다고 하지는 않을까 등 고민과 후회도 있지만, 애벌레가 나비로 거듭나는 과정이라고 위안하고 싶다.

(2024. 8. 9.)

# 피노키오 코가 될 뻔한

초등학교 2학년인 큰 손자로부터 전화가 왔다. 전화 오는 일이 흔치 않은데 무척 반가웠다. 그동안 어린이날과 생일에 레고 등 장난감은 많이 사주었지만, 책 읽기에 재미를 붙였는지 병아리 같은 입에서 나오는 말이 신통하여 손자 바보가 된다.

"할아버지! 세종에 내려가면 서점에 함께 가요."
"응! 그래, 같이 가자. 민재가 어떻게 이런 생각을 했어."
"읽고 싶은 책이 있거든요."
"그래, 할아버지도 궁금한데."

아들 가족은 금요일 서울에서 내려오는 고속도로가 밀릴 것을 예상하여 일찍 서둘러서 출발했는지 저녁 6시 반에 도착했다. 배가 고플 것 같아 먼저 식사를 한 후 서점에 가려 했는데 문 닫을 시간이라 갈 수 없었다. 다음날은 익산 아우 집에서 점심을 하느라 이래저래 공수표를 남발했다. 지나놓고 보니 밥을 먹지 않고서라도 서점에 갔어야 했는데 판단을 잘못한 것이 마음에 걸렸다.

"아이에게 무언가 약속하면 반드시 지켜라. 지키지 않으면 당신은 아이에게 거짓말하는 것을 가르치는 것이 된다."

탈무드의 경구가 섬뜩했다.

손자가 생각하는 할아버지에 대한 이미지에 부정적인 영향을 준다면 큰일이라 고민이 되었다. 일낙천금(一諾千金)처럼 약속을 소중하게 여기고 지켰어야 했는데 후회가 되었다. 거짓말을 하면 코가 길어진다는데, 피노키오(Pinocchio)처럼 내 코가 길어진 듯한 기분이었다. 마침, 아내가 서울 ○○병원에 내일 다녀온다기에 부탁을 해보았지만, 시간이 안 될 것 같단다. 이번 주 일요일 손자와의 약속을 지키기 위하여 서울에 올라가야 하는지, 거듭 고민한 결과 차선책으로 아들에게 부탁했다.

"아들아! 방금 은행으로 송금했다. 민재와 서점에 가기로 약속했는데, 약속을 못 지켰으니, 내 마음을 잘 전해주고, 함께 서점에 가서 읽고 싶은 책을 사라고 해라."

"예! 아버지 고맙습니다."

이렇게라도 매듭을 지어 부담을 덜 수 있었다. 곧이어 큰 손자로부터 고맙다는 전화를 받았다.

부모(할아버지 등 어른 포함)와 자녀 관계에서 중요한 것 중 하나는 바로 '신뢰'다. 이 신뢰를 형성하는 데 있어서 매우 중요한 역할을 하는 것이 바로 '약속'이다. 아이들은 부모가 한 약속을 어길 때, 신뢰를 잃게 되며, 이는 아이의 정서 발달에 부정적인 영향을 미칠 수 있다. 부모와의 일상적인 상호작용은 아이의 심리적 안정감을 형성하는 데 큰 역할을 하며 부모가 약속을 지킬 때, 아이는 세상이 안전하고 예측 가능하다고 느끼게 된다. 부모와 자녀 간의 약속은 단순한 말의 교환 이상의 의미를 지닌다. 이는 아이의 정서적, 사회적 발달에 깊은 영향을 미치며, 부모와의 관계뿐만 아니라, 아이가 세상을 바라보는 시각에도 중요한 역할을 한다.

친할아버지께서는 66세(1961년)에 돌아가셨는데 내가 6살 무렵으로 할아버지의 따뜻한 사랑 등 뚜렷한 기억이 희미하여 늘 아쉬웠다. 보험개발원에 따르면 '제10회 경험생명표 개정' 결과 남자여자의 평균수명은 각각 86.3세, 90.7세다. (중앙일보, 2024.1.7.) 의료 기술이 발달하고, 생활 수준의 향상 등으로 사망률이 개선됨에 따라 평균수명이 늘어나, 사랑스러운 손주와의 동행 기간이 길어지고, 스마트폰 보급 확대로 동심과의 대화는 삶의 활력을 준다.

아이는 자신과의 약속을 존중해 주는 부모를 통해 자존감을 키우고, 부모에 대한 존경과 권위를 배우게 된다. 아이들은 부모의 말이 아닌 '행동'을 통해서 배운다. 자녀가 약속을 잘 지키는 책임감 있는 사람으로 자라길 바란다면 부모가 먼저 모범을 보여야 한다. 그렇다고, 아이가 원하는 것을 다 들어줄 수는 없다. 아이의 안전을 위협하는 위험한 놀이, 시간 여유를 도저히 낼 수 없는 체험전이나 공연 참석, 가정의 경제 수준을 벗어나거나, 아이에게 올바른 소비 개념을 심어주기 힘든 고가의 장난감 구매 등이 그런 예다. 이런 때는 부드러우면서도 단호하게 'NO!'라고 말해야 할 때가 분명히 있다.

초등학교 5학년 겨울, 나만의 스케이트가 몹시 갖고 싶었다. 손재주가 좋았던 큰형님은 산수 시험에서 100점을 맞으면 스케이트를 만들어주기로 약속했다. 우리 집 형편상 스케이트를 사달라는 건 무리였다. 당시 부잣집 아이나 가질 수 있을 뿐, 널빤지를 잘라 굵은 철사로 칼날을 대신하고, 옆구리에 못을 박아 고무줄로 발등을 묶는 재래식 스케이트도 감지덕지하던 시절이었다. 약속을 지켜 정성 들여 만들어준 스케이트는 또래 중에서는 제일 빨라 한동안 따라잡을 사람이 없었으며, 약속의 중요성을 알게 된 계기였다.

금석맹약(金石盟約)과 같은 약속을 나는 헌신짝처럼 여기지는 않았는지 반성을 해본다. 식언(食言)을 일삼고, 위기를 모면하기 위해, 알량한 이득을 얻기 위해, 상대방을 속이려고 약속했던 적은 없었는지 돌이켜 본다. 대단한 이득이 없고, 상대방을 잃어도 크게 손해가 될 것이 없으며, 혐오하거나 싫어하는 사람이 있다거나, '코리안 타임'이라고 불렀던 적은 없었는지, 나이 어린 아랫사람과 한 약속을 하찮게 여겨 파기한 적은 없었는지 뒤돌아본다.

가장 소중한 약속은 바로 나 자신과의 약속이다. 약속을 어겼다는 사실을 아무도 모르기에, 그리고 그때그때 쉽게 자신을 용서해 주기에…. 우리는 나 자신과의 약속엔 별로 부담을 느끼지 않는다. 그러나 내가 나를 못 믿는다면 세상에 나를 믿어줄 사람이 한 사람도 없다. 자신과 한 약속을 잘 지키는 사람들이 지속적으로 성장하고, 성공하는 경향이 있다. 다른 사람과의 타협이 중요할지 몰라도 나와의 타협은 없다. 나 자신과의 약속을 맨 먼저 지켜야 한다는 생각으로 살아왔는데 이는 나만이 아는 비밀이다.

아이는 어른의 거울이다. 어른들의 모습을 그대로 보고 배운다. 아이와의 약속을 소중히 여기지 않으면, 아이도 어른과의 약속을 쉽게 무시하게 된다. 어른이 아이와의 약속을 매번 어긴다면, 아이도 굳이 약속을 지킬 필요가 없다고 생각할 것이다. 약속하기는 쉬워도 그 약속을 이행하기란 쉬운 일이 아니다. 큰손자와의 약속이 희미해져 가던 때 미생지신(尾生之信) 정신으로 약속은 꼭 지켜야 한다는 소중한 깨우침이었다.

(2024. 4. 26.)

# 하늘로 떠난 이름 하나

일요일 오후, 처형의 떨리는 전화 너머로 믿기 어려운 소식이 전해졌다. 광주에 사는 큰처형의 며느리가 항공기 사고로 세상을 떠났다는 말에, 아내와 나는 한동안 말을 잃었다. 믿고 싶지 않은 현실 앞에서 우리는 조용히 슬픔을 마주했다. 아내와 함께 처형 집에서 장탄식하며 눈물을 흘렸다. 너무도 갑작스러웠던 이별, 짧은 인연이었지만 따뜻하고 밝았던 그녀의 모습을 가슴에 담는다.

2024년 세밑에 발생한 이번 참사의 희생자는 성탄절 휴일과 연말을 맞아 부푼 마음으로 해외 나들이하러 갔나 보다. 무안공항이 17년 만에 처음으로 이달부터 정기 국제선 운항을 시작하자, 제주항공도 12월 8일부터 주 4회 간격으로 무안에서 방콕을 오가는 정기편 운항에 들어갔지만, 21일 만에 사고가 발생했다. 처조카는 아내가 월요일 일정이 있어 일행들보다 하루 앞당겨 오늘 도착한다고 했는데 계속 전화를 받지 않아서 답답한 마음에 공항으로 가서 몇 시간의 수소문 끝에 주검으로 돌아와 망연자실했다고 한다. 일행들과 같이 행동하였다면 문제가 없었을 텐데 책임감이 생사를 갈라놓았다.

TV를 보는데 시간이 흐를수록 사망자 숫자가 불어났다. 비행기가 '로컬라이저(착륙 유도 안전시설)'와 콘크리트 벽에 충돌한 뒤 화재가 발생해 승무원 2명을 뺀 179명이 숨지는 대참사가 발생했다. 비행기는 두 동강이 나고 화염에 휩싸인 상태에서 생존자가 있을 것이라는 처음의 가느다란 희망이 기적에 가까운 일이라는 현실적인 생각이 들었다. 안전띠를 맸더라도 충격이 강했으며, 몇천 도의 화염은 희망을 송두리째 앗아갔다.

2025년 1월 1일 서울과 대전에 사는 아들과 함께 무안 참사 현장에 갔다. 처조카는 오지 말라고 했어도 가지 않을 수 없었다. 엄청난 실의에 빠져 있을 조카를 생각하면 한시도 가만히 있을 수가 없다. 공항 내 합동분향소에 조문하려는 줄이 길게 늘어서 있고, 자원봉사자들이 질서를 지키자는 문구를 들고 여기저기에서 안내한다. 커피나 차를 무료로 나누어 주는 커피차가 출입구 앞에 주차되어 있다. 출입구에 도착하여 둘째 조카에게 왔다고 알려주어 바로 만나게 되었다. 1층 대기실에는 긴급구호 텐트가 빽빽하게 설치되어 있고, 통로 옆 물품 제공소에는 과자, 과일, 생수, 마스크, 차, 떡, 칫솔 등 임시 숙소 생활에 필요한 물품이 비치되어 있다.

텐트 안에는 스티로폼과 모포가 깔려 있고, 7~8명이 앉아 있을 수 있었다. 여기까지 뭐 하러 오셨냐고 말한다. 무슨 말로 위로를 해줄 수 있겠는가? 그 처지가 되어 보지 않고서 위로한답시고 말하는 마음이 아팠다. 큰처형도 15년 전에 암으로 세상을 떠났고, 큰 동서는 요양병원에 몇 년째 입원하고 있다. 처조카의 장모님도 3년 전에 세상을 떠났으며, 조카며느리는 유방암과 폐암으로 3년 전에 고생하다 겨우 극복했다. 한 가정을 둘러싸고 있는 환경이 평탄치 않아 마음이 아팠다. 항상 마음으로는 큰 처형이 없어 조카들이 어떨까? 하는 애틋한 마음이 있었는데 이번 일까지 겹쳐 가슴이 찢어질 듯 아프다.

오래 앉아 있을 수가 없었다. 유가족협의회에서 유족당 4명 이내로 참사 현장 방문이 있다고 하여 20~30분 만에 나와야 했다. 조카며느리의 이름도 알고, 합동분향소에서 그의 영정사진을 멀리서 볼 수 있었다. 비행기 참사는 주검의 훼손이 다른 참사보다 더 심각하여 조카며느리도 손가락에 낀 반지를 보고 알았다고 했다. 장래 일정 등은 유가족협의회에서 정하는 방침에 따라 치른다고 했다. 사고의 정확한 원인에 대한 진실 규명이 항공기 사고의 특성상 시간이 걸릴 것으로 보여 유가족들의 심경은 이루 말할 수 없고, 온 국민이 큰 슬픔에 잠겨있다. 자원봉사자와 시민들의 따뜻한 마음, 그리고 희생자들을 잊지 않으려는 연대의 움직임이 유족들이 참혹한 참사를 이겨내는데 큰 위로와 힘이 되는 듯했다. 이런 혼란 속에서도 우리가 삶을 버틸 수 있는 하나의 힘이라고 생각되었다.

나에게도 7년 전 큰형수님의 갑작스러운 죽음은 큰 충격이었다. 췌장

암으로 중이온 가속기가 있는 독일의 한 대학병원에서 치료받던 중 의료사고로 유명을 달리하였다. 큰형수님의 빈자리는 너무나 컸다. 명절 때는 화기애애하고 형제들뿐만 아니라 형수님과 제수씨의 관계가 너무나 좋았는데, 주축을 담당했던 큰형수님이 빠지고 나서는 휑하게 느껴지고 재미가 없어 집안이 흔들렸다. 이런 일은 인내하고 넘길 수 있지만, 형님의 노후는 말 그대로 노역이고, 고통이다. 한 배우자와 완전체로서 40~50년을 같이 살다 한쪽이 먼저 하늘나라로 간다면 무슨 의미가 있으며, 얼마나 허전하고, 안타깝고, 그립겠는가? 안 피우던 담배도 피우고, 옆에서 챙겨주는 사람도, 잔소리하는 사람도 없으니, 몸과 마음이 병들어 가는 것 같다. 고분지통의 고통이 얼마나 큰지를 옆에서 보는 동생들의 마음도 새까맣게 타들어 간다.

사람은 누구나 한번 태어나 죽음을 맞이한다. 수많은 사람들은 아름다운 삶(Well being)과 아름다운 죽음(Well dying)을 꿈꾸고, 이를 위해 하루하루 최선을 다해 살아간다. 흔히 자살과 고독사 등이 가장 불행한 죽음이라고 하지만, 이번 대형 참사처럼 많은 사람이 일시에 유명을 달리하는 것이 아닐까? 잘 있으라는 유언 한마디 못 하고 간 고인을 생각하면 유가족은 눈을 감을 때까지 잊지 못할 것이다. '삶과 죽음의 경계가 별것이 아니다.'는 허무주의에 빠질 만하다. 제명대로 살지 못하고, 의지와 무관하게 불의의 사고로 가게 돼 단란한 가정의 파괴는 물론 유가족과 국민이 고통과 슬픔으로 마음에 병이 들어 트라우마를 겪게 되는 경우가 많아 대처가 시급하다.

그 모든 것이 이제는 공허한 공간에 남겨져 있다. 친구들과 함께 비행기를 타고 태국을 갔다 오던 길이 짧은 생의 마지막 긴 여행이 되고 말았다. 조카는 하루가 지난 밤에야 차가운 주검으로 돌아온 아내를 볼 수 있었다. 조카의 마음속에 아내는 늘 명랑한 모습으로 머물러 있을 것이다. 아내는 인생의 빛이었고, 그 빛이 사라진 지금, 어둠 속에서 헤매고 있을 것이다. 억울하고, 황당하게 가족을 잃는 일은 안전하지 않은 사회에서 벌어지는 다른 사람의 일이 아니라 내 가족, 내 친인척의 일이라는 것을 알게 되었다. 안전은 결국 정부, 기업, 사회 전체의 제도, 인식, 관행이 얽힌 문제라서 임기응변이 아니라 총체적인 변화가 필요하다.

처조카 며느리와 희생자들의 명복을 빌며 유가족들께 깊은 위로의 마음을 전한다. 갑작스러운 비보 앞에 우리는 모두 말문을 잃었다. 이유 없이 소중한 사람을 잃는 슬픔은 이루 말할 수 없다. 남겨진 가족들은 상실의 충격 속에서 하루하루를 버티며 살아가야 한다. 고통은 단지 마음뿐만 아니라 삶 전체를 흔들어 놓는다. 다시는 같은 아픔이 반복되지 않기를 바란다. 철저한 원인 규명과 재발 방지를 위한 대책이 절실하다. 우리는 누구나 누군가의 전부였던 사람이다.

(2025. 1. 4.)

# 나를 살린 금강

금강이 나를 살렸다. 금강과 나의 인연은 2012년 9월, 대전에서 세종으로 이사 온 후부터 시작되었다. 어느 날, 자전거를 타고 허리를 고쳤다는 KBS 6시 내 고향 방송을 보다가 나도 고칠 수 있겠다는 가느다란 희망을 품게 되었다. 바로 자전거 동호회에 가입했고, 주말마다 라이딩을 즐기기 시작했다. 당시는 척추관협착증으로 다리에 통증이 심해 백여 미터도 걷기 힘든 상황이었고, 수술을 앞둔 채 불편한 일상을 견디고 있었다. 그런 내게 자전거는 마지막 희망이었다. 체념과 절박함 사이에서, 삶의 작은 가능성 하나를 붙잡고 싶었다. 그렇게 다시 숨을 돌리게 해준 무대가 바로 금강이었다.

자전거를 안전하게 타려면 자전거 길이 잘 닦여 있어야 한다. 이명박

정부의 4대강 정비 사업으로 2012년 완공된 금강 자전거 길은 아름다운 우리 산과 강을 가까이서 만끽할 수 있는 길로 지역과 지역, 사람과 사람을 이어주는 소통의 길이었다. 이 길은 공주, 백제보, 부여, 군산, 마곡사, 대청댐, 장태산, 청주 문암공원 등으로 가기 위한 출발과 경유지 역할을 해주었다. 강을 끼고 있어 자동차 소음 등이 적고 자전거전용도로라 안전하며, 공기의 청정함은 물론, 계절마다 강이 살아 숨 쉬는 모습을 볼 수 있는 환경은 라이더들의 성지와 같았다.

처음에는 갈등이 심했다. 동네를 한 바퀴 돌며 혼자 바람을 가르듯 자전거를 타는 일을 간간이 즐기긴 했지만, 나이도 많을뿐더러 속도의 벽에 부딪히고, 통증이 심해 그만둘까도 여러 번 고민했다. 그들의 페달은 내 것보다 가벼웠고, 호흡은 덜 거칠었으며, 심지어 뒷모습조차 멀어져 갔다. 따라가기에 급급했고, 내 몸은 비명을 질러댔다. 그렇지만, 방송 출연자의 말을 굳게 믿고, 자전거 타기를 생활의 1순위로 정한 후 2~3년간 매진한 결과, 서서히 허리와 무릎 주변 근육, 인대 등이 강화되고, 과거 수영을 한 영향인지 심폐기능 향상이 눈에 띄게 좋아져 오르막을 고수처럼 거뜬히 올랐다. 수술 외에는 개선책이 없는 몸이 정상적으로 회복되자 자전거 운동이 구세주와 같아 절대적으로 매달릴 수밖에 없었다.

눈이 녹으면 뭐가 되냐고 선생님이 아이들에게 물었다. 다들 물이 된다고 했다. 그러나 한 소년은 봄이 된다고 했다. 봄이 오는 소리를 제일 먼저 알려 주는 게 강이다. 봄이면 신록은 물이 오르는 강가의 나무들부터 물들기 시작한다. 매화꽃 피는 이른 봄의 강이 섬진강이라면, 봄의 한복판에서 가장 아름다운 강은 바로 금강이다. 부강 금호로와 금동 양수장으로 가는 길의 벚꽃은 별천지, 딴 세상이다. 눈부시도록 아름답고 활기찬 생명의 선율은 꺼져가는 삶의 희망을 다시 불어넣는다. 봄의 한복판에서 산밑 잔잔한 강물에 산과 하늘이 들어와 정답게 이야기를 나누는 모습은 질투가 날 정도다.

몇 년 전 봄철, 동호회에서 금강 자전거 길로 부여를 다녀오다가 하마터면 큰 사고가 날 뻔했다. 후미에서 가고 있는데 갑자기 풀숲에서 고라니가 튀어나오더니 내 자전거를 향하여 돌진한다. 순식간에 전광석화와 같이 일어난 일이라 피할 수도 없이 앞바퀴를 들이받고 갈대숲으로 줄행랑을 쳤다. 순간 마음속으로는 '아이고, 이거 큰일 났네. 무슨 일이 난 것 아니야!'라는 생각이 섬광처럼 스쳐 갔다. 키가 커 다리가 긴 덕분에 4~5미터를 휘청거리다 간신히 중심을 잡을 수 있었지만, 놀란 가슴을 쓸어내리며 안도의 숨을 내쉬었다.

여름의 비단 강 양안이 보여주는 경관을 무어라 말로 표현할 수 없는 기쁨을 누리며 사는 나는 참 행복한 사람이다. 5월 중순 전후부터 10월 초까지 피는 꽃과 잡초들의 향연은 일부 사람들만 보기에 너무 아깝다. 금계국, 기생초, 끈끈이대나물, 꽃양귀비, 마거릿, 코스모스, 개망초, 수크령, 부들, 여뀌, 강아지풀 등이 그 주인공들이다. 노랗거나 붉은색 등 색색으로 자연에서 수수하게 핀 꽃은 마음을 빼앗기에 충분하다. 이른 아침 떠오르는 햇살에 목을 길게 뺀 금계국 모습은 마치 사열하는 장병과 같다. 독락정을 지나 약 3㎞ 가까운 길에서 펼쳐지는 장관은 황홀 그 이상으로 내 마음도 노랗게 물든다.

가을이면 가을꽃의 대명사, 코스모스를 3생활권 둔치에서 자주 볼 수 있는데 가을 햇살과 파란 하늘에 잘 어울린다. 화향백리란 말도 있듯이 그 근처에만 가도 향기를 느낄 수 있어 마치, 소녀의 풋풋함을 대변해 주고 있는 것 같다. 가을 금강은 정말 아름답다. 복사 안개가 강을 휘덮은 모습은 그 속에 무엇이 있는지 신비와 운치를 더해 준다. 흔히 가을 안개는 쌀 수확량을 증가시킨다고 하여 '가을 안개는 쌀 안개.'라는 속담도 있다.

겨울은 흰 눈이 나풀거리며 강바람이 칼날처럼 매섭게 몰아친다. 청둥오리와 원앙이 퍼덕이며 날고, 물 위를 미끄러지듯 달리고, 심지어 머리를 물속에 박고 먹이를 찾기도 한다. 노년의 몸은 바람에 민감하여 입김을 뿜으며 제자리에 선 채 덜덜 떠는데 저 생명들은 거침이 없다. 나는 이 겨울을 견딘다고 생각했는데 이들은 겨울을 살고 있다. 저 작은 날개 달린 존재들은 깃털 하나로, 본능 하나로 이 계절을 건너간다. 그 당당한 생명력 앞에서, 너무 많은 것을 두르고도 여전히 불평하는 나를 마주한다. 유유히 헤엄치는 철새를 보면 금세 부끄러움으로 얼굴이 달아오른다. 삶은 겨울 언저리에 서 있지만, 겨울 물새처럼, 나도 여전히 나의 계절을 살고 있음을 잊지 말아야겠다는 다짐을 해본다.

2023년 7월 15일 집중호우로 금강의 지류인 미호강 둑이 터져 오송 지하차도에 물이 삽시간에 유입되면서 14명이 안타깝게 희생되어 많은 국민을 눈물짓게 했다. 강은 아무런 불평 없이 빗물을 넙죽넙죽 받아먹고 기하급수적으로 불어나는 체중을 도저히 감당할 수 없자 이성을 잃고 부실한 곳을 찾아 인간에게 경종을 울렸다. 이때 금강 자전거 길도 한

동안 물에 잠겨 불편을 겪었다.

세종에서 동호인들과 자전거를 타고 유유히 흐르는 풍요로운 금강의 여러 모습을 보며 종착지 하굿둑에서는 사색에 잠긴다. 금강은 시나 글을 읊는 서정의 대상이기도 하고, 굽이굽이 이어지는 강줄기를 통해 삶에 대한 여유를 배우며, 삶의 도리를 깨우치는 인생의 교과서와 같은 곳이다. 서해 바닷물은 천 리 길을 돌고 돌아 본향의 바닷물과 합수되는 곳까지 오느라 애썼다고 위로한다. 뜬봉샘의 물 한 방울이 우여곡절 끝에 서해에 당도하여 소임을 다하듯 역할을 다한 인간이 본향으로 가는 것과 무엇이 다른가? 바다에 이르면 해류에 몸을 맡기게 되고 대기로, 육지로 그리고 다시 바다로 끊임없이 순환을 되풀이한다. 끝은 시작을 동반하고 또 시작은 끝을 동반한다. 소멸과 생성이 쉼 없이 변하는 것을 보면 제행무상이다.

주변에서 허리가 아파 고생하는 분들을 볼 때마다, 나는 어김없이 자전거를 타라고 권한다. '척추 전도사'가 되는 셈이다. 폭신폭신한 소파에 앉지 말기, 정자세로 앉기, 장시간 앉아 있지 말기, 척추 의자 사용하기, 척추에 좋은 운동하기 등 그동안 경험에서 얻은 지혜를 나누는 전도사 역할을 하고 있는 것이다. 식탁의 딱딱한 의자에 앉는 나와, 소파에 앉아 있는 아내는 어느새 견우직녀가 되어 있다. 사람들의 고통을 함께 나누는 나에게, 회원들은 농담처럼 말한다.

"회장님! 척추 전도사님 다 되셨네요."

나는 웃으며 대답한다.

"예, 허리로 전도합니다."

자전거와 나는 이상하리만큼 잘 맞았다. 누구에게 의지하지 않고 묵묵히 내 힘으로 나아가야 한다는 점에서 그랬다. 혼자 페달을 밟고, 속도를 조절하고, 바람을 이겨내야 하는 그 고요한 싸움이 오히려 나를 편안하게 했다. 무엇보다 경쟁에서 지고 싶지 않은 성격과도 잘 맞았다. 오르막에서 숨이 차올라도 포기하지 않고 끝까지 오르려는 마음, 앞서 가는 이의 등을 따라붙으며 조금이라도 더 나아가려는 의지가 자전거 위에서 더 선명하게 드러났다. 힘겹게 정상에 오르면, 세상 누구보다 나 자신이 대견했다. 누구의 도움도 없이, 넘어져도 스스로 일어나야만 다시 달릴 수 있다는 점에서, 자전거는 내 삶의 태도와 닮아 있었다.

자전거와 금강을 만나지 못했다면 어떻게 되었을까? 금강 덕분에 건강을 되찾을 수 있어 나에게 금강은 영원한 은인이다. 우주 삼라만상의 선물을 자전거 길에서, 오롯이 보배처럼 누리고 있음을 감사한다. 모든 감각의 향연을 알아차리는 것은 삶을 아름답게 살아갈 수 있게 한다. 복잡했던 생각이 정리되고, 시련이나 고난을 이겨내는 긍정의 힘, 회복 탄력성을 자연이 길러준다. 자전거의 존재 이유는 달리는 데 있고, 자전거는 움직이는 인생 학교다. 자전거가 자전거다울 때는 페달을 밟아 달릴 때이며, 나의 가장 젊은 날은 자전거 안장 위에 있을 때다. 금강은 내게 태산처럼 큰 은혜다. 이 시간에도 많은 생명을 살려내고 있다.

(2024. 5. 6.)

♡ 느낌을 적어 보세요

# 2부
## 어린 손녀의 눈물

## 기막힌 우연

　대전 문인협회에서 첫 해외 문학 기행지로 대마도를 선정하여 합류하게 되었다. 가입한 지도 얼마 안 되었지만, 명목상 회원으로 존재감이 미미하고, 앞으로 문학 활동을 하려면 여러 문우와 교감하는 게 좋겠다는 생각이었다. 과거 왜구의 소굴이자 역사적으로 우리 민족과 깊은 관련이 있어 궁금하였는데 좋은 기회였다. 떠나기 3주 전 카톡방에 집행부에서 룸메이트 신청을 받는다는 공지가 뜨고, 신청이 없으면 집행부 임의로 배정하겠다고 했다. 이번 참석자 중 회사 선배도 명단에 있어 고민이 되었다. 허물없는 사이였지만, 새로운 문우를 만나보고 싶은 설렘과 충돌이 되어 고심 끝에 청천유명(聽天由命), 즉 하늘에 맡기기로 했다.

　새로운 만남은 언제나 설렘과 기대를 안겨준다. 하지만 나이가 들어

갈수록 새로운 사람과 관계를 맺는 게 점점 어려워진다. 늘 함께해 온 친구나 직장동료와의 익숙한 관계에 머무르게 되는 경향이 짙다. 우리는 종종 오래된 인연 안에서 안주하며, 새로운 관계의 가능성을 스스로 좁혀가기도 한다. 그러나 삶이란 끊임없는 흐름이고, 사람과의 만남은 그 흐름 속에 놓인 뜻밖의 선물일지도 모른다. 내가 미처 알지 못했던 세계, 경험하지 못했던 분야의 사람들과의 만남은 지나온 삶을 비춰보게 하고, 앞으로의 길을 새롭게 성찰하게 만드는 거울이 되기도 한다. 낯선 인연은 때로는 익숙함을 깨트리는 낯섦이지만, 그 불편함을 견딜 때 비로소 삶은 확장된다.

여행을 떠나기 일주일 전, 건강했던 경비원의 갑작스러운 입원으로 교대근무에 상당한 차질이 발생하여 여행을 떠나야 할지 고민이 깊어졌다. 홀로 근무 중인 경비원의 피로가 누적되지 않도록 최대한 배려하고, 하늘이 도와주었는지, 며칠 만에 퇴원하여 정상적인 근무가 가능해져 다행히 떠날 수 있었지만, 마음 한편으로는 개운치 않았다.

출발 2주 전, 룸메이트 명단이 발표되었는데 나이를 고려하여 배정한 느낌이었다. 과연 R(이하 형님)이라는 룸메이트가 어떤 분인지 궁금했다. 부산항국제여객터미널에 도착하여 승선 시간에 여유가 있어 사무국장에게 룸메이트를 물어 찾을 수 있었다. 강렬한 빨간색 야구모자와 빨간 점퍼를 입은 분으로 언뜻 보아도 연상으로 보였다. 기억을 더듬어 보니 버스에서 정치 유튜브를 보고 있었고, 출발 시 두 번째로 타신 분이었다.

먼저 나부터 간략하게 소개하자. 가는 날이 장날이라고 자기 막냇동생도 나와 같은 회사에 근무했다며 누구라고 하는데 잘 아는 고등학교 후배였다. 말을 듣고 형님의 얼굴을 다시 보는 순간 후배의 얼굴과 매칭이 되었다. 바로 후배와 통화를 시켜 주어서 대화를 오랜만에 나눌 수 있어 세상이 넓기도 하지만, 참으로 좁다는 것을 실감했다. 마음 한구석에 희미하게 남아있던 후배를 이렇게 만나다니 언제 어떻게 만남이 이루어질지 모르는 세상이 신기하기만 했다.

내가 수필가로 등단하게 된 계기도 우연한 일이었다. 모임의 사무총장으로서 회원들의 역량 증진을 위해 선행 경험자로 '○○리더십' 과정에 참여했는데, 이곳에서 모 문학단체의 사무국장을 우연히 만난 게 도화선이 되었다. 대한민국의 경우 3~4명만 거치면 아는 사람이 된다는 연구 발표가 있다. 세상에 존재하는 사람들이 나와 전혀 무관하지 않고 몇 단계만 거치면 모두 연결될 수 있는 친구의 친구라고 생각한다면 좀 더 따뜻한 세상이 될 것이다.

살다 보면 사필귀정의 필연을 믿고 싶지만, 우연적 요인이 너무 많아 보이는 때가 있다. 우연은 어떤 현상이 너무나도 무작위적이라 예측할 수도 없고, 설명할 수도 없다. 의도하지 않았던 일이 맞물려 의미 있는 결과를 만들어 낼 때, 우리는 이를 '기막힌 우연'이라고 표현한다. 모든 우연이 모여 오늘이 탄생한다. 인간의 삶은 우연이 만들어 낸 사건들의 총합이고, 이 세계가 어떤 규칙이나 운명에 맞춰 굴러갈 것이라는 믿음은 착각에 불과하다. 우연은 우리의 기대나 바람과 상관없이 언제 어디서나 우리 곁에 존재한다. 모든 것이 필연이라면, 우리의 삶은 의미를 잃는다. 모든 것이 필연이라면 우연만 사라지는 게 아니라 자유 또한 사라질 것이다.

여행 1일 차 일정을 마치고 도착한 시내에서 다소 떨어진 한적한 현대식 시골 숙소는 여행사에서 한국인 여행객을 위해 건설한 것이라고 했다. 숙소에 도착하자, 형님은 내 고향에 사는 ○○○와 ○○○을 아느냐고 묻는다. 자신은 ○○고등학교를 나왔으며 집은 ○○이라고 한다. 듣는 귀를 의심하고 이게 무슨 운명의 조화인지 깜짝 놀랐다.
"형님! ○○○이 제 친형님입니다."
"아! 그래요, 보통 우연이 아닌데."
"형님! 참으로 놀랍네요."

한 사람에게서 두 가지 우연이 겹치다니! 마치 고구마 줄기를 잡아당기자 주렁주렁 고구마가 줄줄이 올라오듯 대화를 더 나누다 보면 무언가 더 나올 것 같아 소름이 돋았다.
"이건 단순한 우연이 아니야."
감동이나 경이로움을 느낄 만하다. 이런 놀랍도록 신기한 맹귀부목(盲龜浮木), 천재일우(千載一遇)와 같은 우연이 세상에 얼마나 있을까? 이 시간, 한국도 아닌 대마도에서 이런 일을 겪다니! 백만분의 일, 아니 천만분의 일이라도 가능한 일일까?

친형님과는 같은 고등학교와 같은 대학 졸업 후 55년 만에 통화를 한다고 했다. 오랜 시간이 지나 다시 만난다는 것은 기적에 가까운 일이다. 그동안 마음속에서 떠나지 않고 오늘의 우연을 기다렸나 보다. 기억을 붙들어 매고 산 세월의 짐을 이제야 조금씩 벗는 느낌이었다.
"너는 그동안 무엇을 하고 지냈냐?"
"누구는 잘 있느냐?"
"○○는 2주 전에 세상을 떠났어."
한번 터진 봇물은 틀어막기가 쉽지 않아 통화가 길게 이어졌다. 친형님을 만난 것처럼 반가워 여행 기간 중 솔선하여 불편이 없도록 모셔야겠다는 마음이었다. 이후 나를 친동생 대하듯 편하게 대해 주고, 나도 친형님처럼 스스럼없이 따랐다.

놀라운 우연을 나 혼자 알고 있기에는 가슴이 벅차서 아내에게 빨리 말하지 않을 수 없었다. 아내도 놀라움의 연속이었다. 아내는 부동산 사무실을 운영하면서 한 젊은이가 아파트 매수 계약을 체결하는데 염려스러워 따라 들어온 아버지가 옛 시골 오빠로 첫눈에 알아볼 수 있어 우연치고는 기적 같은 일이었다고 한다. 그 오빠는 친 형부가 될 뻔했으니, 몇십 년 만에 만난 감회가 묘하고 새로웠다고 했다.

사람이 만나고 헤어지는 일은 모두 우연과 우연이 겹쳐서 이뤄지는 일들이다. 누군가와 친구가 되는 일도 그렇다. 평생의 친구들, 사랑하는 사람과의 인연, 그런 일들 역시 아주 작은 우연에서 시작된 만남이다. 세상일의 대다수가 우연에 의해서 일어난다. 우연은 나의 의지와 상관없이 그저 무작위적으로 일어나서 나의 믿음이나 원망, 기대는 그 결과에 아무런 작동도 하지 못한다.

우연은 아무런 인과 관계없이 뜻하지 않게 일어나 삶의 신비함을 느낀다. 그간 내 삶의 여정도 필연보다는 보이지 않는 어떤 우연의 힘에 이끌려 온 측면이 강하다. 우연이란 주변의 환경과 내면적 욕구의 합작품이라고 생각된다. 우연이 겹쳐 좋은 필연의 옷을 입게 되고, 그렇게 우리는 인연을 맺게 되는 것은 아닐까? 인간은 만남의 존재이다. 만남을 통해서 우연이 발생하고, 우연히 일어난 일이라고 그냥 흘려버릴 일이 아니라, 좋은 필연이 되도록 관심을 기울이는 것도 삶의 기술이다. 우연은 단순한 우연이 아니며, 그 안에는 우리가 이해할 수 없는 무언가가 숨어 있는지도 모른다.

(2024. 5. 18.)

## 가슴 따뜻한 사람

우리는 혼자 살아가는 것 같지만, 저마다 누군가와 관계를 맺으며 살고 있다. 아리스토텔레스의 인간은 사회적 동물이라는 말을 꺼내지 않아도 인간은 타인의 존재를 끊임없이 필요로 하며, 다른 사람과 지속적인 상호작용을 통해 사회 일원으로서 서로 돕고 의지하며 살아가는 존재이다. 사람은 사람과 더불어 어울려 살 때 의미 있는 존재로 더욱 빛난다. 어려울 때 내가 누군가의 도움이 되면 그도 내가 힘들 때 도움이 되는 인지상정이 세상의 이치다.

2020년 7월 30일 대전, 세종 전역과 계룡, 논산 지역에 집중 호우가 쏟아져 피해가 속출했다. 시간당 80~100㎜의 폭우로 대전 서구 정림동의 한 아파트 지상 주차장의 차량 50대와 1층 28세대가 침수되는 등 피해가 잇따랐다. 근무하고 있던 아파트 주변 도로도 빗물이 무릎까지 차올라 물막이 역할을 하는 지하 주차장 입구 과속방지턱은 한순간에 무용지물이 되었다.

평소 준비해 둔 모래주머니로 물 유입을 막으려고 안간힘을 썼지만, 지하 주차장 침수가 염려되어 차를 이동시키려는 입주민 제재와 점령군처럼 밀고 들어오는 물을 감당하기 어려웠다. 승강기 고장이 발생하고, 지하 주차장 1~2층 바닥은 흙탕물에 순식간 진흙으로 범벅이 되었다. 비가 조금만 더 내려 지하 4층의 전기실과 저수조까지 잠겼다면 엄청난 재앙으로 번질 수 있어 까맣게 속이 타들어 갔다. 지금도 그때를 생각하면 소름이 돋는다.

침수 원인은 고지대에서 빗물이 흘러내리면서 도로변에 설치된 '빗물받이'가 담배꽁초와 비닐봉지 등의 쓰레기로 막히고, 갑자기 불어난 물을 차집하지 못하고 역류했기 때문이다. 여기에 아파트 주변 도로포장 시 기존 아스팔트를 걷어낸 후 재포장하지 않고, 덧씌우기로 높아져 물 넘이 방지 역할을 하는 과속방지턱이 상대적으로 낮아진 것도 피해를 키운 하나의 원인이었다.

2022년 9월 6일 제11호 태풍 '힌남노(Hinnamnor)'가 한반도를 벗어나기 직전 포항의 한 아파트단지 지하 주차장에서 주민 8명이 숨지는 안타까운 사고가 발생했다. 1시간 동안 100㎜를 웃도는 집중 호우로 인근 형산강이 범람해 침수 피해가 우려되자, 주차된 차를 옮기려고 지하로 내려간 주민들이 한꺼번에 화를 당했다. 이 뉴스를 접한 우리 직원들은

2년 전 피해와 겹쳐, 집중 호우 시 우리도 예외일 수 없다며 비만 오면 트라우마에 시달렸다.

지난해 10월, A 건설사는 도시형 생활 주택의 층수를 4층에서 5층으로 완화하는 정부 정책이 수익성이 있다고 판단했는지 우리 아파트단지 옆에 있던 다세대 주택을 철거하고 다시 짓는 공사를 착수했다. 철거는 소음과 먼지 발생이 수반되고, 굴착기와 덤프트럭이 좁은 도로를 막을 수밖에 없어 입주민의 불편이 눈에 뻔했다. 건축물 철거는 중장비 작업 소음이 요란하고, 먼지로 민원이 발생하지 않을까? 전전긍긍했지만, 사전 안내문 게시와 가림막 설치, 살수, 신호수 활동으로 무사히 넘길 수 있었다. 공사 작업자들 또한 승용차를 주변 갓길에 주차해, 평소 붐비지 않던 도로가 혼잡해서 불편을 겪었다.

착공 후 바로 현장을 관리하는 N 소장이 찾아와 반가웠다. 작은 체구에 성실하고 조용한 사람처럼 보여 털털한 성격에 안전모를 착용하고, 흙 묻은 작업복을 걸치고, 작업화를 신었을 것이란 예상과는 사뭇 달랐다. 민원에 사전 대처하지 못하면 공기가 지연될 수 있고, 경제적 피해 발생은 현장 소장으로서도 난감한 일이며, 허가 관청에서도 국민정서법 등으로 곤욕을 겪을 수도 있다. 공사를 순조롭게 진행하기 위해서는 인근 주민들과 항상 원만한 관계를 유지해 나가는 것이 무엇보다 중요하다는 것을 잘 알고 있었다. 입주민의 불편이 최소화할 수 있도록 최대한 협조하기로 하고, 도로 통제 등이 필요할 때는 사전에 알려주겠다고 했다.

지하층이 없는 5층 건물의 기초공사와 건물의 뼈대를 세우는 골조 작업은 철근콘크리트 구조물의 철근 배근과 거푸집 설치 작업으로 순탄하게 진행됐다. 이어서 거푸집 내에 레미콘을 부어 철근콘크리트 구조물을 만드는 반복 작업은 층마다 펌프카와 레미콘 차량 진입으로 그때마다 도로를 통제해서 무사히 골조 공사를 마칠 수 있었다. 이 일이 마치, 찰떡을 만들 때 팥고물을 한 켜 깔고 다시 쌀가루를 뿌리는 반복적인 과정과 닮았다.

외부와 내부 마감공사와 부대 토목공사가 완공되어 갈 무렵, 1층 바닥 포장 공사 시 우리 아파트의 낮아진 과속방지턱 높임 공사를 도와주면 좋겠다는 생각이었는데 기회를 놓쳐 심란했다. 마치, 파장에 수수엿 장수가 된 느낌이었다. 올여름은 평년보다 덥고 비가 많이 내린다는 대중매체의 보도는 더 불안하게 했다. 알지도 못하는 포장업체에서 견적을 받게 되면 500만 원 이상으로 입찰을 보게 될 게 뻔하고 행정 소요 일수로 공사시기가 늦추어질 가능성이 커 어떻게 해야 할지 밤잠을 이루지 못했다.

N 소장을 만나 사정 이야기를 한 후 도와주었으면 좋겠다고 했다. 협력사를 활용한다면 빠르게 적정가격에 가능할 수 있겠다는 생각이었다. N 소장은 그동안 입주민이 겪은 불편에 대한 보상이라도 하려는지, 사이좋은 이웃으로 잘 지내자는 것인지, 협조를 잘해주어 공기 내 무사하게 준공되도록 한 고마움 때문인지, 선선히 무망지인(毋望之人)을 자처했다. 다음 날 견적서를 받아 본 결과 5백만 원 이하여서 바로 착수하라는 사인을 보내자, 일사천리로 공사 날짜가 잡히고 이틀에 걸쳐 공사가

순조롭게 마무리되어 앓던 이가 빠진 것 같아 속이 후련했다.

　각박한 물질만능 시대로 치달으면서 인심이 사나워졌다고들 말하지만, 꼭 그렇지만도 않은 것 같다. 우리 주위에 가슴 따뜻한 사람이 여전히 많다는 것을 다시 한번 되새기는 계기가 됐다. 인간은 사회적 유기체로 사회는 가슴 훈훈한 사람에게 열광해야 하고, 가슴 따뜻한 사람이 인정받고 사랑받아야 한다. 이런 사람이 많을 때 어떤 추위도 녹일 수 있어 주위를 훈훈하고 행복하게 만들어 갈 수 있다. 감사와 우정의 증표처럼 남기고 간 선물을 볼 때마다 그가 생각난다.

　이번 일을 경험하면서 나는 다른 사람의 일을 내 일처럼 적극 나서서 해준 적이 있었을까? 내 잇속을 챙기려고 팔짱을 끼고 강 건너 불구경하듯 바라보거나, 처남의 댁네 병 보듯 무관심하거나, 귀찮고 좋은 소리를 못 들을까 봐 발뺌하지는 않았을까? 반성을 해본다. 타인을 돕고 배려하며 공감하는 것이 진정한 인간의 도리라고 생각했을 그는 말보다 행동으로, 자신의 이익보다는 진심을 중요하게 여기는 사람, 작은 일에도 인간관계의 소중함을 아는 가슴 따뜻한 사람이었다.
　'그 사람, 정말 마음 따뜻한 사람이더라.'
　'그 사람, 참 따뜻했지.'
　그렇게 기억되기를 바라며, 나도 그런 따뜻한 사람이 되기로 다짐했다.

(2024. 5. 25.)

# 다시 길 위에 서다

　흔히 몸은 마음의 집이라고 한다. 집은 물이 새지 않고 바람도 막아주며 튼튼하게 지어져야 그 안에 사는 이들이 편안히 쉴 수 있는 것처럼 건강한 몸은 평온한 마음을 지켜주는 든든한 울타리다. 몸이 아프면 마음도 쉽게 지치고, 작은 일에도 화를 내거나 상처를 받기 쉽다. 시간이 지나도 컨디션이 온전히 회복되기까지는 긴 기다림이 필요하다. 병마에 시달리는 사람은 몸뿐만 아니라 마음도 깊은 압박과 충격 속에 흔들린다. 우울, 좌절, 분노가 밀려들고, 감정을 추스르지 못해 사랑하는 이들에게도 아픔을 건넬 수 있다.

　제수씨는 옆집 할머니가 올 초 자식들의 권유로 요양병원에 가신 뒤, 빈 밭 100평 남짓한 땅에 당근, 대파, 토란, 콩, 고구마 등을 심었다. 아침저녁으로 틈틈이 가꾸었는데, 단순한 여가 활동이 아니었다. 농촌에서 자라 일머리를 잘 알았기에, 그는 일을 마다하지 않고 묵묵히 손을 보탰다. 가사 일보다 농사일에 더 익숙했기에 자연스레 밭을 돌보는 일이 그의 일상이 되었다. 처음엔 일에 몰두하느라 모기에게 물린 줄도 몰랐다. 나중에는 우주복처럼 온몸을 감싸는 옷을 입었어도 모기떼에 시달려, 팔다리 여기저기에 벌겋게 부풀어 오른 자국이 생기곤 했다. 그 통증과 가려움으로 유성온천에 다녀오기도 했다.

 잘 지어야 한다는 초보 농사꾼의 부담이 컸다. 몸은 고되지만, 주인의 사랑을 듬뿍 받아서 그런지 보답이라도 하듯 쑥쑥 자라는 것을 보면 쪼그려 앉아 작업을 하면서도 뿌듯했다. 텃밭 가꾸기에 재미가 붙자, 농사 욕심이 생기고 재배 면적이 점점 늘어갔다. 면적이 늘어나면서 재미는 있는데 몸이 좀 힘들어지기 시작했다. 오뉴월 장마에 돌도 큰다는 속담처럼, 잡초와의 전쟁에서 정성 들여 가꾼 작물을 지켜내기 위해 임계치에 있던 무릎이 무너지고 있는 줄도 몰랐다. 옛말에 '무릎·허리가 쑤시면 비가 온다.'고 시큰거리면 날씨가 궂어지려고 그러는 줄 알았다. 풀이 수북하면 동네에서 구설에 오르기 십상이고, 게으르다며 손가락질을 당할 수 있어 내심 조심해야 했다. 그저 며칠 밤 자고 일어나면 좋아질 줄 알았는데 차차 회복 속도가 느려지고, 무릎에 물이 차 잘 낫는다는 병원 여러 곳에서 물리치료와 줄기세포 시술까지 받았지만, 통증은 쉽게 가라앉지 않았다.

 농사는 때가 중요하다. 아무 때나 심고 수확하는 것이 아니었다. 해야 할 일을 제때 하는 것이 중요했다. 지금 준비하지 않으면 아무것도 수확할 수 없으니 제때 맞추어서 일해야 한다. 때를 놓친다는 것은 일 년 농사를 포기하거나 더 큰 손해를 감수해야 한다. 때를 맞추어서 해야 할 일들이 줄을 서서 기다리고 있는 게 농사다. 가뭄과 병충해 방제를 위해 정신을 바짝 차리지 않으면 가을에 수확할 작물이 없거나 수확량이 줄어 속상할 수 있다. 초보 농사꾼은 마을 이장에게 자주 달려가서 여러 가지를 물어보았을 것이다. 내가 작물의 주인이 아니라 작물의 종이 되는 게 농사 아닐까?

 씨앗에서 새싹이 돋아나고, 어린 모종들이 점점 커가는 과정을 보면서 작물과 소통하고 자연과 교감하는 듯한 쏠쏠한 재미가 생겼을 것이다. 내 손길이 좀 더 갈수록 작물들은 내 정성에 보답하듯이 생기가 돌고, 농작물은 농부의 발걸음 소리를 듣고 자란다더니…. 그 말이 맞는 것 같다. 작물들을 가꾸고 돌보는 시간에는 잡념도 없어지고, 마음이 평온해져 텃밭에서 보내는 시간이 많아진다. 선크림을 바르고, 챙이 있는 모자를 쓰고, 장갑을 끼었지만, 얼굴과 목, 손등이 새까맣게 탔다.

 텃밭을 경작하는 농사는 들어가는 인건비나 로터리 비용, 장비 대금, 모종비, 비료대, 농약 대금, 멀칭비 등을 생각하면 앞으로 남고 뒤로 밑지는 일이었다. 그렇지만 흙냄새 맡고 텃밭에서 자라고 있는 농작물을 보면 피로가 싹 사라지고 생기가 돋는다. 흙을 만지면 마음이 편해지고, 몸을 움직여 땀 흘려 일하고, 퇴직이란 것도 없이 내가 원하는 만큼 언제까지고 일할 수도 있다. 농약도 덜하고, 애지중지 키운 건강한 채소와 과일을 마음껏 안심하고 먹을 수 있는 것도, 도시에서는 상상할 수 없는 일이라는 자부심으로 버텨내야 했다.

무릎 퇴행성관절염은 대표적인 퇴행성질환으로 무릎뼈와 뼈 사이 연골이 닳는 질환이다. 제수씨는 4단계 중 3단계 중간이라고 했다. 밭일하기 전에는 그럭저럭 버텨내었는데 그 후 점차 무릎이 붓고 통증이 심해 관절을 굽히고 펴기가 힘들며, 통증이 지속적이고, 잠을 잘 때도 아프다고 했다. 연골이 닳아 뼈가 부딪혀서 가까운 보행도 힘들었다. 물리치료나 진통소염제를 써도 효과가 오래가지 않아 젊은 사람이 걷지 못하고 누군가의 도움을 받아야 하는 처지라는 걸 인정하는 게 자존심이 허락지 않았다. '두껍아, 두껍아 헌 집 줄게, 새집 다오.'라는 간절한 바람이 컸을 것이다.

연골은 재생이 되지 않아 말기에 이르면 손상된 관절을 제거하고 인공관절로 치환해야 한다. 아우는 제수씨가 더 이상 고통스럽지 않도록 전문가의 말을 종합하여 수술 절개 부위가 작아 출혈, 감염, 통증의 최소화, 입원 기간 단축, 수술 후 통증이 줄어드는 등의 장점이 있는 로봇수술을 하기로 했다. 2024년 7월 16일 병원에 입원하여 통증이 심한 오른 무릎부터 2시간에 걸쳐 수술 후 입원하게 되어 그 주 일요일 병문안을 가게 되었다. 회복된 후 다시 왼 무릎도 예정이 되어 있어 4~5주 입원할 예정이다. 인공관절의 평균 수명은 15~20년 정도로 알려졌지만, 수술 후 관리를 잘하면 20년 이상 사용할 수도 있다고 한다.

차가운 수술복으로 갈아입고 침대에 누웠을 때 온몸이 낯선 공간에 맡겨진 느낌이었을 것 같다. 마취실로 이동하는 복도는 유난히 길게 느껴지고, 천장의 불빛은 하나하나 심장의 박동에 맞춰 흔들렸을 것이다. 수술실 문이 열리고 '이제 내 무릎은 예전의 내가 아니다'라는 생각에 목이 멨을 법하다. 의료진의 바쁜 손놀림 속에서 마취가 시작되자, 점점 희미해지는 의식 속에서 문득 걸어온 지난 시간이 파도처럼 밀려왔을 것이다.

올해 10월 초 큰형님과 우리, 아우 내외 등 5명이 함께 해외여행을 가기로 일찌감치 계약금을 걸어 둔 상태인데 도저히 갈 수 없어 아우 내외는 취소했다. 증세가 호전될 줄 알았지만, 생각처럼 되지 않았다. 아우 내외와 국내 여행은 같이 간 적이 있지만, 해외여행은 처음이라 기대가 한껏 부풀어 있었는데 내년을 기다려 본다.

일상에서 무릎을 망가뜨리는 자세로는 쪼그려 앉기, 양반다리, 무릎 꿇고 앉기, 러닝머신, 등산 시 무리한 하산, 다리 꼬기 등이 있다. 예를 들면 30분 이상 같은 자세로 있는 것을 삼가고, 바닥에 장시간 양반다리 자세로 앉아 있거나, 쪼그려 앉는 자세를 피해야 하며, 무거운 물건 들기, 무릎 주변에 찬 바람을 직접 쐬는 상황과 장시간의 운전도 피하는 것이 좋다. 전문가들은 무릎에 좋은 운동에는 걷기, 수영, 실내 자전거 타기라고 한다.

인공관절 수술 후 기계를 통한 재활훈련을 열심히 해서 무릎이 잘 꺾이도록 해야 하는데 기계가 꺾을 수 있는 각도의 한계가 있어서 의사가 수시로 회진하러 오는데 환자들의 비명이 이만저만이 아니라고 한다. 초기에 인정사정 안 봐주고 꺾어야 재활 기간도 줄어드는데 어떤 경우 쌍욕이 나오고, 환자가 나뒹굴 만큼 고통이 심하다고 한다. 그러나 인내심이 강한 제수씨는 잘 버텨낼 것이다.

집은 사람 냄새가 나야 하는데 아우만 홀로 있는 집은 왠지 온기가 없게 느껴졌다. 제수씨의 빈자리가 크게 느껴지고, 개들도 안주인이 어디 간 줄 아는지 기다리는 눈치다. 우거진 풀숲과 나무들로 마치 주객이 전도된 듯하다.

다시 예전처럼 걸을 수 있을까. 회복을 기다리는 동안, 마음속에 자리한 불안과 위축감은 좀처럼 사라지지 않을 것이다. 젊은 날, 열심히 달려온 삶의 흔적으로 생긴 무릎 고장은 자연스러운 노화의 일부라 여긴다면, 조금은 마음이 편해지지 않을까. 극심한 무릎 통증으로 가까운 산책조차 힘들어진 어느 날, 어렵게 결정한 수술은 고된 시간이었지만, 그 안에서도 희망은 자라고 있다. 고통을 견디고, 통증이 언제 그랬느냐는 듯 사라지는 날이 오면, 활짝 웃으며 다시 길 위에서 가볍게 걸을 그날이 기다려진다.

(2024. 7. 21.)

# 무소식이 희소식이 아니다

'한동안 뜸했었지 웬일일까 궁금했었지
혹시 병이 났을까 너무너무 답답했었지
안절부절 했었지….'

이 노래는 1978년 발매된 '사랑과 평화'의 1집 앨범에 나오는 '한동안 뜸했었지'라는 노래 가사의 일부다. 모임에 잘 나오던 회원이 노래 가사처럼 모습을 한동안 안 보이면 혹시 무슨 일이 있을까 궁금하고, '별일이 없어야 할 텐데' 걱정하는 게 인지상정일 것이다.

이벤트로 시(詩)가 있는 11월 모임이 시작되기 전, 옆 회원이 가까이 다가와서
"고 회장님! K의 소식을 알고 있어요?"

"아니, 금시초문인데 무슨 일이 있어요?"

"그가 ○○암에 걸렸는데 전이가 많이 되어 수술을 할 수 없어서 항암주사를 맞고 있대요."

"어이쿠! 어쩐대요?"

"좋은 아우였는데 한숨만 나오네요."

뜻밖의 소식에 무척 당황스러웠다. 60대 중반의 나이에 지금껏 아프다는 말을 들어본 적이 없던 그는 회원들 애경사에 빠지지 않고, 경조 화환을 보내는 성실한 회원이었다. 근래에는 고속도로 나들목 부근에 의약품 도매 및 위탁용 물류창고를 준공하여 사업체가 건실하게 성장하고 있어 회원들의 부러움을 샀는데 청천벽력이다. 사람은 누구나 자기에게 닥쳐올 운명에 대해서 잘 알지 못한다. 옛말에 '삼천갑자 동방삭이도 저 죽을 날은 몰랐다.'고 한다. 그는 영업이 주된 일이라 술 접대가 많은 게 흠이었다. 그리고 '술 앞에는 장사가 없다.'라는 말을 모르지는 않았겠지만, 경쟁사회에서 우위를 점하려면 차별화가 필요하고, 상대와 친밀해지는 데는 술이 최고의 윤활제였을 것이다.

나무도 쓸 만한 게 먼저 베인다는데 사람도 그런 것인지! 이런 비보를 듣게 되어 사는 게 뭔지 인생무상의 회의감과 허무감이 밀려왔다. 연세가 드신 한 회원은 초등학교 모임을 매월 하는데 빠지지 않고 참석하는 회원이 한동안 안 보여 물어보면 요양병원에 들어갔다는 사람도 있고, 부고장이 오는 경우도 더러 있다고 했다. 나이가 젊다고 건강해야만 하는 것도 아니고, 누구보다 열심히 운동했다고 평생 건강하기만 한 것도 아니다. 불가(佛家)에서는 '죽기 살기는 시왕전에 매였다.'고 한다. 즉 죽고 사는 것을 사람이 마음대로 하지 못함을 이르는 말이다. 질병 없이 고종명(考終命)을 할 수 있다면, 그것만으로도 큰 복이 아닐까. 행복했던 일상을 예고도 없이 송두리째 앗아 가는 게 얼마나 슬프고 허탈하겠는가?

건강하고 별일이 없으면 모임에 참석했을 텐데, 자주 안 보이거나 감감무소식이면 무슨 일이 있다는 신호다. 통상적으로 모임에 못 나오는 회원들은 경험칙상 모임이 낯설어 흥미를 느끼지 못하거나, 사업이 눈코 뜰 새 없이 바빠 못 나오는 일도 있지만, 대부분은 사업이 안 되거나, 회사 내부가 안정이 안 되었거나, 교통사고가 났거나, 몸이 아파 초췌한 모습을 보여주기 싫거나, 집안에 우환이 있어 못 나오는 경우가 많다.

우리가 모임에 참석한다는 것은 많은 의미를 내포하고 있다. 회원으로서 책임과 의무를 다한다는 점도 있지만, 건강하게 건재하고 있음을 여러 회원에게 인식시켜 주기도 한다. 모임에 참석할 수 있는 여유와 시간이 있음을 은연중 보여주고 있다. 삶이 순탄하다는 것을 암시하고 있으며 자기 PR이 아니던가? 나는 아직도 교류를 이어가고 싶다는 메시지를 보내고 있다. 서로에 대한 정보가 업데이트되고, 새로운 연결점이 생기기도 한다. 특히 사업을 하는 사람들이 자주 안 보이면 호사가(好事家)들의 입방아에 오르기 십상이다. 이 외에도 대화를 나누고 즐겁게 지내는 것 자체가 심리적 만족감을 주며, 자기표현이나 인정을 받기 원하기도 한다.

암에 걸린 환자가 형님처럼 따르며 지내는 회원에게 그 회원의 근황을 물어보았다. 몸이 아파 마음이 괴롭고 복잡할 텐데 차마 투병 중인 환자에게 위로 전화를 걸 수 없었다. 갑자기 몸무게가 쑥쑥 빠져 가까운 종합병원에 갔는데, 의료 대란으로 서울 큰 병원으로 가라고 하여 예약과 진료에 피를 말리는 두 달이 걸렸다고 했다. 느닷없이 동생의 비보를 접하고 복받치는 한탄과 서러움으로 몇 시간을 울어 눈이 퉁퉁 부었다고 했다. 지금은 항암 주사를 맞고 있는데 항암 부작용에 대한 두려움이 크다고 한다. 평소 간 쪽에 가족력이 있어 조심해 왔는데 다른 곳에 암이 발병하여 절망감이 크지만, 그래도 희망의 끈을 놓지 않고 씩씩하게 집에서 요양 중이며, 오전에는 사무실에 잠시 나갔다 온다고 했다.

전문가들은 암 진단을 받은 환자들이 부정, 분노, 타협, 우울, 수용의 5단계 심리 변화를 겪는다고 한다. 죽음을 받아들이기까지 감정의 소용돌이는 당사자가 되어 보지 않고서는 가늠하기 힘들 것이다. 갑작스럽게 죽음이 턱밑까지 밀려들었다고 감지했을 때, 어떤 마음이었을까? 우리는 한 치 앞도 알 수 없다. 태어나면서부터 죽음은 예정되어 있지만, 직접적으로 죽음을 인식하면서 살아가지 않는다. 어쩌면 회피하고 싶은 건지도 모르겠다.

날 받아놓고 죽는 사람 없다지만, 우리는 언젠가 생로병사의 순간을 마주하게 된다. 인간은 죽음에서 벗어날 수 없으며, 죽음 앞에서 당황하게 되고, 죽음에 따르는 고통과 고독을 두려워한다. 오래 살았다고 해서 더 행복한 인생을 살았다고 자신 있게 말할 수 없으며 인생이 짧다고 해서 더 불행한 인생을 산 것도 아니다. 누군가의 인생을 제삼자가 판단하는 건 섣부른 일이지만, 꼭 해야 한다면 생의 길이가 아니라 생의 밀도로 판단하는 것이 맞지 않을까?

'무소식이 희소식'이라는 말이 있다. 소식이 없는 것이 무사히 잘 있다는 뜻으로 보통 자주 연락하지 못할 때 상대에게 섭섭하지 말라는 의미로 쓰이곤 했다. 마땅히 안부를 전할 매체가 부족했던 과거에는 소식을 나누지 못해 애타는 심정은 까치만 울어도 동구 밖에 나가 보았다. 감감무소식에 괜스레 불안감이 엄습해 오지만, '무소식이 희소식'이라는 말이 큰 위로가 되었다. 이제 무소식은 단절과 격리를 의미하게 되고, 일상에서 '무소식이 희소식이다.'는 말이 그렇게 사라지고 있다. 과연 인공지능 시대에 이 한 가지 이유만으로 무소식이 희소식의 실종 이유를 설명할 수 있을까? 어쩌면 무소식이 희소식이 아니어서가 아닐까?

모임에 빠짐없이 나오던 회원이 몇 달째 보이지 않거나, 전화 연결이 안 되면 괜스레 마음이 불안해진다. 늘 잘 지내던 사람이 보이지 않는다는 건, 우리만의 작은 신호다. 함께한 지 20년이 훌쩍 넘어 이제는 형제처럼 가까워졌기에 더 그립고 보고 싶어진다. 회사 OB 모임을 하는 한 선배는 암 판정을 받고, 희망이 보이지 않는다는 말을 들었다. 마지막 수단처럼 임상시험용 약물에 의지했는데, 기적적으로 회복되어서 다시 모임 자리에 앉은 모습을 보며 모두가 눈시울을 붉혔다. 통증과 두려움 속에서 하루하루를 버티고 있을 그가 불사의 희망으로 다시 서기를 간절히 기도한다. 기적은 늘 가능하다. 희망은 삶 그 자체다. 꽃 피는 봄날, 다시 만나길 기대한다.

(2024. 11. 16.)

# 상을 받는다는 것

 인간의 마음을 움직이는 수많은 수단 중 하나는 무엇일까? 그중에서도 신상필벌(信賞必罰)은 오래전부터 통치의 도구로 쓰여 왔다. 고대 철학자 한비자는 말했다.
 "사람은 본디 상 받는 것을 좋아하고, 벌 받는 것을 두려워한다."
 이는 인간 마음 깊은 곳에 자리한 인정 받고 싶은 갈망일지도 모른다. 진정한 동기는 내면 깊은 곳에서 솟아나야 하지만, 어쩌면 인간은 외부에서 오는 작은 인정, 작은 상(賞) 하나에도 기꺼이 마음을 열고, 다시 한 걸음 내디딜 용기를 얻는다. 상이라는 것은 어쩌면, 마음속 어둠에 작은 불빛을 켜는 일이다. 그 불빛을 좇아 우리는 더 나은 자신을 향해 걷는다.

12월 초, 모 문학단체에서 주는 '올해의 작가상'을 받게 되었다. 등단한 지 4년 만에 수필집 네 권을 발간하고 받게 되어 감회가 새로웠다. 선정되었다는 통보는 실감이 나지 않고 오히려 낯설었다. 수상식장에서 이름이 호명되기 전까지 나는 그저 한 사람의 참석자였다. 마침내 내 이름이 불리는 순간, 머릿속이 잠시 하얘졌다. 박수 소리가 들리는 듯하면서도 동시에 아무 소리도 들리지 않는 것 같았다. 발걸음을 떼어 무대 앞으로 나가는 그 짧은 시간 동안 내가 걸어온 시간이 스쳐 지나갔다. 상을 받고 내려오면서 조용히 되뇌었다.
'고맙습니다. 그리고 더 잘하겠습니다.'

상을 받는 것은 기분 좋은 일이라서 신이 난다. 상은 그 분야에 관심이 있는 사람에게 선망의 대상이기도 하다. 상은 그동안 걸어온 길에 대한 하나의 발자취였고, 열심히 쌓아온 노력과 열정의 결과물이다. 외부적인 인정이 자신에게 긍정적인 피드백을 주고, 그로 인해 더 큰 동기부여나 자긍심을 느낄 수 있다. 상을 받는다는 것은 그만큼 더 큰 기대와 책임이 뒤따르지만, 사람들과의 관계에서 신뢰나 존경을 받기도 한다.

상이란 주는 사람도 받는 사람도 기분 좋아야 한다. 상은 활력소가 되기도 하고 동기를 부여하기도 한다. 사회에서 행해지는 시상제도는 다양하지만, 한 가지 공통점을 갖고 있다. 대개는 어떤 분야에서든 남들보다 자기를 더 열심히 활용한 사람들에게 주어진다는 점이다. 사람들은 상을 통해 인정받고 싶은 욕구를 느끼기에 경쟁이 촉진되고, 사회 전반에 걸쳐 발전과 협력, 공정성을 이끄는 중요한 사회적 도구로 작용한다.

그동안 수많은 상을 받아왔다. 학교에서 성적우수상, 동아리 활동에서의 공로상, 심지어 운동경기에서 받은 일등상까지. 그중에서 나에게 가장 기억에 남는 의미가 큰 상이 있다. 하나는 중학교 2학년 때, 11월 3일 학생독립운동기념일에 문교부장관상을 받은 일이다. 어린 나이에 큰 상은 가슴이 뛰고 벅차올랐으며, 그 후 학교생활뿐만 아니라 사회생활에서도 모범적으로 열심히 살게 한 이정표 역할을 했으며, 내 삶의 자긍심을 안겨 주었다. 또 하나는 초급사원 시절, 공사(公社)사원으로 받기 힘들다는 체신부 장관상을 받았으면 좋겠다는 희망 어린 말이 상급 기관 담당자에게 신실하고 성실하게 들렸는지, 프로젝트가 끝난 후 수상하게 되었다. 차후 인사고과에서 많은 영향을 끼쳤고 그 은혜를 오래도록 잊지 않았다. 두 상은 단순히 하나의 보상이 아니라, 나 자신을 믿고 계속 나가야 한다는 소중한 교훈을 주었다.

초중고를 졸업할 때까지 난 조퇴 없이 무려 12년 동안 개근과 정근을 했고, 매 학교를 졸업할 때마다 상을 받았다. 나는 이 상을 학교생활에서 성실함의 지표로 믿고 자랑스레 여겨왔는데, 근래 '개근 거지'라는 말이 회자되고, 체험학습 등에 따라 개근상의 의미도 사라지고 있는 것 같다. 개근에 담겨 있던 성실, 책임, 인내, 규칙 준수와 같은 덕목도 시대의 변화에 따라 인식이 많이 바뀌고 있는 것 같다.

개인적인 사무실을 운영하는 사람의 경우 각종 단체 등에서 받은 상패와 상장이 장식장을 화려하게 꾸미고 있음을 본다. 그가 사회에서 얼마나 열심히 살아왔는지 보여주는 발자취라서 존경심이 들 때가 많다. 나는 상장과 상패를 보기 좋게 장식장에 진열해 두는 게 비좁은 공간 활용 측면에서 쉽지 않아 눈에 띄지 않는 한쪽 구석에 두었다. 그 상장들은 내가 겪어온 여러 도전과 성취의 증거였고, 때로는 힘든 날들을 이겨낼 수 있는 작은 위안이 되기도 했다. 나는 더 이상 과거의 나를 기준으로 내 삶을 평가하거나, 더 이상 과거의 성공에 안주하고 싶지 않았다. 내가 앞으로 나아갈 길은 과거의 상들이 아니라, 내가 만들어 갈 새로운 경험과 성취에 달려 있다는 것을 깨달았다. 상패와 상장을 없앴다고 해서 내가 받은 노력의 가치를 부정하는 것은 아니다. 그것들을 통해서 얻었던 교훈과 감동은 여전히 내 안에 살아있다.

이 세상에서 값을 매길 수 없는 가장 가치 있는 상은 관점에 따라서 다를 것이다. 잘 다니던 슈퍼마켓이 있었다. 어머니와 아들과 딸, 종업원 등 네 사람이 '바위도 힘을 합하면 뽑는다.'고 한마음이 되어 운영하는 모습이 보기 좋았다. 임차료가 꽤 비쌌지만, 다행히 대단지 아파트와 주변에 초중고 3개 학교가 있어 이용자가 많았다. 계산대 옆에 자주 드나드는 초등학생들이 한결같이 친절하고 고맙다는, 사랑스러운 마음을 담아서 고사리손으로 만든 상장(편지)을 볼 때마다 흐뭇했다. 또 하나는 'KBS 황금연못'이다. 역경의 세월을 살아온 대한민국 시니어들의 다양한 인생과 그 속에 녹아있는 삶의 지혜를 젊은 세대와 함께 나누며 진솔하고, 유쾌한 삶의 이야기를 소통하는 프로그램으로 자식이 온갖 고난을 딛고, 잘 길러 주신 부모님에게 전하는 사랑의 감사패는 값을 매길 수 없는 상이라고 생각되었다.

상을 받은 사람들의 마음은 대체로 감격, 감사, 자부심이 뒤섞인 복합적인 감정이 들기 마련이다. 상을 받는 순간 그동안의 노력과 헌신이 인정받은 느낌에 기쁨을 느끼기도 하지만, 상을 받았다고 해서 마음이 한순간 편안해지지는 않고, 오히려 마음속 깊은 곳에는
'그래, 내가 이 상을 받아도 되나? 받을 자격이 있나?'
라는 물음이 들기도 한다. 상은 단지 자신을 위한 게 아니라 뒤에서 오랜 시간 함께했던 사람들의 응원과 헌신, 격려가 묻어 있어 나에게 기대를 걸었던 사람들에게 감사함도 떠오른다.

문학상 심사위원의 고충은 응모한 작품이 표절되었거나 이미 다른 곳에서 수상한 작품은 아닌지, 응모자들의 능력과 자질을 재는 잣대는 모호하기 그지없고, 도토리 키 재기일 때가 많을 수 있다. 상은 사회적 경쟁 내지는 격려의 인자를 갖고, 개인과 단체에 수여되지만, 동시에 사회적 효과를 늘 목표로 하기에 선정을 신중하게 한다. 그중에서 소수를 선별해야 하는 심사위원들의 고충은 이만저만이 아닐 것이다. 어떻든 작품 심사를 공정하고, 객관적으로 이론의 여지없는 완벽한 선택을 한다는 것은 참으로 어려운 일이다.

상은 개인에게 큰 동기부여가 될 수 있지만, 경쟁이 치열한 분야에서는 심리적 압박과 스트레스를 유발할 수도 있어서 내적 동기를 약화시킬 수 있음을 알았다. 상에 대한 지나친 기대나 의존은 본래의 목표나 열정을 흐리게 할 수도 있어 균형 잡힌 시각으로 상을 바라보는 것이 중요했다.

올해의 작가상은 문학의 가능성과 비전을 제시하며, 새 길을 모색하는 많은 작가의 고통과 창작의 흔적에 대한 평가였다. 그 과정에서 나 또

한 더 깊고 단단한 글을 쓰고 싶다는 소망이 깃든다. 인품에서 향기가 나야 좋은 수필을 쓸 수 있다는 말을 곱씹는다. 아직은 많이 부족하지만, 글을 쓰는 과정 자체가 나를 성장시키고 배움을 안겨 준다는 사실을 실감하고 있다. 결국 중요한 것은 진정성 있는 노력과 성과의 축적이다. 그에 따른 인정이나 보상은 어디까지나 자연스럽게 따라오는 부수적인 것일 뿐이다. 언젠가는, 내 글에서도 아름다운 향기가 번져나가길 바란다. 그저 부드럽고 따스하게, 누군가의 마음에 닿을 수 있기를….

(2024. 12. 9.)

# 어떤 가이드를 만나느냐

　여행이란 일이나 유람, 휴식 등을 위해 일상생활에서 벗어나 타지로 떠나는 일이다. 크게 배낭여행과 패키지여행, 혹은 국내 여행과 해외여행으로 구분된다. 낯선 곳으로 떠나는 일은 언어와 문화, 음식, 기후 등 많은 것이 달라져 적응하기가 쉽지 않다. 미리 경험한 안내자의 도움을 받으면 여행이 재미있고 어려움을 덜 겪게 될 수 있다.

　해마다 연인원 3천만 명의 한국인들이 세계 여행을 한다는 통계가 있다. 한국인 절반 이상이 해외여행을 즐기는 시대가 되었다. 고향을 떠나 본 일이 없는 사람들은 결코 편견에서 벗어날 수 없다는 말이 있다. 해외여행은 무엇보다도 우물 안 개구리에서 벗어나, 새로운 눈으로 세상을 바라볼 수 있게 해준다. 평소에는 못 느꼈던 조국에 대한 애국심과 자부심도 생기고, 우리도 이런 나라를 만들어야겠다는 자각이 생기기도 한다.

해외여행에서 빼놓을 수 없는 게 현지 가이드의 역할이다. 가이드는 해외에 거주하는 교민이 관광객을 인계받아 안전하고, 편안한 여행이 될 수 있도록 관리하고 인솔하며, 여행지에 대한 소개와 통역 서비스 등을 제공한다. 이번 여행에서는 어떤 가이드를 만나 인연을 쌓을지 궁금한 게 평범한 여행자의 마음일 것이다.

제대로 된 관광을 하려면 여행하는 나라의 정치 상황도 염두에 둬야겠지만, 우선 날씨 복보다는 가이드 복이 있어야 한다. 물론 안내를 잘 해주는 가이드도 있지만, 그렇지 않은 사람도 있다. 쇼핑점에서 필요 이상으로 많은 시간을 보내고 일정에 차질을 빚어 수박 겉핥기식 여행이 되는 날도 있다. 그럴 땐 적잖은 비용과 시간을 내어 다녀온 여행이 개운치 않다.

현지 가이드는 여행업계의 얼굴로 여행사의 이미지를 대변해 주는 중요한 역할을 하는 존재다. 나이도 성격도 취향도 고향도 제각각인 여행객들을 시종일관 화기애애하고, 웃음 넘치게 만드는 것은 가이드의 능력이다. 여행이 아무리 좋더라도 안전하게 여행하고, 즐겁게 지내다가 기쁜 마음으로 떠나도록 해야 한다. 여행 일정이 기상 악화로 취소되는 때도 있지만, 주어진 상황에서 최선을 다하려고 노력하는 모습을 높이 산다. 마지막 출국장에 들어서는 순간 한 명 한 명 손을 잡고, 정중하게 인사하면서 배웅하는 가이드의 가슴 뜨거운 마음을 잊지 못하게 각인시키는 가이드가 되면 좋을 것이다.

가이드라는 직업은 활동적인 사람에게 좋을 것 같다. 체력이 우선 좋아야 하고, 해당국의 언어를 유창하게 구사해야 한다. 여행은 수많은 변수가 도사리고 있어 판단력과 순발력이 절대적으로 필요하다. 추워도 추워 보이면 안 되고, 더워도 더워 보이면 안 되며, 아파도 아파 보이면 안 되고, 기분이 좋지 않아도 웃는 척해야 하는 직업이다. 가이드는 알려주는 사람, 챙겨주는 사람이다. 붙임성이 좋은 사람이 가이드를 하면 궁합이 잘 맞을 것이다. 무엇보다 직업 만족도가 매우 높고, 아름다운 관광지를 계절마다 볼 수 있다는 장점도 있지만, 출퇴근 시간이 일정치 않고, 수입이 고르지 않다는 단점도 있다.

뉴질랜드 북섬의 오클랜드 공항 출국장에 피켓을 들고 우리를 반기는 현지 가이드와의 만남으로 여행이 시작되었다. 중키에 자외선 노출이 많았는지 까무잡잡한 피부, 60대 초반쯤으로 보였다. 살짝 네모진 얼굴에 큰 눈이지만, 부리부리하지 않고, 소눈처럼 선하고, 지긋한 나이만큼이나 가이드 일에 제법 연륜이 있어 보였다. 버스에 탑승한 후 곧바로 인사말을 한다.

"머나먼 뉴질랜드(약 9,900㎞)에 오신 것을 환영합니다. 바쁜 시간과 아까운 돈을 들여온 여행이니만큼 즐거운 여행이 되도록 최선을 다하여 모시겠습니다. 그 어디에서도 들을 수 없는 귀에 쏙쏙 들어오는 설명을 해드릴 터이니 졸지 마십시오."

이 가이드만의 필살기이자, 우리를 끌어들이는 흡인력은 무엇일까? 집중하지 않을 수 없다. 일행들의 공통된 반응은 박식하다며 신뢰를 보내는 눈치였다. 셋째 날 일정을 마무리할 무렵 국내 모 항공사에 기내 면세품을 납품하는 공항 근처의 면세점을 퇴근 시간이 지났지만, 기다려 달라고 했다며 이곳에서 판매하는 제품에 대하여 입이 닳도록 쇼핑하게끔 유도한다. 다른 가이드는 모르는 곳이며, 자기만 이용하는 특별한 곳이라는 점을 부각하며 우리 일행이 운 좋게도 큰 혜택을 받은 듯했다. 마치 우리가 선택된 행운아처럼 느끼게 연출을 하는 모습도 있었지만, 밉지는 않았다. 집에서 떠날 때와 같이 아무것도 사지 말자는 생각을 굳게 하고 입장했다.

제품을 설명하는 직원은 어리숙한 것 같은데 일행 중 몇 사람의 아픈 곳과 상태를 콕콕 집어내어 반의사처럼 우리들의 신뢰를 서서히 얻어 갔다. 성분이 적게 들어갔다며 가격이 약간 저렴한 프로폴리스 치약, 오메가3, 홍합추출물 등은 아예 사지 말라고 한다. 하나라도 더 팔려는 마음보다 효능이 검증되고 고가인 제품을 사라는 쪽으로 은근히 유도한다. 유황 먹은 소나무에서 추출한 건강식품, 눈에 좋다는 빌베리(Bilberry) 등을 설명할 때는 꼭 나에게 필요한 건강식품처럼 느껴진다. 아내는 나를 생각하여 옆구리를 쿡쿡 찌르며 사라고 부추긴다. 젊은 나이도 아니고 내리막길이 아니던가? 마음이 약해진다. 입이 닳도록 좋다는 건강식품에 의지하고 싶은 마음은 누구나 갖는 모양이다.

일행 중 삼 형제 팀은, 치매를 앓았던 어머니에 대한 이야기를 들려주었다. 그래서였는지 물건을 살 때도 주저하지 않고, 필요한 물품을 사는 모습을 보며, 건강은 누구에게나 가장 소중한 자산이며, 오늘의 나를 있게 하는 근간이라는 사실을 다시금 느낄 수 있었다. 하지만 대구에서 온

50대 초반의 두 부부는 아직 젊은 편이라 그런지 별다른 동요를 보이지 않았다. 게다가 대장암을 앓고 극복했다는 말을 들었음에도, 그들은 담담하고 냉정한 태도를 유지했다.

가이드 팁은 1일당 10달러씩 계산하여 100달러(USD)를 미리 지급했다. 이것만 가지고 부족했는지 쇼핑점 여러 군데를 들렀다. 어차피 관광객들은 쇼핑 욕구가 있고 상점들은 모객 바람이 있으니, 가이드는 관광객들의 구매액에 비례해서 점주로부터 수수료를 받아 충분하지 못한 수입을 충당하는 것 같았다. 대부분 현지 가이드가 건강식품점에서 인기가 많고 이윤이 높은 제품의 구매 욕구를 부추기기 위해 목청을 높였다. 이 외에도 호텔숙박비, 식사비, 차량비 등에서도 커미션이 오간다고 한다. 한 가이드는 제품에 대한 열변을 토했는데 우리가 거들떠보지도 않자, 표정이 어두워지고 서먹서먹하여 그 이후 여행이 즐겁지 않았다.

해외여행을 통해서 그동안 많은 가이드를 만났다 헤어지는 게 아쉬웠지만, 좋은 기억의 그들은 한결같이 초면인 일행 간 친밀도를 높이고, 여행객 개인별로 일일이 사진을 찍어 주며, 영원히 기억될 인생 사진을 남겨야 한다며 포즈까지 챙겨주는 애정, 그 나라에서만 나는 과일을 맛보게 해주고, 식사 시간에는 자비로 맥주 등을 사주기도 했다. 일정을 조정하여 붐비지 않는 시간을 이용하는 등 자상하고 배려심이 많았다. 명소마다 전문적인 설명으로 궁금증을 풀어주고, 아픈 사람이 없도록 각별하게 신경을 쓰며, 여기에 날씨까지 받쳐 주면 정말 후회 없이 행복했던 시간이었다고 할 수 있다. 훌륭한 가이드는 여행을 여행 이상으로 만들고, 여행의 방향이자 같은 길도 훌륭한 가이드와 걸으면 새로운 경험이 된다. 한국 음식이 그리웠을 가이드에게 여행자들은 라면, 고추장, 깻잎, 김 등을 주고 오는 경우가 많다.

멋진 해외여행은 가이드를 잘 만나는 것도 한몫한다. 다양한 사람들을 수용할 줄 아는 포용력과 사람들을 만나고 떠나보내는 쿨함도 있어야 한다. 언제 어디서 돌발 변수가 튀어나올지 모르는데 그걸 또 잘 처리하는 위기관리 능력도 필요하다. 현지 가이드는 안내자이면서 선생님이라고 할 수 있다. 동시에 어머니처럼 자상해야 하는 직업이다. 무에서 유를 창조하는 관광사업의 꽃은 가이드라고 할 수 있다. 훌륭한 가이드는 민간 외교관이라 칭한다 해도 과언이 아닐 성싶다. 명마(名馬)는 고기수(高騎手)를 알아본다고, 뛰어난 여행자는 좋은 가이드를 알아보고, 훌륭한 가이드는 여행자의 경험을 한층 더 풍성하게 만들어 줄 것이다. 앞으로 많은 관광객들에게 변함없는 열정과 배려로 감동을 주었으면 한다. 다음 여행 시 어떤 가이드를 만날지 궁금하다.

(2024. 10. 15.)

## 제발 나 좀 살려 주세요

오라로 묶인 몸이라 움직일 수도, 옴짝달싹할 수도 없다. 내 몸을 내 맘대로 할 수 없으니 죽은 목숨과 같다. 칡을 소재로 한 이방원(태종, 조선 제3대 국왕)의 '하여가(何如歌)'가 아니더라도 칡은 우리와 오래도록 함께해 온 친근한 덩굴식물이지만, 지구 온난화 영향으로 번식력이 왕성해진 덩굴 등살에 길옆 덩치가 큰 나무가 혼쭐이 나고 있다. 나를 향하여 '제발 나 좀 살려주세요. 도와주지 않으면 저는 곧 죽을 수밖에 없답니다.'라고 절규를 하는 것 같아 모른척하는 내 마음이 불편했다.

집에서 승용차로 십여 분을 가면 사오리 터널로 진입하는 우측 언덕에 파크골프장이 생겼다. 2~3년이 지나서 주변 경관 개선을 위해 키가 5~6미터가 됨직한 메타세쿼이아를 30여 그루를 심었는데 가을이면 단풍이 아름다워 뭇사람들의 사랑을 받았다. 한두 해가 지나면서 칡넝쿨이 보이기 시작해 나무를 타고 올라가는 것을 제초 작업 시 제거해 주는 것 같더니, 어느 해부턴가 나무에 칡넝쿨이 광폭자가 되어 아예 나무가 보이지 않았다. 마치 점령군처럼 넓은 잎사귀로 햇빛을 차단해 광합성 작용을 막고, 넝쿨에 몸이 옥죄어 가지를 뻗을 수도 없게 보였다. 바람과 비의 무게뿐만 아니라 잎사귀와 넝쿨이 짓누르는 무게 감당이 버거워 가지는 축 늘어졌다. 넝쿨은 숙주(宿主)에 착 달라붙어 영양분을 빼앗으면서 기생하여 생태계 교란의 주범인 유해식물로 지정되었지만, 예산이 부족하였는지 거들떠보지도 않는 것 같았다.

올해는 역대 최악으로 이상 기후와 고온으로 칡넝쿨이 유독 무성했다. 조석으로 이곳을 지나면서 마주치는 영어(囹圄)의 몸을 빨리 풀어 달라는 애절한 텔레파시(Telepathy)가 느껴지는 것 같아 괴로웠다. 식물도 스트레스를 받으면 소리를 지른다는 이스라엘 텔아비브대학의 연구 결과(농민신문, 2023. 4. 1.)도 있어 그 영향인지? 자연 생태계의 일을 자연에 맡겨야 하는지, 제거해 주는 것이 맞는지 고민되었다. 그러나 칡이 숲을 병들게 하고, 자신의 생장을 위해 모든 자원을 빼앗고 독차지한다. 하루에 줄기가 30센티 이상 자랄 정도로 생장력이 강해 산림이나 도로 주변 등에 퍼지면서 나무 생육에 피해를 주고 산림 경관을 해치거나, 시설물에 손상을 입힌다는 결론으로 제거 작업을 하기로 했다.

덩굴식물(칡, 환삼덩굴, 가시박, 다래, 노박덩굴 등)은 빛을 좋아해 무엇이든 높은 곳으로 타고 올라가는 습성이 있다. 무뢰한처럼 큰 나무라도 한번 치렁치렁한 칡덩굴이 줄기를 휘감고 올라가면 더 이상 성장할 수 없다. 나무를 끝까지 타고 올라가 이불 덮듯이 온통 덮어 버리면 소나무처럼 양지에서만 자라는 나무는 수난을 당하여 고사 위기에 처한다. 칡은 콩과의 다년생식물로 추위에 강해 뿌리뿐만 아니라 덩굴까지 상당 부분 월동하기 때문에 한번 칡의 공격을 받은 나무는 사람이 덩굴을 제거해 주지 않는 한 회복이 불가능하다. 은은한 향기를 발산하는 자줏빛 칡꽃은 꿀벌을 치는 사람들에게 유용한 밀원 식물이다. 칡은 한때는 주전부리만이 아닌 구황식물(救荒植物)로 이용되었고, 짐승들의 훌륭한 먹이가 되었으며, 줄기는 소쿠리와 채반 등 공예품이 되었다. 지금도 뿌리는 갈근(葛根)이라 하여 한약재로 발한·해열 등에 효과가 있다고 알려져 있다.

토요일 오전, 된더위라 모자를 쓰고, 반바지 차림에 꽃가위를 챙긴 후 뱀과 벌을 쫓으려고 등산용 스틱을 준비하여 차를 타고 문제의 장소로 갔다. 갓길 아래가 풀이 무성한 비탈면이라 미끄러지지 않으려고 발 디딜 안전한 곳을 찾아야 했다. 스틱으로 우거진 풀을 헤치며 길을 내었지만, 어디서 나올지 모르는 뱀과 벌의 활동이 가장 왕성한 시기라 경계를 게을리할 수 없다. 칡넝쿨이 심한 나무 아래가 사면(斜面)이라 발 디딜 편한 곳을 찾아 간신히 지탱할 수 있었다. 억센 풀에 스틱의 연결 부분(관절)이 휘어질 정도로 야생은 강했다.

우선 주변 정리부터 하고, 나무를 칭칭 감고 올라간 칡덩굴 줄기를 제거했다. 어느 것은 어린이 팔뚝 굵기만 하고, 나무와 한 몸이 되어 전지가위로 시도해 보았지만, 자를 수 없어 가는 줄기만 잘랐다. 그 옆 나무로도 가보았지만, 역시 마찬가지로 어떻게 해볼 수가 없다. 먼발치에서 볼 때는 쉽게 생각했지만, 이렇게까지 상황이 심각할 줄을 몰랐다. 실제로 논산 쌍계사 대웅전의 오른쪽 뒤편의 기둥은 칡넝쿨을 사용해 유명세를 타고 있기도 하다. 이른 시일 내 톱과 낫을 준비하고, 장화를 신고, 긴 바지 차림으로 와야겠다는 생각으로 아쉽지만 철수해야 했다. 일에 집중하느라 모기나 진드기 등에 쏘이는 줄도 몰랐는데 종아리와 허벅지 여러 군데가 가려워서 긁어 벌겋게 달아올랐다.

월요일 출근길에 일부 칡덩굴 잎이 말라 시들시들하게 된 것을 보면서 작업의 성과가 있었다고 자평했지만, 제거 작업을 다 하지 못한 것이 못내 마음에 걸렸다. 한편으로는 칡덩굴에 올가미가 씌워진 나무를 구해 주어야겠다는 순수한 마음이 나만 그런지 궁금했다. 하루에도 수많은 차량이 오가는 길옆이라 눈에 잘 띄고, 그 옆은 파크골프장이 있어 운동하는 사람들도 보았겠지만, 방관자 효과(Bystander Effect)인지 강 건너 불구경하듯 자기와 관계없는 일이라 남의 굿 보듯 무심하게 지나친 것은 아닌지? 여러 생각이 들었지만, 나무 한 그루도 시민의 소중한 재산으로 더 나은 환경을 만들기 위하여 시민의식 향상이 요구되었다. 비록 나무가 시민의 안전을 저해하거나 위해를 가하지는 않더라도 생장을 잘할 수 있도록 돌보아 주는 관심을 가져야 했다.

쇠뿔도 단김에 빼라고, 퇴근 시간 무렵 사무실에 있는 밀짚모자, 장화, 톱, 낫, 장갑 등을 챙겨 오늘은 어떻게든 결판을 내리라고 작정했으나 곰곰이 생각하니, 혼자의 힘으로 해결될 일이 아니었다. 주변 제초 작업이 필요하였으며, 십여 그루 이상이 칡덩굴의 피해를 보고 있어 전문가들의 작업이 필요하다는 생각이 들었다. 세종시 시설관리사업소에 전화를 걸어 자초지종을 얘기하고, 나무에서 칡넝쿨을 제거해 주었으면 좋겠다고 구두 민원을 제기했다.

민원을 넣은 지 5일이 지나도 함흥차사라 다시 직원에게 전화를 걸었다. 직원의 말로는 이 구역은 세종시에서 아직 행복청과 LH로부터 인수받지 않은 지역이라 그곳(LH) 직원에게 민원을 넘겼다고 해서 다시 한 번 부탁했다. 우여곡절 끝에 3주가 지나서 작업을 마쳤다는 전갈을 받고, 고맙다는 말을 잊지 않았다. 한편, 일부 전문가들은 칡을, 산림생태계를 훼손하는 파괴범으로 단정 짓는 것은 지극히 인간 중심적인 사고라고 말하기도 한다.

칭칭 감기고, 칡잎에 가려 암흑 상태의 속박에서 풀려난 느낌은 어땠을까? 그동안 얼마나 답답하고 고단했을까? 도망칠 수도, 항거할 수도 없는 운명이라고 받아들였을까? 무심한 하늘만 바라보고 원망했을까? 이곳에 옮겨 심은 무심한 인간을 얼마나 탓했을까? 공포의 올가미에서 벗어나 이제 자유의 몸이 되었으니, 따뜻한 햇빛과 시원한 바람으로 기력을 서서히 회복하여 허공에 가지를 쭉쭉 뻗고 떠오르는 해도 보고, 새들도 찾아오며, 자태도 뽐냈으면 좋겠다. 내가 마치 감옥에서 풀려난 기분이다. 메타세쿼이아의 해방은 우리가 '진정한 자아'를 찾는 과정과 닮았다는 생각이 들었다.

인간의 손이 닿지 않은 자연 그대로의 숲과 정돈된 아름다운 숲이 마음속에서 충돌하여 너무 성급하게 행동하지 않았는지 망설임이 있었지만, 방치할 때 주변 나무들을 죽여 황폐케 하는 유해식물이라 제거를 잘

했다. 한 그루의 성목(成木)은 성인 4명이 24시간 숨 쉬는 데 필요한 산소를 공급하고, 1년에 최대 10kg의 이산화탄소($CO_2$)를 흡수한다고 한다. 일수백확(一樹百穫)이라고 했는데 그런 나무를 우리의 무관심으로 죽게 놔둘 것인가?

(2024. 8. 27.)

# 첫 월급의 추억

첫 월급은 누구에게나 잊히지 않는 추억이 있다. 사회생활을 처음 시작했던 1976년 2월, 힘겹게 한 달을 견딘 후 내 생애 첫 월급을 받았다. 얼마나 가슴 벅찼는지 누런 봉투를 들고, 곧바로 화장실에 들어가 봉투 속에 있던 지폐와 동전을 몇 번이나, 다시 세면서 흐뭇해하던 느낌이 지금도 생생하다. 그렇게 큰돈을 손에 쥔 것이 처음이거니와 그 많은 돈을 나 스스로 열심히 일해서 벌었다는 대견함은 그 이후 더 두툼한 월급봉투를 받고서도 느껴 보지 못했다.

교차로에 구인 광고를 두세 번 내어보았지만, 미화원 구하기가 쉽지 않았다. 급여를 많이 준다면 해결될 수 있는 일이지만, 그럴 형편이 못 돼 고민이 깊어졌다. 일주일 후인 2025년 1월 31일 자로 그만두는 직원의 후임을 정하지 못하여 끙끙 앓고 있는데, 이 소식을 접한 입주민의 추천으로 간신히 채용할 수 있었다. 열 길 물속은 알아도 한 길 사람 속은 모른다고, 그만두는 분과 3개월 수습 기간 내내 의견 충돌로 마음고생이 심했다. 근무 중인 또 다른 반장도 백내장 수술을 해야 한다며 사직 의사를 내비쳐 2주도 안 돼 두 사람이 모두 교체되는 일이 발생했다. 면접에서 탈락을 통보했던 지원자에게 다시 고용하겠다고 의사를 번복하여 이미 다른 곳에 취직해서 일하고 있는 사람을 간신히 데려와 인력 공백을 메꿀 수 있었다.

두 사람 모두 이곳에서 첫 월급이라며 감사한 마음이었는지, 요플레와 토마토 주스를 사 왔는데 흔치 않은 일이라 고마웠다. 일흔 초 중반의 연세에 평소 쓰지 않던 팔과 어깨 근육을 많이 써 어깨가 결리는 통증으로 파스를 붙이는 등 힘들어했지만, 꿋꿋하게 잘 참아 내었다. 역경을 극복하고 받은, 얼마 되지 않은 급여라서 일 원 한 푼이 더없이 소중했을 것이다. 그 돈을 벌기 위해 매일 먼지가 풀풀 나는 복도 바닥을 쓸고 또 닦았으며, 입주민의 매서운 눈초리 부담을 견뎌내야 했다.

소중한 첫 월급의 액수는 특별한 의미만큼 충분하지 않다는 게 대부분 직장인의 생각이다. 취업 전에 급여가 박하다는 건 대충 알고 있었지만, 청소 일이 이렇게 힘들다는 걸, 몸으로 느끼면서 겨우겨우 한 달을 버티다가 받은 첫 월급이 얼마나 애틋하겠는가? 막상 월급 통장을 확인하고 자신의 노동 가치와 견주어 한동안 마음을 추스르지 못하는 일도 있을법하다. 이런 상황에서 피 같은 돈은 아무리 씀씀이가 헤픈 사람이라도 함부로 쓰지 않는데 '개 같이 벌어서 정승같이 쓴다.'는 마음이었는지 남달랐다.

급여가 정상적으로 맞게 나왔냐며 의문을 제기하는 사람이 많지, 자신을 채용해 주어 고맙다고, 물품을 사 온 사람은 드물다. 오늘의 나를 있게 한 사람에게 감사하는 것이 사람의 도리라고 생각하는 마음은 쉽게 가질 수 있지만, 행동으로 옮기는 것은 별개다. 몸과 마음을 하나로 일치시키는 것, 그것은 곧 진심과 진정을 뜻하며, 지행합일(知行合一)을 보여주는 것이다.

몽니와 같은 사람이 바뀌더니 조직의 분위기가 봄날처럼 화사해졌다. 한 사람으로 인하여 회사에 흐르는 공기가 시베리아 북극 한파처럼 냉랭했었다. 원칙적인 잣대를 적용할 수밖에 없어 온기라곤 전혀 찾아볼 수 없었다. 그러나 새 술은 새 부대에 담는다고, 그들만의 건전한 문화를 만들어 나가는 모습이 보기 좋았다. 수습 기간, 보편적 정의와 성실하게 행동하면 되는 것을, 위계질서를 무시하고, 예외를 만들며, 안하무인으로 행동하면 조직의 화합이 깨질 수밖에 없었다.

나는 첫 월급을 타서 어떻게 썼는지, 약 50년 전의 기억을 더듬어 본다. 1970년대, 빨간 내복은 첫 월급을 타면 부모님께 드리는 '효의 상징'이기도 했다. 게다가 당시 입을 만한 내복값이 만만치 않았지만, 부모님께 빨간 내복을 선물하는 것은 불문율이었다. 아울러 빨간 색은 잡귀를 쫓고, 액운을 막으며 따뜻한 느낌을 주는 색이기도 했다. 약주를 즐기시는 아버님께는 술과 고기를 더 사오고, 내 용돈을 제외하고는 어머님께 얼마 되지 않는 돈을 고스란히 드렸지만, 한사코 받지 않으셨다. 어머님은 네가 고생해서 번 돈이니 이번만큼은 너를 위해 써보라고 하셨다.

부모님께서 얼마나 좋아하셨는지, 그때를 생각하면 금세 눈시울이 뜨거워진다.

"한 달 동안 고생한 너를 정말 칭찬해 주고 싶다. 앞으로도 열심히 일해서 회사에서 인정받는 사람이 되어라. 너무나 대견하고, 기특하다. 한 달 동안 고생 많았다."

라는 격려의 말씀이 너무나 뿌듯하여 사회생활에 강한 자신감을 가질 수 있었다. 나중에 더 많은 용돈을 부모님께 드릴 수 있겠지만, 첫 월급으로 드린 용돈의 추억은 부모님께 평생의 추억이자, 이야깃거리가 되었다. 비록 다시 되돌려 받았지만, 부모님께 행복한 추억을 만들어 드린 것을 생각하면 정말 소중한 일이었다.

1980년대, 직원들에게 현금으로 주던 월급이 어느 달부터 만져볼 사이도 없이 통장으로 입금되었다. 씀씀이가 크거나 '삥땅'을 쳐 비자금을 운용하던 직원들에게는 비상이 걸렸다. 내가 번 돈을 내 손으로 한번 만져 보지도 못하고, 바로 배우자한테 가는 것은 안 된다거나, 그날만은 의기양양한 내 손에 들린 두툼한 봉투 속에서 아이들 웃음소리가 들리고, 아내의 눈에는 오랜만에 웃음기가 돌았는데, 가장으로서 위상이 안 선다는 등 볼멘소리가 한동안 터져 나왔다. 월급을 받으면 뭐 그리 하고 싶은 게 많았는지 일주일이 채 지나지 않아 바닥나고 외상을 해야 했다. 급여인상률은 물가 인상에도 못 미쳐 생활은 쪼들리고, 투명한 '유리알 지갑'으로 배가 고팠다.

만난 지 100일, 200일 기념 등으로 서로를 축하하고 위로하기 위해 반지를 선물했다는 젊은이들이 많다. 어찌 보면 인생의 많은 날이 의미가 부여된 날이다. 비슷비슷한 날들, 같은 사건이나 행동이더라도 그걸 어떻게 해석하고, 받아들이는지는 자신 또는 서로가 정하기 때문이다. 그저 지나가는 하루에 작은 의미를 부여하고 또 기념하는 건, 삶을 풍성하게 만드는 방법일지 모른다. 첫 월급에 의미를 부여해서 빨간 내복을 샀던 것처럼, 다른 날에도 더 즐거운 의미를 찾는 것은 지금, 이 순간을 행복하게 살아가는 한 방편일 수 있다.

미화원의 첫 월급 턱이 잊혔던 나의 추억을 소환했다. 첫 월급으로 준비한 선물은 부모님께 감사와 사랑을 전하는 소중한 방법이었다. 그렇게도 환하게 웃으시면서 고생했다며 등을 두드려 주시던 모습이 엊그제처럼 선명하건만 효도 한 번 제대로 못 해 드렸는데 저 멀리 가셔서 사무치게 그리운 날, 마치 천상에서 들려오는 목소리 같다.

'우리 아들이 고생해서 사 온 내복이 엄청 좋았지, 아마 이 세상에서 제일 따뜻했을 거야! 아무리 추운 한겨울이라도 끄떡없었거든, 아들아, 고맙다!'

(2025. 4. 2.)

# 하루는 길고 한 해는 짧다

하루는 길지만 열흘은 짧고, 열흘보다 한 달은 더 짧게 느껴진다. 노인들에게 시간의 상대성 이론이 적용되는 것처럼 하루는 길고 한 해는 짧게 인식된다. 어떤 일을 즐기면 그 시간은 참 빠르게 간다. 하루하루를 보내면서 '도대체 언제 주말이 오나?' 이렇게 생각하지만, 정신을 차리고 보면 어! 벌써 주말? 벌써 한 달? 그렇게 벌써 12월이 되었음을 알고 깜짝 놀란다. 하지만, 이런 생각을 하다가도 월요일이 되면 언제 주말이 오나 또 이러는 게 직장인이다.

어느 날, 퇴직자 모임에 참석하여 선배들과 대화를 나누는데 한 선배가 말했다.

"하루가 지겹도록 길게 느껴지는데, 모임 날은 금세 다가오는 것 같아."

　하루가 안 가서 입에서 신물이 날 정도로 지긋지긋한 모양이다. 흔히 '20대엔 하루가 시속 20㎞로, 40대엔 40㎞로, 60대엔 60㎞로 시간이 흐른다.'고 한다. 심리학적으로도 사람은 나이가 들수록 새로운 자극과 경험이 줄어들기 때문에 뇌는 시간을 더 짧게 인식한다. 흔히 어떤 일이 고되거나 힘들 때, 하루하루가 길게 인식되지만, 시간이 지나고 그 기간을 돌아보면 한 달이 금방 흐른 것처럼 느껴져 하루는 긴데, 한 해는 짧게 체감된다. 시간을 낭비하는 것은 우리 삶에서 중요한 순간들을 놓치거나, 우리가 목표로 하는 것을 이루지 못하게 돼 헛되이 흘러가 버리고 만다.

　일상의 반복은 시간을 좀먹는다. 새로운 일이 없고, 새로운 일을 할 의지도 없으며, 가슴 뛰는 일도 없을 때, 시간을 갉아먹으며 시간을 주체하지 못해 따분하고, 싫증이 나 무료해진다. 타성에 빠져 일상만 반복하다 보면 매일 하릴없이 시간만 간다. 보수적 또는 수구적인 자세보다 도전적으로 어떤 일을 한다는 것은 비상한 용기가 아니면 힘들다. 우선 의욕과 건강, 금전적인 뒷받침이 되어야 하고, 믿음과 배움에 열정이 있어야 한다. 아침에 눈을 떠서 저녁에 잠들 때까지 하루 종일 희망을 말하는 사람은 단조로운 일상에서 탈출할 수 있다. 뇌 과학자들에 따르면 새로운 경험을 자주 하는 것은 도파민을 증가시켜 선조체(Striatum)의 시간 감각 회로를 빠르게 진동하게 하고, 우리가 느끼는 시간을 길게 늘인다고 한다.

　결국 시간을 붙잡기 위해서는 기억에 남을 만한 새로운 경험을 늘려야 한다. 매일 반복되는 출퇴근길이라도 오늘은 다른 길로 가보고, 새로운 사람을 만나는 것도 한 가지 방법이다. 색다른 음식을 먹어보고, 새로운 음악을 들어보자. 새로운 기억은 우리의 추억뿐만 아니라 수명을 늘릴 것이다. 그러면 하루는 짧아지고 1년은 길어진다. 그러나 많은 사람이 무언가 해야겠다고 생각은 하면서도 자신이 처한 환경에서 여러 핑계로 미루거나 나이에 빗대어 장애물로 인식하고 뒷걸음치는 경우가 허다하다.

하루가 없고서는, 하루를 시작하지 않고서는 한 달이 있을 수 없다. 아무리 높은 탑도 기단부부터 튼튼히 쌓아야 상륜부의 보주나 찰주를 올려놓을 수 있다. 잘 보낸 하루하루가 모여 우리의 삶을 풍요롭게 만든다. 어린 시절에는 아무것도 모르는 채 청년이 되고, 어른이 되면서 하루의 의미를 찾으려 한다. 그리고 죽음이 다가오는 나이가 되어갈 때 하루하루의 간절함이 크게 다가오게 된다.

시한부 선고를 받고 발버둥 치며 하루하루 생을 이어가는 환자에게 지상에서 일분일초는 얼마나 소중할까? 또 이를 지켜보는 가족들의 마음은 얼마나 안타까울까? 부도를 막으려고, 하루하루 돈과 피 말리는 시간 전쟁을 치르는 절망과 살얼음판과 같은 심정은 어떨까? 생활고로 급한 마음에 사채에 손을 댄 순간부터, 자고 나면 눈덩이처럼 불어나는 이자의 악몽은 어떨까? 내일이면 전쟁터로 떠나는 아들을 밤새 뜬눈으로 지켜보며 새까맣게 타들어 가는 부모 마음은 또 어떨까? 이들이 체감하는 시간과 보통 사람이 생각하는 시간은 다르다.

사람은 태어나자마자 오늘이라는 하루의 시간이 공평하게 주어진다. 이 하루의 가치와 소중함을 알고 최선을 다해서 살아야 한다. 천년의 세월도 분초에서 시작되며, 인생의 긴 여정도 따지고 보면 '오늘' 하루하루가 쌓여서 이루어진다. 공자는 '아침에 도를 깨달으면 저녁에 죽어도 좋다.'고 할 만큼 의미 있는 하루의 귀중함을 강조하였다. 그때 다르게 했으면 어땠을까? 왜 나는 그때 그렇게 하지 않았을까? 많은 사람이 흘려보낸 과거를 후회하며 산다. 또한 다가올 미래를 걱정하며 살아간다. 과거에 집착하거나 미래를 불안해하는 사람들의 공통점은 오늘을 충실하게 살지 못한다는 점이다. 어제는 꿈에 지나지 않고, 내일은 환상일 뿐이다. 오늘을 충실하게 살기 위해 지금, 이 순간에 대한 깊은 인식과 주의가 필요하다. 2010년 집중적인 영성 수련을 통한 '알아차리기' 훈련은 생활에 많은 도움이 되었다.

특별히 할 일이 없어 지루하고, 시간이 지나가는 것이 너무 느리게 느껴질 때, 갑자기 어떤 일이 없어져서 한가해졌을 때, 하루가 더디게 가는 것처럼 느껴질 수 있다. 하루가 길게 느껴지는 순간은 삶을 한 박자 쉬어가게 하는 긍정적인 선물일지도 모른다. 그 시간을 통해 그동안 놓쳤던 작은 것들을 발견하고, 내 마음을 돌볼 소중한 기회를 얻게 된다.

우리나라의 발전을 이끌어 온 베이비붐 세대(1955~1963)의 노인들은 정말 열심히 살아왔다. 이들의 젊은 시절에는 노는 것에 부정적 인식이 만연했다. 즉 노는 게 죄악시되는 사회였다. 막상 은퇴 후 자유가 찾아왔어도 '놀아도 되나'라는 고민을 하고, 잘 노는 법을 배우지 못했기에 실천에 어려움을 겪고 있다. 우리나라 노인 빈곤율은 40.4%로 OECD 3

7개 회원국 중 1위다. (한겨레신문, 2023.12.19.) 이런 상황에서 취미 생활은 사치에 가까웠다. 직업과 일을 대신할 만한, 자기 정체성을 강화해 줄 지속적인 무언가가 필요하다는 걸 느끼고 실천에 옮기는 사람은 소수에 불과하다. 나는 나이대에 알맞게 정적으로는 독서, 영화와 음악 감상, 명상 등으로 정신세계를 풍성하게 하였으며, 동적으로는 수영과 자전거 운동에 관심이 많았다.

 어떤 사람들은 하루하루가 재미가 없고 반복적인 일상이라 지겨움을 토로하지만, 나는 지금까지 살면서 사고방식이나 삶에 대한 접근법이 달랐든지 하루가 지루하다고 느껴본 적이 많지 않다. 매일 아침 눈을 뜨는 순간부터 오늘이 어떻게 흘러갈지 기대감으로 가득 찼다. 인생의 황금기에 문학을 접한 후, 일상은 훌륭한 글의 소재라서 삶은 매 순간 무언가를 깊이 사유하는 샘이 되었고, 매 순간은 한 편의 글감으로 반짝였다. 내가 지겹지 않게 살아가는 이유는 거창한 욕심을 내려놓고, 그 하루에 담긴 찬란한 의미를 놓치지 않으려는 자세 때문인지도 모른다.

 오늘이라는 시간은 결코 다시 오지 않는다. 오늘은 나의 남은 인생의 첫날이다. 생각대로 살지 않으면 사는 대로 생각하게 된다. 오늘을 어떻게 살아가느냐가 우리의 인생을 결정짓는 중요한 요소다. 오늘을 소중히 여길 때, 하루하루가 의미가 있고, 그 자체로 만족스러운 삶을 살 수 있다. 나이 들어감에 따라 안타깝게도 호기심과 목표가 점점 사라지면서 삶이 공허해질 수 있는데 지속적인 학습과 경험, 여행, 작은 것에서부터 도전하고 배우는 태도가 중요하다.

"저에게 선물로 주신 오늘 하루의 도화지를 성실하게 최선을 다해서 아름답게 그리게 하소서!"라는 어느 시인의 간절한 말이 오늘을 돌아보게 한다.

(2024. 11. 3.)

## 가슴을 쓸어내리다

 아무 일 없이 하루하루를 무사히 보낸다는 것은 큰 복이다. 아침에 눈을 떴을 때 좋은 일이 일어나길 바라기보다는 그저 아무 일 없이 하루가 가는 게 낫다. 언제부턴가 별일 없이 산다는 것, 그게 순탄하고 평온무사한 삶이었다. 무탈하게 산다는 것이 얼마나 감사한 일인가? 그렇지만, 살다 보면 깜짝깜짝 놀라 가슴을 쓸어내릴 때가 많다. 잔잔한 현재를 오래 누리고 싶어 하지만, 삶은 변수가 많기에 그조차도 내 바람처럼 되리라는 보장이 없다. 평온한 일상이지만, 왠지 불안함이 묻어나는 건 어쩔 수 없다.

 점심시간 도시락을 펼쳐놓고 젓가락질을 두세 번 하던 중 '삐~'하고 요란하게 경보음이 울린다. 곧바로 정지시켰지만, 평소에 듣지 못했던 경보음이 울려 화들짝 놀라 당황스러웠다. 그동안 간간이 고수위 경보음이 울린 적은 있었지만, 이런 소리는 처음이라서 잔뜩 긴장하고 있는데 1~2분 후 입주민들로부터 물이 안 나온다고 전화와 인터폰에서 불이 났다. 바로 전문업체 사장에게 갑자기 물이 안 나온다고 빨리 와 줄 것을 요청했는데 다행히 인근에서 작업을 하고 있었다.

이런 일이 없었는데 큰일 났다. 승강기가 고장이 나면 계단을 오르내리면 되지만, 대체 수단이나 우회적인 방법이 없다. 일상에서 물을 쓸 수 없다면 어떻게 될까? 아파트에 물이 안 나온다는 것은 보통 심각한 일이 아니었다. 우선 당장 점심시간이라 컵라면 하나도 못 끓여 먹고, 청소는 물론 화장실 사용이 안 되고, 몸단장을 못 하면 어떻게 한단 말인가? 입주민이 겪게 될 불편을 생각하니 속이 검게 타들어 간다. 빨리 고쳐질 수 있을까, 업자는 빨리 올 수 있을까, 불안하게 기다리는 일분일초가 백 분, 천 분과 같다. 자칫 늑장 대처나 빠른 복구가 안 되면 입주민의 입에 오르내릴 수 있어 불안하고 초조할 수밖에 없었다.

지하 4층 저수조실로 가보았다. '삐~'하고 경보음이 세차게 울리고 있다. 계기판에는 '상한압 이상'이라고 메시지가 떠 있다. 부스터 펌프 3대 모두가 정지되어 물 공급을 하지 못하고 있었다. 어떻게 재작동을 시키는지 알 수 없어 답답하다. 잘못 눌렀다가는 사태를 더 악화시킬 수 있어 전문가를 기다리는 게 낫다. 이런 때는 시설 기사가 없는 것이 안타깝다.

부스터 펌프 시스템의 기본 설비는 2대 이상의 펌프를 병렬로 연결하여 필요량의 급수를 원활하게 상향 급수방식으로 제공한다. 급수 사용량이 적을 시에는 1대의 펌프만 운전하고 급수량의 증가에 따라 압력 센서에서 이를 감지하여 프로그램에 설정된 데이터를 기준으로 급수량의 증감을 판독해서 펌프를 순차적으로 가동한다. 급수량이 감소하면 순차적으로 펌프를 정지시키는 방식이다.

어찌 된 일인지 7.5에 설정된 압력이 10까지 올라가 펌프가 정지된 것이다. 배관에 압력이 너무 높으면 취약한 부위에서 터질 수 있다. 프로그램 컨트롤러에 문제가 있었는지 2번 펌프가 쉴 사이 없이 작동되었나 뜨거웠다. 전문가가 와서 몇 가지 손을 보더니 '윙'하고 모터 돌아가는 소리가 얼마나 반갑던지, 고마워서 눈물이 핑 돌았다. 20여 분 만에 고칠 수 있어서 운이 좋았다. 고장이 낮에 나서 천만다행이지 심야나 새벽에 났다면 엄청 애간장이 탔을 것이다. 전문가가 이때처럼 위대하게 보이고, 고마운 적이 없다. 그 손끝 하나하나가 신의 손과 같이 불만을 잠재울 마법이 걸려 있어 그 어느 때보다 신중하고 분주했다.

사람들은 기계가 고장 나면 문제라고 생각하지만, 사실 기계는 시간이 지나면 고장 나는 것이 오히려 자연스러운 일이다. 세상에 완전무결한 것은 없다. 예고 없이 찾아오는 고장은 우리에게 늘 당혹과 불편을 안긴다. 기계도 오래 사용하면 부품이 닳고 노후화되면서 점점 이상이 생기기 마련이다. 아무리 정교하게 만들어지고 철저한 안전장치를 갖춘 기계라도, 시간이 흐르면 크고 작은 고장을 피할 수 없다. 특히 여러 부품과 복잡한 시스템이 유기적으로 연결된 기계일수록, 예상치 못한 문제가 더 쉽게 발생할 수 있다. 사람의 몸도 마찬가지다. 아무리 건강하더라도 시간이 지나면서 크고 작은 불편이 생기고, 고장이 나는 것은 삶에서도 피할 수 없는 자연스러운 일이다. 중요한 것은 고장을 완전히 막는 데 있는 것이 아니라, 고장이 났을 때 얼마나 **빠르게** 수습하고 제대로 고칠 수 있는 준비가 되어 있느냐다.

'가슴을 쓸어내린다.'는 표현은 곤란하거나 어려운 일, 근심, 걱정 등이 해결되어 마음을 놓다, 안심하다는 뜻이다. 죽을 약 곁에 살 약이 있다고 한다. 어떤 상황이 처음에는 심각하게 우려되었으나 진행되면서 사태의 영향이 미미할 때 사용하는 표현이지만, 놀랐던 것을 생각하면 살면서 이런 일은 많지 않아야 한다. 이 표현 못지않게 몹시 놀라거나 위태로운 일을 겪었을 때 '십 년 감수했다.'는 말도 자주 사용한다. 가슴을 울린다. 가슴이 설렌다. 가슴이 뛴다는 등 가슴은 따뜻한 사랑이 동반되면서 감성적인 사고를 한다.

제주도 한 달 살기를 하는 아들과 며느리의 제의로 합류하여 며칠간 꿀맛 같은 휴식을 가졌다. 출근하기 위해 돌아오는 비행기가 월요일 새벽 시간이라 공항에 일찍 도착하여 문을 연 음식점이 있는지 두리번거렸지만, 손님이 많지 않은 시간이라서 그런지 문을 열지 않았다. 화장실에 갔다 오고도 탑승 시간은 많이 남아 있어 입국장에 일찍 들어가려고, 휴대전화기를 찾는 순간 화장실에 놓고 온 것을 알았을 때 숨이 멎는 듯 혼비백산했다. 마치, 비파 소리가 나도록 갈팡질팡하는 것 같았다. 한숨이 푹푹 나오고 어쩌다 내가 이렇게 되었나 참으로 한심했다. 1층에서 2층 화장실로 올라가는 계단은 왜 그리 멀고, 승강기는 어찌나 느리던지 답답했다. 채 1~2분도 안 된 시간인데 화장실에 전화기가 없다. 그 사이 누가 왔다 갔는지 아무리 찾아봐도 없다. 일이 터졌다는 생각에 사색이 되어 자포자기하고 있는데 그 옆에 같은 구조의 화장실이 또 있었다. 너무 놀라 진정이 안 된 가슴을 쓸어내리며 이때처럼 내가 한심하게 느껴진 적은 없었다.

 국내 여행이라 가볍게 생각하고, 신분증을 챙기지 않아 공항 직원의 도움으로 휴대전화기에 모바일 신분증 앱을 설치하여 겨우 비행기에 탑승할 수 있었는데 휴대전화기를 잃어버리면 신분을 확인할 방법이 없어 탑승에 어려움을 겪을 수밖에 없다. 순간 하늘이 노래지고, 매우 난감했다. 남편으로서 위상이 곤두박질치고 창피했다. 제발! 제발이라는 말이 입에서 자동으로 튀어나왔다. 나도 내가 그렇게 미울 수가 없다. 닭도 홰에서 떨어지는 날이 있다더니, 여태껏 물건을 어디에다 두고 온 적이 없는 예전의 내가 아니었다. 그날 나는 나를 잃었다. 건망증인지, 나이 탓을 해야 하는지 내가 나를 믿지 못하는 슬픈 일이 벌어졌다. 지금껏 이런 실수를 해본 적이 없었기에, 오히려 더 낯설고 충격이 컸다. 믿었던 나의 습관과 신중함이 처음으로 와르르 무너지는 느낌이었다. 나도 이럴 수 있구나. 완벽하지 않은 내가, 허술한 내가 문득 낯설었다. 실수는 서글펐지만, 부끄러움 속에 성장의 씨앗이 숨어 있었는지도 모른다.

 예상치 못한 순간 온몸이 긴장된다. 숨이 턱 막히고, 심장이 두근두근 뛰었다. 식은땀이 흐르고 눈앞은 잠시 흐려졌다. 그 짧은 시간 동안 머릿속은 수백 가지 상상으로 가득 차고, 손끝이 얼어붙는 것 같았다. 마치 내가 나를 배신한 것 같은 기분이었다. 그렇게 굳건하다고 믿었던 자아가 어이없을 정도로 허물어진 연약한 나를 오늘 처음으로 마주했지만, 조용히 다시 나를 일으켜 세운 것도 결국 나였다.

  앞으로 얼마나 더 가슴 쓸어내릴 일이 있을지 모르지만, 이로부터 받는 정신적 스트레스를 더 이상 경험하고 싶지 않다. 비록 그 일이 해피엔딩으로 끝나더라도! 우리는 코로나19 때 평온한 일상이 얼마나 소중한지 경험했다. 아무 일 없이 오늘 하루하루가 무탈하게 흘러가는 것을 감사하고 또 내일도 평온하게 보낼 수 있기를 간절하게 기도한다.

(2024. 9. 13.)

# 나를 위한 기도

'기도(祈禱)'는 하늘에 띄우는 마음의 속삭임이다. 하지만 기도만으로 모든 것이 이루어진다면, 세상에 못 이룰 바람이란 없을 것이다. 진실한 기도는 곧 나 자신이 할 수 있는 최선을 다하는 마음가짐과 맞닿아 있다. 간절함 속에는 반드시 이유가 있다. 왜 그것을 원하는지, 그것이 왜 나에게 필요한지를 스스로에게 묻는 과정이야말로 기도의 시작이다. 원하는 것에 집중하며, 그것을 이루는 데 필요한 전문성과 꾸준한 노력을 더해야 비로소 현실에 다가설 수 있다. 지금까지 애쓰며 살아온 나를 냉정하게 돌아보며, 앞으로의 삶에도 흔들림 없이 나아가고자 한다. 기도란, 그런 마음을 담아 내 삶의 방향을 다시 세우는 일인지도 모른다.

세간에는 기도문이 많이 있다. 소방관, 경찰관, 수험생, 병자, 노숙인,

자녀, 청년, 부모, 마음이 힘든 사람, 나라를 위한, 가정 회복을 위한, 사랑하는 사람을 위한, 사업을 위한 기도 등 한결같이 기도문처럼 이루어지길 간절하게 바라는 마음이 담겨 있다. 미국 소방관 스모키 린(A. W. Smokey Linn)이 쓴 그 유명한 소방관의 기도문 일부를 보자.

'신이시여,
제가 부름을 받을 때는
아무리 강렬한 화염 속에서도
한 생명을 구하는 힘을 저에게 주소서
너무 늦기 전에 어린아이를 감싸 안을 수 있게 하시고
공포에 떠는 노인을 구하게 하소서'

이 기도문은 한 소방관으로 사는 삶과 고뇌, 희생, 그리고 자신을 넘어서 타인을 돕겠다는 다짐이 어우러진 글로 이런 태도는 인간으로서의 고귀한 책임감을 상징하는 것처럼 느껴진다.

그 많고 많은 것 중 나는 무엇을 위해 기도할 것인가 고민이 되었다. 건강, 영혼, 선, 지혜, 용기, 인내, 온유, 믿음, 포용, 감사, 미소, 친절, 당첨, 합격, 수술, 회복, 용서, 겸손, 사랑, 행복, 즐거움, 재산 등 어느 것 하나 소홀히 할 수 있는 게 없다. 그렇다고 모든 것을 위해 기도할 수도 없고, 다 들어줄 수 없는 절대자도 고민이 될 것 같다. 이제는 많은 것을 내려놓고 선택과 집중을 할 시간이다. 뜻을 품었다고 뜻대로 다 되는 법 없고, 기도한다고 바라는 바가 다 이루어지는 법도 없으며 말했다고 말대로 되는 법도 없을 것이다.

나는 오늘, 나 자신을 위해 기도하려고 한다. 누군가를 위한 기도는 익숙했다. 그러나 정작 나 자신을 위한 기도는 해본 적이 많지 않다. 기도는 어쩌면 내가 나에게 주는 마지막 선물일지도 모른다. 그래서 이 시점, 나를 위해 기도를 해야 할 제목이 무엇일까 여러 날 고민하였다. 과연 지금 나에게 절실하게 필요한 것은 무엇인지 돌아보게 된다. 인생 후반기를 살아가는 데 역점을 두고 실천해야 할 사항은 무엇으로 삼아야 할까? 기도한다는 것은 공기를 마시는 것과 같이 떼려야 뗄 수 없는 내 안의 정신적 작용으로 항상 염두에 두겠다는 내적인 알아차림이다. 식사 때도, 잠자기 전에도, 일상생활을 하면서도 언제 어디서든 머릿속에 각인시켜 떠올리고, 이루어내겠다는 의지의 표시다. 여러 날 고심 끝에 나를 나답게 만들어 줄 건강, 가족들의 평안, 삶을 즐겁고 행복하게, 문인으로서의 생활에 정진하고 싶었다.

하나, 건강하게!
내 삶과 생각이 건강의 노예가 되지 않도록 하시고, 건강을 지키는데 한 치의 주저함도 없이 최우선으로 시간을 배분하게 하소서. 운동은 거짓말을 하지 않는다는 말을 믿게 하소서. 운동에서만큼은 게으름과 핑계가 통하지 않는 삶을 살게 해주소서. 누우면 죽고 걸으면 산다는 말처럼 힘이 닿을 때까지 걷게 하소서. 나만 건강한 것이 아니라 아내와 가족도 건강한 몸이 되게 해주소서. 9988234처럼 고종명을 살다 갈 수 있도록 관리하게 하소서. 아내나 자식들에게 건강치 못한 몸이 짐이 되지 않게 하소서. 과식은 피하고, 즉석식과 자극성 식품은 멀리하며, 규칙적인 생활로 리듬이 유지되도록 하게 하소서. 운동이 놀이라고 여겨지게 하소서. 건강이 뒷받침되지 않고서는 아무 일도 할 수 없다는 의식을 갖게 하소서. 먹고, 자고, 운동하며 일하는 게 균형이 이루어져 생을 마감하는 순간까지 건강한 육체와 맑은 영혼을 가질 수 있기를 기도합니다.

둘, 가족의 소중함을!
끝을 알 수 없는 이 넓은 우주에서 헤아릴 수 없는 수많은 존재 가운데 내 가족이 되어 준 소중한 인연에 감사한다. 가족을 물과 공기처럼 흔하고 당연하게 여겨 함부로 대하기도 했다. 가족은 나를 있게 한 근원으로 내가 살아가는 의미였고, 내 삶의 행복이었다. 힘들고 지칠 때 쉴 수 있는 쉼터였고, 험난한 것으로부터 나를 보호해 주는 울타리와 같았다. 언제나 서로 아끼고 사랑하며 기쁨과 즐거움이 함께하는 열린 가족이 되게 하소서. 함께하는 삶의 여정에서 아무리 힘든 역경이 찾아와도 서로를 탓하거나 원망하지 않고, 한마음으로 그 역경을 헤쳐 나가게 하소서. 실수하였을 때도 비난하기보다는 이해하고, 격려하며 사랑으로 용서하고 포용할 수 있는 넓고 깊은 마음을 갖게 하소서. 내가 훌륭한 아버지가 못돼 호부무견자(虎父無犬子)를 바라지 않는다. 나와 내 가족이 언제나 서로의 소중함을 잊지 않기를 기도합니다.

셋, 삶을 즐겁고 행복하게!
어떻게 태어난 인생인데 삶을 허투루 살 수 있겠는가? 내가 다녔던 수련원 원장님은 "나는 삶의 예술가이고, 삶은 하나의 작품이다. 우리의 인생을 걸작으로 만들어 보자. 인생을 즐겁고 사랑하면서 멋지게 살아보자."는 말을 자주 했다. 하루를 살더라도 가치 있게 살도록 노력해야 한다. 그 물건, 그 사람, 그 일이 내 마음과 생각대로 되지 않아도 나는 괜찮다. 나는 지금 이대로가 행복하다. 행복에는 어떤 조건도 붙지 않는다는 것을 알게 하소서. 내가 하는 일이 즐겁고 좋아야 다른 사람에게도 즐거움 또는 영감을 줄 수 있다. 연소를 불문하고 언제 어디서나 누구에게서든지 배우겠다는 마음을 갖게 하소서. 모든 게 다 좋아질 것이라는 긍정적인 마음을 갖게 하소서. 좋은 습관을 꾸준히 지켜 나가게 하소서. 이 모든 것이 이루어지게 기도합니다.

넷, 문학인으로!
글을 쓰면서 나이 들어가는 것은 좋은 일이다. 내게 글 쓰는 일, 좋은 글을 남기는 일보다 더 소중한 일은 없다. 그냥 쓸 것이 아니라 전력을 다해 쓰게 하소서. 과분하지만, 인간 구원과 사회를 밝히는 등불이며, 영혼을 깨우치는 글이 되게 하소서. 작가는 읽고, 생각하고, 여행하며, 쓰고, 고치는 일이 수없이 요청되기에 부지런하게 하소서. 고루과문(孤陋寡聞)한 탓에 무딘 붓끝은 지긋지긋한 번민과 고뇌로 뒷덜미를 움켜잡게 한다. 글을 쓴다는 것, 작가로 산다는 것은 많은 어려움과 고통이 따르지만, 글쓰기는 온전한 나의 완성임을 알기에 더 열심히 정진하도록 기도합니다.

우리들 생활에 만병통치약 한 가지가 있다. 기도가 그것이다. 미국의 남북전쟁 당시 에이브러햄 링컨의 간절한 기도가 떠오른다. "기도한다는 건, 지혜롭게 살아가고자 하는 마음의 표현이다. 우주의 에너지를 내 안에 담아 잠자던 본성이 밝아지며, 자연의 이치를 깨달아 받아들이고 진리와 함께 충만해지며 평온하게 살아가는 것이다."는 어느 시인의 말이 가슴에 와닿는다. 이 시점에 나를 다시 한번 되돌아보는 계기가 필요했다. 내가 가고 있는 길의 방향이 맞는지, 어영부영 살고 있지는 않는지 재정립하고 싶었다. 이기적인 내용의 기도지만, 희망의 끈을 놓지 않고 멋진 꿈을 꾸는 일이다. 나 자신에게 '위로의 말, 격려의 말'을 해준다면 마음이 움직여 어려움을 이겨내고, 하고자 하는 일은 더 신명 나게 하지 않을까? 기도는 기도 이상을 행할 수 있다. 오늘도 조용히 눈을 감고 기도해 본다. '건가삶문 건가삶문'의 주문을 중얼거려 본다.

(2024. 12. 2.)

## 뜻밖의 선물

대전 하늘이 뻥 뚫렸다. 우리 아파트에도 큰 피해가 발생하였다. 그동안 지역적으로 침수 피해가 없었던 곳이었는데, 고지대에서 흘러든 빗물에 도로변의 '빗물받이'가 비닐과 담배꽁초 등 쓰레기로 막혀 제 역할을 하지 못하자, 빗물이 밀려와 지하 주차장 입구 방지턱까지 차올랐다. 우리 지하 주차장도 평소 집중호우나 이상기후를 대비하여 모래주머니와 벽돌을 입구에 미리 준비해 두었지만, 이날은 방지턱을 넘은 흙탕물이 지하 1, 2층으로 유입되어 승강기 운행이 중단되고 말았다. 자칫 대비가 늦었다면 지하 4층에 있는 변전실 침수로 큰 피해가 발생했을지도 모를, 아찔하고 긴박한 순간이었다.

기상 당국에 따르면 2020년 7월 29일 오후 6시부터 30일 오후 5시까지 내린 누적 강우량이 197㎜로 이날 오전 4시 10분경 대전에 호우경보가 발령된 후 오전 9시까지 시간당 40~80㎜대의 집중호우가 내렸다고 한다. 대전 서구 정림동 소재 ○○아파트가 물에 잠기면서 해당 아파트 1층에 거주하던 50대 남성이 숨진 채 발견되고, 2개 동의 1층 28세대와 차량 50대가 침수되는 등 큰 피해를 보았다. 마른하늘에 날벼락이었다.

이후 범람의 위험이 우려되는 강변 저지대 아파트를 대상으로 한 지자체의 차수판(遮水板) 설치 지원 사업에 신청하였지만, 우선순위에 밀렸는지 탈락되었다. 2020년 7월 침수 피해를 겪은 후 집중호우가 내리는 날이면 경비반장들은 트라우마에 시달리게 되었다. 주간에는 그래도 안심이 되었지만, 야간에는 불안해 대책을 고심하고 있었는데, 2024년 4월 우리 아파트 바로 옆에 다가구 주택을 건축하는 현장 소장의 도움을 받아 지하 주차장 입구 방지턱을 높이는 공사를 마쳐서 불안을 다소나마 누그러뜨릴 수 있었다.

이 공사가 끝난 후 얼마 되지 않아 한국건설기술연구원(KICT) 이 모 박사 일행이 찾아왔다. 행정안전부와 연구원이 차수판 설치 사업 정책 과제를 수행하기 위해서 부산, 경남, 전남 등 전국 여러 곳을 방문하여 설치 적합지를 조사하였는데 우리 아파트가 후보지 중 가장 적합한 것 같아서 왔다는 것이다. 어떻게 우리 아파트를 선정하게 되었는지 궁금하였는데, 과거 지자체 지원 사업에 신청한 전력이 있어 알게 되었다고 했다. 막판 확정적으로 선정될 수 있었던 것은 2020년 7월 30일에 범람 상황을 찍어 놓은 한 장의 사진이 결정적인 근거 자료였다고 했다.

말이 나온 지 5개월 만에 완공되었다. 대상 아파트 선정과 입찰, 공사 업체와의 일정 조율 등으로 2024년 10월 중순, 공장에서 4명의 작업자가 내려와 조립과 시험 운전까지 꼬박 3일간 숙식을 하면서 작업하여 완공하였다. 처음에는 비싸야 천만 원 정도 공사로 대수롭지 않게 생각하였지만, 프로젝트를 같이 추진하는 다른 연구원에게 물어본 결과 2,500만 원 정도 들어간다고 했다. 그러나 다음 날 문자로 7,000만 원이 든다고 알려주어 놀랐다. 2,500만 원도 비싸다고 생각하고 있었는데, 이런 고가의 어마어마한 시설은 우리 아파트 단지에서는 꿈도 꿀 수 없는 일이라 감사했다.

지하 주차장 입구에 주차차단기가 설치되어 있어 입구 천장에 하강식으로 설치할 수밖에 없었다. 자동과 수동으로 움직일 수도 있으며, 물막이판을 바닥에 고정할 수 있도록 볼트를 설치하여 물의 압력을 지지할 수 있고, 바닥과 닿는 면에 고무를 대어 밀착성이 강화돼 누수가 적도록 했다. 수량계가 있어 비의 양에 따라 자동으로 물막이판을 작동할 수 있고, 물의 높이가 40~50㎝ 정도여도 기능을 발휘할 수 있다. 구동장치가 상부에 설치되어 차수 판이 수직으로 하강하여 빗물을 완벽에 가깝게 차단할 수 있는 시설로 전국에서 유일무이하게 설치되었다는 점이다.

이상기후와 집중호우에 대응하기 위한 차수 판은 이 분야에서 가장 권위 있는 업체가 맡아 안심이 되었다. 2009년부터 사업을 시작하였으니, 이 분야에서는 블루오션을 찾은 개척자와 같은 기업이다. 그동안 전국에 수천 건의 시공 실적이 있으며 '준비하지 않은 재난은 인재다.'라는 사명으로 위험으로부터 인명과 재산을 보호하는 전문기업으로서 이런 기후변화 시대가 올 것을 예측하고, 준비한 선견지명이 놀라울 뿐이다.

이제 웬만한 비가 와도 끄떡없다. 집중호우가 없어야겠지만, 날씨처럼 변화무쌍한 것이 없다. 방지턱을 5~10㎝ 높였을 땐 집중호우에 실효성이 떨어질 수 있어 꺼림칙했는데 한시름 놓게 되어 근심 걱정이 말끔하게 해소되었다. 마치, 십 년 묵은 체증이 내려간 것 같다. 무슨 인연으로 이렇게 큰 선물을 받을 수 있었는지? 꿈에도 생각지 못했는데 갑자기 은인이 나타나 그동안 마음속으로 끙끙 앓고 있던 일이 해결되어 발을 편하게 쭉 뻗고 잘 수 있어 영원히 잊을 수 없다.

이번 일이 입주민들 사이에 널리 알려지면서, 올해 말로 끝나는 위탁관리업체 재계약 과정에서 입주민 동의 절차가 매끄럽게 진행될 수 있었다. 찬반투표 결과 갈등보다는 입주민 모두의 마음을 모으려는 흐름 속에 재계약이 원만히 이루어질 수 있어 감사한 마음이다. 입주민들께서도 조용히 애써준 관리소장의 노고를 알아주시고, 감사의 뜻을 표해 주셨다. 이 일을 계기로 관리소장으로서 더욱 책임감을 느끼고, 앞으로도 입주민의 안전하고 쾌적한 주거 환경 개선을 위해 최선을 다해야겠다고 다짐하게 되었다. 또한 이번 경험을 통해, 관리소장으로서 예상하지 못했던 각종 위험 요소를 사전에 점검하고, 관련 기관과의 협력 역시 얼마나 중요한지를 다시금 깨닫는 계기기 되었다.

인연은 사람들 사이에 피어나는 꽃이다. 인연이라는 말 안에는 헤아릴 수 없는 시간과 공간, 그리고 감정이 켜켜이 쌓여 있다. 행운이 인연의 이름으로 찾아왔는지, 무의식중에 이끌리어 온 것인지 알 수 없지만,

하늘에서 내려온 복을 선물처럼 받았기에 그저 감사할 따름이다. 아마도 대전이라는 지역적인 위치, 즉 국토의 중심이자 교통이 발달한 도시라는 이점, 빛바랜 사진 한 장, 나의 수필집과 같은 것들이 인연을 이룬 실마리가 되었는지도 모른다. 누구에게나 주어진 열린 가능성 속에서 인연이라는 이름으로 찾아오는 행운은 새로운 동력과 희망을 선물한다. 살면서 가장 따뜻하고 행복한 순간은 결국 따뜻한 사람과의 만남에서 비롯된다는 걸 깨닫는다. 그래서 나도 누군가에게 가슴 따뜻한 사람으로 기억되길 바라는 다짐이 멈추지 않는다.

(2024. 12. 17.)

# 어린 손녀의 눈물

어린 것이 얼마나 엄마를 보고 싶어 했을까? 평소 그 시간에 안아주고 예뻐해 주었는데, 오늘은 엄마가 안 보이고 목소리도 안 들린다. 책도 읽어 주고, 밥도 먹여 주고, 기저귀도 갈아 주었는데 웬일인지 아빠가 그 역할을 대신한다. 엄마가 화장실에 간 줄 알았다. 아무리 기다려 보았지만, 엄마는 안 나타났다. 점심도 아빠가 먹여 주었다. 낮잠을 자고 일어나도 엄마는 보이지 않았다. 장난감 놀이도 흥미가 없다. 도대체 엄마는 어디 갔단 말인가?

"엄마가 섬 그늘에 굴 따러 가면/ 아기가 혼자 남아 집을 보다가 바다가 불러주는 자장노래에/ 팔 베고 스르르르 잠이 듭니다."

동요 '섬집 아기'는 노래 제목은 모르더라도, '엄마가 섬 그늘에 굴 따러 가면~'하고 첫 소절만 불러도 누구나 아는 동요로 묘한 매력이 있다. 느린 박자의 저음 곡에 가락 또한 서정적이다 보니, 왠지 구슬프게 느껴지기도 한다. 편안하고 차분한 느낌에 아이를 재울 때 자주 부르는 애창곡이다. 이 곡을 오카리나로 한창 배울 때 감정을 살려 부르려고 연습을 많이 했던 기억이 난다. 아무것도 모르는 어린 손녀는 섬집 아기 마음이었을까?

며느리는 육아 휴직을 마치고 2024년 9월 2일부터 전 직장에 복직했다. 대신 아들이 육아 휴직을 내어 손녀를 다른 사람 손에 맡기지 않아도 되었다. 13개월이 된 손녀는 아직은 부모의 따뜻한 보살핌이 필요하다는 생각으로 어린이집에 보내지 않고 집에서 아들이 육아하고 있다. 다행히 남녀고용평등과 일·가정 양립 지원에 관한 법률에 따라서 며느리도 '육아기 근로 시간 단축 제도'로 평소 근로 시간보다 2시간 일찍 퇴근하여 육아를 교대할 수 있어 큰 도움이 되고 있다.

며느리의 처지에서 별의별 생각이 다 들었을 것이다. 혹시 엄마를 찾으며 떼쓰지는 않을까. 밥은 잘 먹을까. 낮잠은 편히 잘까. 엄마한테서 처음 떨어져 지내는 일인데 낯설고 불안하진 않을까. 엄마는 겉으로는 아무렇지 않아 보여도, 마음속엔 작은 파문이 일고 있을 것이다. 당연히 일이 손에 잡히지 않을 것이다. 문득문득 아이의 얼굴이 떠오르며 가슴이 시리다. 아이가 상처를 받지는 않을지, 엄마 없는 시간을 견디며 울진 않을지, 마치 죄를 지은 듯 마음 한켠이 시리다. 초조한 마음에 무기력함이 밀려오고, 쉽게 가라앉지 않을 불안은 엄마의 마음을 새까맣게 그을릴 것이다.

 어렵게 얻은 직장이니 쉽게 포기할 수 없다는 마음, 그동안 쌓아온 경력을 놓치면 분명 후회할 것이라는 두려움이 마음을 붙든다. 하지만 그 마음속에는, 아이가 자라 초등학교에 입학하고 어느 순간 하고 싶은 것이 생겼을 때, 그 순간을 함께해 주고 싶은 깊은 바람도 있다. 지원도 해 주고, 노후 준비도 해야 하고, 그 모든 것을 감당해야 하는 엄마로서의 삶은 고난의 길이다. 그렇게 현실과 이상 사이에서 갈등하다 보면, 결국 선택하지 못한 것들에 대한 책임감이 죄책감이 되어 마음을 짓누르기도 한다. 엄마이자 직장인으로서 두 세계를 오가며 살아가는 일은 결코 쉽지 않다. 하지만 그 안에서 우리는 성장하고, 단단해지고, 자신을 이해하는 법을 배우게 된다.

 아내 역시 젊은 시절, 어린아이들을 떼어 놓고 출근하는 아침마다 가슴을 도려내는 듯한 전쟁을 치렀다. 깼다 싶은 아이가 울까 봐, 문 앞에서 가지 말라고 매달릴까 봐, 바짓가랑이를 붙들고 울던 기억이 떠올라, 몰래 집을 빠져나가듯 조심조심 나서곤 했다. 아이의 시선과 관심을 다른 데로 돌리기 위해 온갖 방법을 동원해야 했고, 엄마가 떠난 뒤 남은 아이의 허전하고 횅한 마음은 달래줄 길이 없어 늘 마음이 아렸다. 생이별의 고통이 어땠을까. 겉으로 드러나진 않아도, 아내는 종일 아이 생각에 마음이 쿡쿡 찔렸을 것이다. 부모라는 이름으로 따뜻하게 품어주지 못한 날들, 보살핌이 모자라 더 외롭고 힘들었을 그 마음은, 아이에게도, 엄마에게도 얼마나 아팠을까.

아내는 퇴근한 며느리에게 오늘 수고했다며 종일 엄마 없이 지낸 손녀의 반응이 궁금하여 물어보았던 모양이다.
"어머니, 예승이가 저를 보자마자 울었어요."
'꽃은 웃어도 소리가 없고, 새는 울어도 눈물이 없다.'고 겉으로 표현하지 않았지만, 마음속으로는 느끼고 있었던 감정이 복받쳐 갑자기 서러운 눈물을 흘리는 손녀를 본 며느리의 마음은 어땠을까? 이 말을 들은 아내도 가슴이 철렁 내려앉더란다. 말 못 하는 어린 것이 얼마나 충격이 컸을까 생각하면 마음이 무너졌다고 했다.

사람의 인격 형성에 가장 큰 영향을 미치는 존재는 부모나 그와 비슷한 역할을 하는 사람이다. 특히 엄마의 영향이 크다. 부모의 양육 방식은 자녀의 정서 발달과 성격 형성에 영향을 준다. 우리나라는 유교 전통이 양육 및 훈육 방식에 영향을 크게 미쳤다. 전통 세대와 베이비붐 세대(1940~1960) 부모까지만 하더라도 가부장적인 문화 속에서 권위적인 문화가 팽배했다. 부모는 마치 양치기처럼 자녀를 허용된 울타리 안에서 방목에 가깝게 키웠다.

X세대 또는 386세대(1960년대 후반~1970년대)의 육아 방식은 베이비붐 세대의 전통적인 방식과는 달리 자율성과 소통을 중시하는 현대적 양육 태도가 두드러진다. 자율성과 독립성을 중시하고, 정보 기반 육아와 맞벌이 중심의 현실적 양육으로 덜 간섭하지만 책임은 진다는 태도로 요약된다.

밀레니얼 세대(1980~2000) 부모는 차원이 다르다. 2000년부터 출산

율이 낮아지고 있어 하나뿐인 자녀에 대한 사랑은 각별하다. 평소에는 일정한 거리를 유지하다가 도움이 필요할 때만 가까이서 챙기는 것이다. 선배 세대 부모의 시행착오를 최소화하면서 남다르게 자녀를 키우고 싶어 한다. 인터넷이나 사회관계망서비스(SNS)를 통해 육아나 자녀교육 정보를 빠르게 얻고 활용하는 것을 아들과 며느리를 통하여 본다.

한 명의 아이를 키우려면 온 마을이 필요하다는 아프리카의 속담은 아이를 키우다 보면 십분 공감하게 된다. 아이에게도, 부모에게도 아이를 돌봐주는 사람은 많을수록 좋다. 이제 막 말을 배우기 시작한 어린아이조차 엄마와 단둘이 있을 때보다는 아빠와 형제자매, 할머니, 할아버지에게 둘러싸여 있을 때 더욱 즐거워한다. 과거의 대가족제도가 생각난다. 어린이집과 유치원, 학교에서 선생님과 친구들을 만나며 사회생활을 배우고, 동네를 산책하며 만나는 이웃들의 관심과 사랑을 받는다. 그러면서 가족 밖의 세상을 경험한다.

부모 사랑을 충분히 받고 자란 아이일수록 밝고 건강할 수 있다. 좋은 부모는 자녀를 사랑하며 그 사랑을 표현하고, 배려하며 격려하고, 기다려 주며 자녀의 관점에서 이해하고, 자녀가 현재 있는 그대로의 모습을 인정하고 존중한다. 요사이 지능이 하루가 다르게 발달하는지 개인기가 빠르게 늘고 있다. 아이를 키우면서 투자하는 시간에 비례하여 즐거움을 얻을 수 있지 않을까?

(2024. 9. 3.)

## 추억을 소환한 남사당패 놀이

문인들이 어린아이처럼 가을 소풍, 문학 기행을 간다. 경기도 안성의 한택식물원과 박두진 문학관 그리고 남사당 공연을 보기 위해 2대의 버스에 80여 명의 문우가 몸을 실었지만, 날씨가 심술을 부린다. 출발 전까지는 구름이 끼어 많은 사람의 마음을 짓누르고 있었지만, 바로 햇살이 쾌청하여 마음이 한결 가벼워졌다. 그러나 고속도로에 접어들자, 다시 구름이 몰려들고 이슬비가 가끔 내려 종잡을 수 없이 변덕스러워 심란했다.

안성하면 떠오르는 말이 '안성맞춤'이다. 안성맞춤이란 꼭 필요한 대로 잘 만들어진 물건이나 적절하게 잘된 일을 뜻하는 말이다. 그 말은 안성에서 만든 놋그릇(유기)이 튼튼하고 질이 좋은 데다가 '맞춤'을 주문했던 주문자의 마음에 큰 만족을 준 데서 이르는 말로서 지금은 일반 명사가 되었다. 다음은 열에 다섯은 '안성탕면'이라고 말할 것 같다. 그래서 유독 안성시를 찾으면 당연히 안성탕면의 고장에 왔다는 생각을 먼저 하게 될 것이다. 가끔은 안성탕면이 정말 안성의 이름을 따온 것인지 아니면 다른 의미가 있는 것인지 생각하게 된다.

서울에서 경부고속도로를 타고 내려오다 보면 안성 나들목 부근 야립(野立) 광고를 가득 장식한 게 남사당놀이다. 꼭두쇠(우두머리)를 비롯해 최소 40여 명에 이르는 남성들로 구성된 유랑연예인인 남사당패는 농어촌을 돌며, 주로 서민층을 대상으로 조선 후기부터 연행(演行)했던 놀이로 남사당에 의해 행해지는 공연 그 자체를 말한다. 2009년 9월에는 유네스코 인류 구전 및 무형유산으로 선정된 바 있다. 인류무형문화유산은 사람을 통해 전승되는 문화적 유산으로 종묘제례와 종묘제례악, 판소리 등 십여 가지가 있다.

십만여 평이 조금 넘는 안성맞춤랜드 부지에 복합 문화시설이 들어서 한 번의 방문으로 다양한 체험 활동을 즐길 수 있어 편리했다. 점심을 든 후 청록파 시인 박두진 문학관에서 관람 인원이 많아 1조와 2조로 나누어 듣는, 해설사의 친절한 설명이 촉박한 남사당 공연 시간 때문에 길게 이어지지 못하여 아쉬웠다. 2시 남사당 공연에 맞추기 위해 앞장서 달리듯 걷는 회장님의 빠른 걸음이 서둘러야 함을 알려 준다. 공연장 건물은 원형 돔 식으로 700석 이상의 객석과 20여 미터의 원형무대는, 남사당놀이를 위한 최고의 공연장처럼 보였다. 이동이 가능한 플라스틱 의자, 앞 관객이 시야를 가리지 않으며, 음향과 방음시설이 잘 되었는지 소리가 또렷또렷하게 들렸다. 무엇보다도 관객석이 공연장과 가까워 일체감을 주었다.

　남사당놀이라면 이미 많이 알려진 우리나라 전통 문화예술 중 하나로 공연 내내 줄타기, 살판(땅재주), 덧뵈기(탈놀이), 버나(대접돌리기), 덜미(인형극) 등 6마당과 10여 가지 세부 기예 묘기 공연을 보여줬다. 남사당놀이는 과거 남성들로 구성된 놀이패였는데 공연에서 고난도의 놀이패에 '바우덕이'라는 여성이 들어와 최고의 꼭두쇠가 되기까지 여정을 형상화했다. 2시간의 공연은 '바우덕이'의 줄타기로 절정을 이룬다. 공포감과 불안감을 극복하고 멋진 볼거리를 제공한 '바우덕이'에게 관객들은 큰 박수를 보냈다.

　관객 처지에서는 그야말로 묘기에 가까운 서커스라 감탄이 절로 나왔다. 줄타기를 연습하며 수도 없이 떨어지고, 좌절하여 혼자 우는 날도 많았을 것이다. 접시돌리기, 접시 던져서 다시 받기, 텀블링 등 많은 남사당패가 쉴 새 없이 볼거리를 제공한다. 공연 중 관객 참여를 유도해 남사당패 일원으로 함께 연기해 큰 호응을 얻기도 했다. 매력적이고 신명 나는 공연을 보고 나니, 우리 전통예술에 대한 자긍심이 충만해지며 옛 추억이 소환되는 기분이었다.

　어린 시절 동네 인근에 큰 공터가 생기면 어김없이 서커스단이 찾아왔다. 천막을 치고 멍석이 깔리면, 빨강 코 피에로가 우스꽝스러운 모습으로 온 동네를 돌며 공연을 알렸다. 코흘리개 동네 꼬마들은 등에 멘 북을 발로 차며 뒤뚱뒤뚱 걷는 피에로의 뒤를 흥에 겨워 졸졸 따라다니곤 했다. 그 시절 서커스는 아이와 어른 모두에게 유일한 '공연'이었다. 입에 풀칠조차 하기 힘들었던 시절, 따로 '문화생활'이란 것이 있을 리 만무하여 이따금 서커스가 찾아오면 아이들은 어른을 보채고, 어른들은 못 이기는 척 아이들의 손에 이끌려 천막 공연장을 찾곤 했다. 텔레비전 보급률이 현저히 낮고, 영화관 역시 활성화되지 못한 시절에 서커스는 가뭄에 단비처럼 어린 영혼을 달래주었다. 그나마 부모님의 외면을 받은 개구쟁이 녀석들은 천막 뒤편 개구멍을 비집다 덜미를 잡혀 벌을 쓰기도 했다. 적잖은 세월이 흘러 이제 서커스는 추억의 한쪽에 자리 잡고 있어 남사당 공연이 더 의미 있게 다가왔다.

'태양의 서커스'는 세계 엔터테인먼트의 수도로 불리는 라스베이거스를 대표하는 공연 중 하나다. 사막 위의 도시, 도박의 메카이며 멋진 호텔, 세계 최고 수준의 클럽, 맘만 먹으면 갈 수 있는 그랜드 캐니언이 가까이 있는 곳이다. 엄청난 무대 스케일과 엔터테인먼트의 끝판왕이라는 '오(O)'를 비롯해 '미스테어(Mystere)', '카(KA)', '더 비틀스 러브', '마이클 잭슨 원' 등이 있다고 한다. 큰아들은 미국 LA에 있을 때 가족들과 오(O)와 카(KA) 쇼를 보았다며 부모님이 미국에 오시면 꼭 모시고 가겠다고 했지만, 코로나19로 물거품이 되어 아쉬웠다.

일정을 마무리하고 대전에 도착하여 저녁 식사 자리에서 한 문우는 이십여 년 문학 기행을 다녔지만, 오늘처럼 좋았던 경우는 없었다며 함박만 한 입으로 만족감을 표시했다. 같은 테이블의 다른 문우들도 이구동성이었다. 어떤 점이 문우들의 마음을 사로잡은 걸까? 남사당패의 다채로운 전통놀이는 우리 민족의 토속적 삶 속에서 생성되었고 변형, 발전을 거쳐 지금의 문화적 결정체를 이루었다. 대부분 문우가 이런 문화적 토대에서 자랐으나 점차 사라져 가까이할 수 없어 아쉬웠던 차에 내 안의 옛 추억을 회상하는 멋진 시간이 되었을 것 같다.

　문학 기행이 마치 어린 시절 소풍처럼 마음을 설레게 했다. 초등학교 시절 소풍 전날에는 날씨 걱정이 많았는데 나이 들어서도 같았다. 흥겹고 신명 나는 풍물놀이와 줄타기 등 전통예술 놀이가 공연되는 내내 손에 땀을 쥐고, 흥겨운 시간을 보낼 수 있었다. '곡마단'이란 이름으로도 알려진 서커스의 소년과 소녀들은 다 어디로 갔을까? '우리 것은 소중한 것이여'라는 박동진 판소리 명창의 말이 떠오른다.

(2024. 10. 21.)

## 이만한 게 다행이다

금요일 오후, 관리소장협의회가 주관하는 송년회 1부 행사가 막 끝나려는 때, 진동으로 해 놓은 휴대전화 소리에 놀라 보는 순간 경비반장으로부터 온 전화다. 이 시간(5시 58분)에 오는 전화는 직감적으로 무슨 일이 있을 것 같아 긴장할 수밖에 없다.

"반장님! 무슨 일이 있으세요?"
"소장님! 1층 착한 곱창에서 뭘 태워서 불이 나 119에 신고했습니다. 소화기로 꺼서 지금은 괜찮고, 다행히 인명 피해는 없습니다."
"예! 고생하셨네요. 바로 갈게요."

떨리는 다급한 목소리가 상황의 긴박감을 고스란히 전해준다. 바로 현장으로 가야 하는데, 번잡한 러시아워에 차량은 꽉 막혀 있다. 날아갈 수도 없고, 비상등을 켜고 신호를 무시하고 갈 수도 없어 마음만 조급해진다. 재빠른 초기 조치와 사상자가 없다는 말에 그제야 안도의 숨을 내쉰다. 아파트가 보이는 골목에 들어서자, 소방차의 경광등에서 번쩍거리는 붉은 불빛이 거리를 물들인다. 가게 앞에는 누런 방화복을 입은 소방대원과 가게 종업원, 주민들이 뒤엉켜 있는 모습은 평화롭던 일상과는 낯설다.

지하 1층 주차장에 차를 대고 1층 화재 현장으로 가려는데 스프링클러가 작동했는지 천장에서 물이 뚝뚝 떨어지고 있다. 헬멧, 호흡보호구, 절연용 장갑과 장화, 카메라, 랜턴, 보디캠 등의 장비를 갖춘 3~4명의 화재 조사관(이하 조사관)이 잿더미 속에서 진실을 찾기 위해 예리한 눈빛으로 발길이 분주하다. 메케한 냄새가 남아 있고, 바닥이 질펀하다. 소화기 분말 가루를 뒤집어쓴 희뿌연 집기류와 전기가 들어오지 않아 어두컴컴한 곳에 그릇들이 어지럽게 나뒹굴고, 원인 규명을 위한 조사가 진행 중이라 들어가 볼 수도 없어 기웃거리며 조사관들이 내뱉는 한마디 한마디 말에 촉각이 곤두선다.

조사관은 이 건물의 소방안전관리자인 나의 인적 사항과 건물화재보험을 어느 회사에 가입했는지, 화재가 난 상가 소유자의 인적 사항 등을 물어보았다. 당황하여 넋이 나갔을 실화자(失火者) 알바생에게도 불이 난 원인을 구체적으로 질문하는데 화재 원인은 저녁 장사를 대비하여 굳어 있던 곱창을 녹이려고, 냄비를 가스 불 위에 놓고 다른 일로 깜빡 잊고 방치한 부주의로 불이 났다고 했다. 조사를 마친 종업원에게 날씨가 추우니 밖에 있지 말고, 바람을 피할 곳에 있으라고 했지만, 죄책감과 책임감 때문인지 몸을 웅크리고 초조하게 상황을 지켜본다. 한겨울의 추위보다 이 일이 어떻게 될지 몰라 두려움으로 겁을 먹은 모습이 더 안쓰러워 보였다. 고등학교를 자퇴하고 간호조무사학원에 다닐 학원비를 벌기 위해 알바를 한다고 들었는데 이런 사달이 났으니 어린 가슴이 얼마나 놀랐겠는가?

경비반장은 때마침 5층 각 세대 문에 붙어 있는 전단지를 떼고 있는데, 갑자기 화재경보기가 사납게 울려 사무실에 내려와 화재수신기를 본 결과 1층 상가에서 불이 난 것을 확인하고, 바로 현장으로 갔다고 했다. 이미 복도에는 메케한 냄새가 나고, 이웃 가게 종업원들이 먼저 와서 소화기로 1차 초기 소화를 한 상태였는데 가게에 도착했을 때 다시 발화하여 전선을 타고 천장으로 번지는 맹렬한 불을 끄기 위해 천장을 부수고 소화기로 재차 진압했다고 한다. 추가 피해를 막기 위하여 전기 분전반의 메인 스위치를 내리고, 가스 밸브도 침착하게 잠갔다고 했다. 삽시간에 연기가 주방에 꽉 찬 상태에서 죽음을 넘나드는 위험한 진화 활동 중에 검은 연기에 포함된 유독가스를 두세 모금 흡입하게 되었고, 순간 정신을 잃고 질식사할 수도 있겠다는 생각이 번뜩 들었다고 했다.

며칠 후 화재 현장을 다시 살펴보기 위하여 천장 속을 보는 순간 놀랐다. 평소 가려져 있던 곳이라 그런지 온갖 전기 배선이 헝클어져 난무했다. 만약 이 전선이 다 탔다면 엄청난 유독가스를 뿜어내 아파트 세대에 피해가 컸을 것이라는 생각에 섬뜩했다. 전문가의 말로는 천장 화재의 경우 사각지대로 화재 조기 발견에 한계가 있어 급속히 연소가 확대될 수 있다고 한다. 이 외에도 소화기로 초기 소화가 어렵고, 스프링클러

설비로 소화하지 못할 수 있다는 말에 가슴을 쓸어내렸다.

통계에 의하면 화재 발생 시 사망사고 원인 중 60% 이상이 '연기에 의한 질식사'인데 일산화탄소(CO)가 호흡기에 들어가면 몸에 마비가 와서 정신을 잃고 쓰러진다고 한다. 화재 시 발생하는 연기는 공기보다 가볍고, 온도가 무척 높아 위로 뜨려는 성질이 강하여 초당 수평 이동 거리는 1~2m인 데 반해 수직 이동 거리는 3~5m나 된다고 한다. 연기의 '연돌효과' 때문에 아래나 옆보다는 위쪽에 큰 피해를 준다고 한다. 연소 시간이 채 2~3분도 안 되었는데 1층 주방에서 난 연기가 최상층인 13층까지 올라가 세대와 승강기, 복도 등에 확산되어 호흡기 고통을 호소하는 민원 전화가 쇄도했다고 한다. 방송을 통하여 1층 상가에서 불이 났음을 알리며 창문을 개방하라고 했단다. 굴뚝과 같은 통로가 없었는데 틈이나 구멍 등을 통해 상층부로 이동하여 안전을 위협할 수 있음을 실감했다.

어느 순간 멀찍이 서서 아수라장으로 변한 가게를 멍하니 지켜보고 있는 가게 사장을 발견했다. 아닌 밤중에 홍두깨라도 맞은 듯 제정신이 아니었을 것이다. 가게를 인수한 후 영업 준비를 위하여 실내장식 등을 혼자 힘으로 하느라 한 달여 동안 고생했는데 폐허가 되어 망연자실한 모습이다. 오픈한 지 8개월이 지나도록 이웃 가게와는 다르게 파리를 날리고 있어 석 달 전부터 사장은 적자 감당이 안 돼 알바생에게 가게를 맡기고, 취업하여 가겟세와 운영비 등을 충당한다고 했는데, 설상가상으로 불까지 났으니 그 마음은 어땠을까? 최악의 상황을 가정하여 인명 피해가 없는 것이 불행 중 큰 다행이라고 위로했지만, 자빠져도 코가 깨진다고, 그는 지금 암흑의 터널을 지나는 것 같았다. 개인 화재보험 가입 여부를 물어보니 안 들었다고 한다. 옆 가게들이 직간접적으로 영업 손해를 입어 보상 이야기가 나올 수도 있어 걱정되었다.

이번 화재의 피해를 그나마 줄일 수 있었던 것은 이웃 가게 종업원들이 수염의 불 끄듯, 발 빠르게 대처한 초기 소화 때문이었다. 불길을 초기에 진압하지 못하면 주변의 온도가 급격히 상승하여 순식간에 연소가 확대되고 5분이 지나면 건물 전체가 화염에 휩싸이게 된다. 화재 진압에 가장 필요한 것이 소화기로 이번에도 추가 소화기를 옆 가게에서 가져다주는 등 신속하게 대처하여 피해를 줄일 수 있어 감사를 표했다. 주상복합 건축물에 입점한 판매시설 중 튀김류와 같이 식용유를 많이 사용하는 주방에는 '상업용 주방자동소화장치와 K급 소화기' 비치가 요청되어 안내할 예정이다.

우리는 흔히 사고가 나거나 태풍 등으로 자연재해를 입었을 때 '이만하길 다행이다.' 또는 '그나마 다행이다.', '천만다행이다.'라고 자신을 위안하거나 타인을 위로한다. 기왕불구(旣往不咎) 이미 지난 일은 탓하지 않는 게 더 현명할 것이다. 만약 더 큰 일이 발생하였다면 목숨이 위태로웠거나 재산상 엄청난 손해를 입었을 텐데, 불행히도 일은 이미 발생하여 어쩔 수 없지만 안도, 안심 뉘앙스의 표현으로 그래도 불행 중 다행이라는 말로 위로한다. 불행한 순간조차도 더 불행한 일과 비교하면 다행일 수도 있음을 암시하고 있는지도 모른다.

한편으로 내 책임도 일부 있는 것 같아 마음이 불편했다. 더 적극적으로 화재 예방에 대한 교육과 안내에 힘썼더라면, 이런 일을 막을 수도 있지 않았을까 자책하는 생각이 들었다. 직접적인 책임은 없더라도, 관리소장으로서 더 살피지 못한 점에 마음이 무거웠다. 작은 관심 하나가 누군가의 안전을 지켰을지도 모른다는 생각에, 씻기 어려운 아쉬움이 남는다.

무엇보다도 인명 피해가 없어서 만분다행이다. '참 다행이야'는 불행을 잠재우는 말이다. 다행이라는 생각을 마음에 품고, 불만이나 불행을 잠재워 마음의 위로를 얻기 바란다. 요리 중에는 절대 자리를 비워서는 안 된다는 점을 지속적으로 안내를 강화할 계획이다. 우리 아파트에서 가입한 단체 보험으로 일정 수준의 손해를 보상해 줄 수 있어 실의에 빠져 있을 그에게 마음의 평화와 작은 보탬이 되어서 하루빨리 영업이 재개되길 기도한다. '도둑의 찌끼는 있어도 불의 찌끼는 없다.'고 불은 문명의 이기이지만, 방심하면 순식간에 잿더미가 된다는 것을 여실히 보여준 일이었다.

(2024. 12. 11.)

# 3부
## 일요일 아침의 행복

# 미리 쓰는 유언장

나는 이 글을 쓰기까지 꽤 오랫동안 망설이며 마음의 결을 다듬어야 했다. 유언장을 써야겠다고 마음을 먹고 책상 앞에 앉았지만, 몇 번이나 펜을 들었다가 놓고, 한참을 멍하니 앉아 있곤 했다. 살아온 날보다 살 날이 적다는 것을, 내 곁에 언젠가는 조용히 다가올 죽음을 더는 외면할 수 없음을 서서히 받아들이게 되었다. 그날이 언제일지 알 수 없지만, 삶의 마지막을 준비하는 일 가운데 하나로 유언장을 미리 써 내려가는 것도 나름의 다정한 이별 연습이라 여겨본다.

생전에 유언장을 미리 써보는 일은, 결국 스스로에게 평가를 내리는 작업이다. 그 평가가 냉정하든, 다소 부족하게 느껴지든…. 지나온 시간을 돌아보는 지금, 수많은 풍랑 속에서도 큰 탈 없이 여기까지 올 수 있었음에 감사한 마음이 든다. 삶의 고비마다 나를 붙들어 준 것은 냉철한 사고와 뜨거운 열정, 실천하는 습관, 그리고 독서와 성실함이었다고 생각된다. 그 모든 삶의 자세는 언제나 내게 버팀목이 되어 주었고, 오늘의 나를 이끌어 온 단단한 뿌리이자 나만의 DNA였다고 믿는다.

집안 사정이 어려워 고등학교 졸업 후 공무원 시험을 보아 우체국에 발령받아(76.1~81.6) 근무 후 KT에서 2009년 12월, 55세까지 근무하다 퇴직했다. 당시에는 발령이 정부 각 부처로 나던 시절이었는데, 아쉽게도 체신부로 나서 실망이 컸었지만, 그만두지 않는 한 받아들이는 수밖에 없었다. 아마 다른 부처로 발령이 났다면 인생이 180도 달라졌을 것이다. KT 중앙연수원에서는 사내 교수와 현장에서는 관리자로 회사 생활의 70~80%를 생활했다. 2010년 주택관리사 자격증을 취득하여 2013년 2월부터 공동주택의 관리사무소장으로 근무하고 있다. 동적인 운동으로는 테니스, 수영, 골프, 자전거, 스키, 요가 등을 정규반이나 동호회에 가입하여 활동했으며, 정적인 취미는 음악 감상, 영화 감상, 독서와 근래에는 글쓰기에 전념하고 있다.

내가 생각하더라도 순진하고 모범생처럼 반듯하게 생활했다고 생각된다. 한번은 네팔 여행을 갔었는데, 나에게 신부님이 아니냐고 물을 만큼 살아오면서 선비 같다는 말을 참 많이도 들었다. 넉넉지 않은 생활과 치열한 경쟁사회에서 자기 계발을 위해 한눈팔 시간이 없었다. 그 덕분에 승진은 빨랐지만, 외지 생활이 기다리고 있었다. 담백하고 조용한 성격에 술도 약해, 사람들과 어울리는 자리는 자연스럽지 못했다. 담배는 처음부터 안 피웠고, 술은 30대 후반까지 마셨으나 술을 이기지 못하여 세 번이나 응급실 신세를 져 가족들이 그때마다 많이 놀랐다. 어쩔 수 없는 경우 1차만 가거나 다음 날 근무를 위해 절제해야 했다. 56세부터는 아예 마시지 않고 있다.

나이 들수록 부음(訃音)을 접하는 날이 많아진다. 죽음은 편작(扁鵲)도 어찌할 수 없듯이 우리 인간은 언젠가 죽는다는 것은 변치 않는 사실이다. 언제 어떤 모습으로 죽음을 맞이할지 아무도 알 수 없다. 누구나 죽음은 처음이자 마지막이다. 죽음은 늘 두렵고 불편한 일이지만, 죽음이 없는 삶은 없다. 죽음을 삶의 아름다운 마무리로 받아들이면 더없이 소중한 삶의 의미를 배울 수 있어 숙연해진다.

먼저 부모님(고석조, 문옥순)의 그지없는 사랑을 말하지 않을 수 없다. 부모님은 배우지 못한 한을 자식에게는 절대 물려주지 않겠다는 굳은 신념으로 자식 교육에 적극적이셨다. 다른 집들처럼 초등학교를 겨우 졸업시키고, 공장 등에 보내면 편히 살 수 있는 환경이었지만, 이런 유혹을 과감히 뿌리치시고, 무엇보다도 글눈을 뜰 수 있도록 했다. 전생에 무슨 인연으로 부모님을 잘 만난 덕분에 지복(至福)을 누리고 있는지, 이 일을 생각하면 눈물이 앞을 가린다. 송강 정철(1537~1594, 조선 중기 시인, 정치인)의 '훈민가의 부의모자(父義母慈)'가 생각난다. 어떻게 그런 숭고한 희생을 어떻게 감내하셨을까?

'아버지, 어머니! 셋째, 영덕이가 곧 뵈러 갑니다.
 마중 나와 주실 거지요?'
'그래, 어서 와라. 고생했다.'

'절 받으세요. 그동안 부모님 덕으로 잘 살다 왔습니다.'

어머님이 세상을 떠나신 뒤, 자연스레 외갓집과의 왕래도 끊어졌다. 어릴 적 좁은 마당과 뒷산에서 뛰놀던 내 모습, 외할머니의 따스한 손길, 부엌에서 풍기던 된장의 구수한 냄새까지도 하나둘씩 기억의 저편으로 흐려지고 있다. 시간이 지나면서, 외갓집은 점점 '지금'이 아닌 '예전'이 되어 갔다. 문득 생각날 때마다 가슴 한켠이 먹먹해진다. 어머님이 계셨던 시절의 외갓집은 내게 마음의 고향 같은 곳이었지만, 이젠 그 길을 잊은 채 살아가고 있는 나 자신이, 조금은 미안하고 많이 아쉽다.

형제간의 우애는 말로 다할 수 없다. 청소년 시절, 큰형님의 말과 행동은 내게 언제나 본보기가 되었고, 그 분별력과 절제는 나에게 삶의 기준이 되었다. 형님과 형수님 네 분과, 우리 내외와 함께 두세 차례 해외여행을 다녀온 기억은 지금도 생생하다. 함께 웃고, 함께 나누며 가까웠던 사이였기에 그 소중함은 더욱 크다. 말을 많이 나누지 않아도, 서로의 고단함을 알아차리는 건 오랜 세월 속에서 자연스럽게 익힌 감각이다. 기쁜 일이 생기면 제일 먼저 떠오르고, 힘든 날이면 말없이 옆에 있어 줄 사람, 그게 형제다. 함께 자라며 쌓아온 기억은 언제고 꺼내어 볼 수 있는 마음의 앨범이 된다.

부모님이 낳고 길러주셨다면 장인·장모님(송석현, 박순례)은 나를 당당한 사회인으로 재탄생케 해주었다. IMF의 파고가 몰아치기 전, 아내는 직장 동료의 소개로 자동차 외장흠집 제거 사업에 상당한 금액을 투자하였는데, 이게 사달이 나 하루아침에 신용불량자와 파산까지 갈 상황이었다. 이때 처가에서 도와주지 않았다면 오늘날 우리 가정이 어떻게 되었을지 생각만 해도 소름이 끼친다. 자욕양이친부대(子欲養而親不待)여서 평생 죄스러운 마음으로 살고 있다.

'장인·장모님!
 못난 막내 사위 고 서방, 뵐 면목이 없습니다.'
'고 서방! 다 잊은 일이라네, 우리 미영이 때문에 힘들었지.'
'아니에요. 못난 남편 만나 많이 고생했어요.'

큰처형에 대한 아쉬움이다. 집안일이 있을 때면 늘 중재자 역할을 자처하며, 오빠들과 동생들의 말 못 할 속사정을 조심스레 들어주고, 때론 원만하게 풀어내는 힘이 되어 주곤 했다. IMF 시절, 투자한 큰돈을 잃었을 때도 큰처형의 도움은 참으로 컸다. 장인·장모님에게는 가장 의지하는 자식으로 살림의 밑천이었는데, 정작 자신의 건강은 제대로 돌보지 못하여 회갑도 넘기지 못하고 가족들과 이별하여 슬픔이 컸다. 큰처형 못지않게 든든한 버팀목으로 형제들 사이에서 중심을 잡아 주며 묵묵히 도움을 주던 둘째 처형과 동서. 형제들이 어려움에 부닥쳤을 때 먼저 손 내밀어 주고, 말없이 챙겨 주는 그 마음을 당연하게 받아온 시간을 문득 돌아보면 부끄럽기만 하다. 은혜를 입고도 고마움을 다하지 못했고, 마음으로는 늘 감사하면서도 표현이 인색했던 지난날들이 떠오르면, 지금도 마음 한켠이 무겁고 편치 않다. 그분들이 베풀어 준 따뜻함에 비해 내가 해드린 것이 너무 부족해, 오히려 그 넉넉함이 미안함으로 남아 오래도록 마음을 짓누른다.

아내는 8남매 막내딸로 어려서부터 명석하여 귀여움을 독차지하며 자랐다. 똑똑했던 아내는 초등학교 6년 내내 우등상을 받을 만큼 영특하였다. 꽃꽂이, 미용, 양재, 노래, 화술 등 여러 분야에서 기량이 출중하였지만, 능력도 없는 나에 가려서 꽃 피우지 못한 게 가슴 아프다. 고루과문(孤陋寡聞)하여 아내를 자양분 삼아 그의 기회를 가로채어 산 못난 남편이었다. 아내의 사랑과 헌신은 나에게 끝없는 에너지를 주었고, 늘 옆에서 묵묵히 지탱해 주었다. 가장으로서 내 삶을 꾸리기에도 급하고 눈코 뜰 새 없이 바쁘다는 핑계로 아내의 이야기, 고민, 눈물을 닦아주지 못했던 게 가슴이 아린다. 하지만, 아내는 꿋꿋하게 그리고 훌륭하게 잘 걸어왔다. 이런 아내가 고맙고 다시 태어난다면 역할을 바꾸어 뒷바라지해 주고 싶다.

얘들아!
너희들 키우는 동안 고생도 있었지만, 그 모든 시간은 결국 내게 큰 기쁨이자 축복이었다. 눈에 넣어도 아프지 않은 손주를 품에 안게 된 지금, 고맙고 또 고맙다. 그리고 아비로서 너희를 만났다는 사실에 나는 언제나 감사한다. 내가 너희에게 무엇을 제대로 주었는지 모르겠지만, 너희가 내게 준 사랑과 지혜는 내가 살아가는 이유이자 힘이 되어 준다. 수정아! 승효야! 힘들고 지칠 때일수록 마음을 다잡고, 너희 삶을 스스로 아름답게 빚어가길 바란다. 무엇보다도 자식을 훌륭하게 키워 내는 일이 중요하다. 세상을 깊이 바라보는 눈과 타인과 더불어 살아가려는 따뜻한 마음을 잃지 않기를 바란다. 매일을 처음인 듯 신선하게, 마지막인 듯 소중히 여기며 살아가거라. 내가 인생에서 중요하게 여긴 가치나, 자녀나 후대에 전하고 싶은 삶의 지혜와 나만의 신념, 조언 등 전하고 싶은 말은 수필집에 담아 두었단다. 너희가 더 나은 삶을 살아가길 진심으로 바라며, 언제 어디서나 나는 너희의 편이 되어 응원할 것이다. 내 삶에서 가장 큰 축복은, 바로 너희들이란다.

나를 사랑하고 신뢰해 주었던 친구, 늘 내게 깨달음을 주던 선후배, 사선을 넘나들던 전우, 희로애락을 같이한 직장 동료와 상사 등의 도움과 관심이 없었다면 오늘의 내가 없었을 것이다. 중학교 때 나를 이끌어 주셨던 고성곤 은사님, 고창 흥덕에서 우체국과 공사(公社) 분리로 모든 인사가 중지되었을 때 이리 전화국으로 올 수 있도록 배려해 주신 전북체신청 김홍곤 님께도 감사드린다. 나의 주례를 서주시고, 직장 생활을 이끌어 주신 임덕수 국장님께 깊은 감사를 드린다. 이 외에도 KT 중앙연수원 최완석 국장님, 이리 전화국 이진희 과장님, 김상석 계장님의 은혜도 백골난망이다. 사회에서 ALP 삶의질향상센터 장길섭 원장님을 만나 의식 개혁을 할 수 있었던 것도 인생의 큰 전환점이 되었다. 50대 초반에 호남인들의 모임인 한호포럼을 만난 행운도 빼놓을 수 없다. 그들은 구렁텅이에 빠져 허우적거릴 때 손을 잡아주고, 꿈을 펼치도록 더 넓은 곳으로 인도해 주었다. 나태할 때는 매섭게 채찍을 들었으며, 실의에 차 있을 때는 한없는 용기를 불어넣어 주었다. 나의 말과 약속을 끝까지 신의와 의리로 지켜준 사람들의 무한한 덕으로 성장하였다.

부족한 나를 사랑해 주었던 많은 분께 진심으로 감사드린다. 나로 인해 상처받았던 분들께는 머리 숙여 사죄의 말씀을 올린다. 나눔을 적극 실천하지 못한 점이 부끄럽다. 더 열심히 더 멋지게 살아보고 싶지만, 이젠 운명을 거스를 힘이 없다. 내 인생에서 가장 후회스러운 일은 고등학교 졸업 후 대학 진학을 부모님께 떼를 썼더라면 어땠을까? 경제적으로 어려운 시간을 관통하고 있는 때여서 고집을 마냥 피울 수 없었다. 국화는 서리를 맞아도 꺾이지 않는다는데, 내가 벌어서 학교에 다니겠다는 두둑한 배짱이나 뚝심, 의지가 부족했다. 그렇지만 주경야독으로 대학원까지 마쳤으니 배움에 대한 아쉬움은 없다. 또 한 가지는 영어가 발목을 잡은 점이 평생 한이 된다.

노년에 오늘의 문학사 리헌석 회장님을 통하여 문학을 만난 건 큰 행운이다. 문학을 통한 즐거움을 얻기 위해서 끊임없이 탐구하고 고뇌한다. 문학은 세상 사람들과의 의사소통 수단이며 인간관계를 열어주는 열쇠이다. 기나긴 삶 속에서 많은 체험과 통찰력을 지닌 문학은 노년의 또 다른 즐거움이다. 나의 부족한 재능을 책으로 펼칠 수 있는 글쓰기가 아직 서생문학(書生文學)에 지나지 않지만, 이에 집중하는 시간은 기쁨을 만끽할 수 있다.

삶을 품위 있게, 마무리를 존엄하게 맞이하기 위하여 연명의료결정법이 정하는 절차와 방법으로 사전연명의료 의향서를 이른 시일 내 작성하고 싶다. 치료의 효과 없이 생명만 연장하는 연명의료를 하고 싶지 않다. 장례는 가족끼리 검소하게 치르기를 바란다. 장기를 필요로 하는 이들을 위하여 사망 즉시 떼어 기증이 가능하면 하라. 몸은 화장 후 재는 고향 선산에 뿌려 주길 바란다. 재산은 법정 비율로 상속하거라.

'여보, 잘 다녀올게요.
아들아, 잘 있느냐, 수정이, 승효도 잘 있지?

민재, 민수, 민규, 예승이 모두 잘 있지?'

인생을 돌아보면, 내 삶에도 몇 차례 분기점이 있었던 셈이다. 첫째는 대학에 떼를 써서 들어갔으면 어땠을까? 둘째는 공무원 시험 합격 후 발령이 타 부처로 났거나, 공부를 더 해 다른 곳에 합격했다면 삶의 방향이 달라졌을지도 모른다. 이 두 가지는 끝내 이루어지지 못했지만, 마음 한 켠에서 '만약'을 속삭이며 나를 돌아보게 한다. 셋째는 이리 전화국 시절 사지(死地)와 같은 환경 속에서도 꿋꿋이 견뎌냈기에 지금의 내가 있는 지도 모른다. 넷째는 임덕수 국장님을 만난 인연으로 회사 생활에서 큰 은혜를 입었다. 다섯째는 하비람 장길섭 원장님을 통해 내 삶의 가치관과 인식에 큰 변화가 있었다. 돌이켜보면, 삶은 어느 한순간의 선택이나 만남이 조용히 방향을 바꿔 놓는 일의 연속이었다.

다정한 인사를 나눌 수 있는 날이 앞으로 얼마나 남아 있을까요? 오늘 나눈 인사가 마지막이 될지도 모른다는 생각을 품고 살아간다. 구만리장천(九萬里長天)처럼 먼 길을 향해 다가가는 이 삶의 여정 속에서, 지나온 시간과 다가올 날들이 얼마나 귀한지 새삼 마음에 담게 된다. 유언장을 쓴다는 일은 단지 죽음을 준비하는 것이 아니라, 남은 이들을 향한 마지막 배려이며, 나의 삶을 조용히 되돌아보는 시간이기도 하다. 그 안에는 사랑하는 가족에게 전하고 싶은 미안함과 고마움 그리고 말로 다 하지 못한 따뜻한 안녕이 담겨 있다. 어쩌면 유언장은 남은 이들의 마음에 평안을 안겨줄, 작지만 깊은 울림의 편지일지도 모른다.

(2024. 4. 10.)

## 흉보다가 닮는다

한 치 앞도 내다볼 수 없었다. 9월 모임에 참석하여 동갑내기 회원을 만났는데 내게 칠순 잔치를 했는지 물어보며 자식들이 칠순 기념으로 호주와 뉴질랜드 여행을 보내주어 9월 하순에 출발한다고 은근히 자랑한다. 여행사는 다르지만, 여행코스 등이 비슷하여 다녀온 후 참고가 될 만한 사항을 알려달라고 했다. 출발 하루 전인 10월 1일에 전화를 걸어 잘 다녀왔냐며 안부를 물었다.

"이 사장! 여행은 재미있게 잘 다녀왔어?"
"응~ 잘 갔다 왔지. 그런데 건강식품만 몽땅 사와 빚만 졌어."
"아니! 부자가 왜 이렇게 엄살이야. 도대체 어느 정도를 사왔는데?"
"아마 한 5백만 원은 되는 것 같아. 가면 안 사올 수 없더라고."

"잘 사왔어! 잘 먹고 건강하면 되지, 뭐"
"고마워! 내가 길을 잘 닦아 놓았으니, 잘 다녀와."
"그래, 다음 달 모임에서 만나."

이 말을 듣고 속으로 '와~많이 샀네.'라며 놀라워했다. 몇십만 원어치라면 그래도 이해가 가지만, 오백만 원이라는 말에 어리벙벙했다. 충분히 살 재력이 있는 분이지만, 왜 그렇게 많이 샀느냐고 물어보고 싶은 마음이 굴뚝 같았다. 평소 검소한 그가 어쩌다 팔랑귀가 되었는지, 먼저 다녀온 사람들로부터 꼭 사와야 한다는 추천을 받았는지는 알 수 없다. 이 말을 아내에게 전하자 대뜸 "미쳤구먼"이라며 우리한테는 그런 일은 절대 없을 거라고 단호하게 말한다.

북섬 여행 둘째 날 일정이 마무리되고 해가 뉘엿뉘엿 넘어가 배가 고파오는 6시 무렵이었다. 가이드는 국내 모 항공사에 납품하는, 자기만의 전매특허처럼 이용하는 면세점이라며 장황하게 홍합, 오메가3, 눈에 좋은 영양제 루테인, 항산화 효능이 좋다는 식물성 유황(MSM), 프로폴리스 치약 등이 효과가 뛰어나다고 열변을 토하는 모습을 보면서 '올 것이 왔구나!'라고 생각했다. 6시가 넘으면 직원들이 퇴근하는데 우리 때문에 기다리고 있다면서 다른 곳보다 품질이 좋고 반값 정도라며 마음을 들쑤신다.

사십 대 중반으로 보이는 홍보 담당자는 잠이 덜 깬 사람처럼 어리바리하게 보였지만, 툭툭 내뱉는 말이 예사롭지 않다. 중간중간 질문하는 일행들의 증상과 치료 방법 등에 의학 상식이 넓어 어느 정도는 의사 구

실을 하는 반의사 말처럼 들린다. 앞줄에서 열심히 경청하는 나와 눈을 마주친 그는 뜬금없이
"선생님! 얼굴을 보니 간이 조금 안 좋은 것 같은데요?"
"(화들짝 놀라며) 그래요! 올 3월 초에 1박 2일 종합검진에서 아무 이상이 없었는데요."
"(약간은 당황하며) 혀를 내밀어 보실래요."
"에~에~"
"선생님 혀의 가장자리가 약간 빨간 것이 열이 있는 것 같은데요"
"아, 그래요?"

가이드 말로는 한국에서 한의학을 공부했다고 했다. 일행 중 한 명이 당뇨가 있다고 하자, 얼굴에 병증이 보이는지 바로 "스트레스가 심하지요?"라고 묻자, 맞다고 했다. 말 한마디 한마디가 어눌하면서도 족집게처럼 맞추는 것 같아 일행들은 "와~아" 하며 탄성을 자아냈다. 사람이 60~70년을 살다 보면 아프지 않은 사람은 드물다. 한 가지 이상의 질병을 몸에 달고 친구처럼 생활하고 있어 마치, 내 이야기를 하는 것 같아 어느 순간 쏙 빠져든다. 이런 증상에 이 식품을 복용하면 좋아질 수 있다는 말은 점점 뇌리를 파고들어 굳은 결심을 흔들리게 한다.

많은 사람이 뉴질랜드는 태곳적 자연의 모습을 간직한 곳으로 알고 있다. 반지의 제왕을 비롯하여 다양한 판타지 영화의 울창한 수풀이나 맑은 호수 등을 표현할 때, 뉴질랜드가 가장 이상 지역으로 꼽혀 자연보전 상태를 알만하다. 뉴질랜드 하면 마오리족, 양고기 등으로 대표하던 게 글로벌 건강식품의 대명사로 바뀌며 관심이 쏠리고 있다. 대표적으

로 초록입홍합과 프로폴리스, 산양 초유, 마누카 꿀은 이미 세계 시장에서 뜨거운 열풍을 일으키며 뉴질랜드의 자연을 알리는 역할을 톡톡히 하고 있다.

자연과 멀어진 도시에서 살아가는 우리에게 뉴질랜드 건강식품은 지친 몸을 회복시키고, 청정 자연을 간접 경험할 수 있다는 생각과 언제 다시 올지 모를 기약은 너도나도 불로초를 구한 것처럼 한 보따리씩이나 사게 했다. 바위처럼 단단한 결심이 속절없이 무너지는 순간이었다. 미쳤다고 동조했던 내가 오히려 미쳤다. 그가 정상이었다. 한 치 앞도 못 보는 자가 그런 상황을 경험하지도 않았으면서, 흉을 본 내가 가볍게 여겨져 마치 까마귀가 까치 보고 검다고 한 것 같아 부끄러웠다.

수많은 사람을 만나 산전수전을 다 겪어서 관광객이 무엇을 원하며 어떻게 접근해야 하는지 닳고 닳은 약장수에게 우리는 영락없이 그물 안에 갇힌 물고기였다. 그들은 우리 지갑 속을 들락거리며 자기 맘대로 주무를 수 있는 수완가였다. 모객해 온 관광객을 대상으로 짧은 시간에 얼마나 설득력 있게 열변을 토하는지에 따라 매출이 결정되는 피 말리는 일이라 상술이 현란했다.

남을 가볍게 흉볼 일이 아니었다. 어떤 일이든 거기에는 그럴만한 사유가 있다. 나 자신이 그 상황을 직접 경험하지 않은 이상 피상적으로 여겨서는 안 된다. 자칫 그 비난이 나 자신에게 돌아올 수 있다. 마음속으로 흉을 보아서 다행이었지 대놓고 말했다면 큰 낭패였으리라. 말은 생각나는 대로 함부로 내뱉어서는 안 된다. 앙천이타(仰天而唾) 도오기면

(徒汚其面)이라 했다. '하늘을 보고 침을 뱉으면 오히려 자기 얼굴을 더럽힐 뿐'이라는 말이다.

타인을 흉보다가 처지가 바뀌어 고스란히 덤터기를 쓴 느낌이다. 흉을 볼 때는 남들이 다 그렇게 내 뜻에 동조해 줄 것으로 보인다. 하지만, 내가 그 경우에 처할 수도 있다. 역지사지(易地思之)라는 말이 생각난다. 상대방을 비방하고 질투하며, 헐뜯기보다는 넉넉한 마음이 필요하다. 하해불택세류(河海不擇細流), '큰 바다는 크고 작은 강물을 가리지 않고 품어 안아 바다를 이룬다.'고 했다.

여행 후 오래된 모임에서 건강식품을 사게 된 과정을 설명하고 내가 그런 사람이 되었다고 말하자 한바탕 배꼽을 잡고 웃었다. 이미 경험한 회원들은 그곳에 가면 분위기와 소중한 건강을 지키고 싶은 마음에서 다 사온다며, 복용할 땐 한동안 술을 마셔도 취하지 않아 추가 주문하여 먹은 사람도 있다고 했다. 잘 사왔으니 정성 들여 복용하면 효과가 분명히 있을 것이라고 안심시켜 주어 고마웠다.

우리는 모두 완벽하지 않다. 누구나 결점이 있고, 때로는 그것이 남들보다 더 드러나기도 한다. 그러나 우리가 자주 잊고 있는 사실은, 그 결점보다 닮은 점에서 우리가 더 많은 공감과 사랑을 느낀다는 것이다. 어쩌면 우리는 닮은 점을 발견할 때 비로소 인간관계의 깊이를 이해할 수 있게 되는 것이 아닐까?

지금 누군가를 열심히 흉보며 재밌게 떠들면서 웃고 있다면, 내 허물이 서 말인데 남의 한 말 허물을 들추어서 흉보는 건 아닌지 스스로 돌아보게 한다. 험담하다 닮는다더니 그 꼴이 되었다. 남의 허물을 들춘다고 해서 내 허물이 묻히거나 없어지는 것이 아니다. 예쁘게 보이거나 위상이 높아지는 것도 아니며 오히려 흉을 본 허물이 영혼에 때만 더할 뿐이다.

(2024. 10. 16.)

# 지금이 가장 좋다

부부는 두 개의 그림자와도 같다. 토요일 저녁 식사를 마친 후 자연스러운 대화 중에 아내도 알고 있는 믿음직했던 분이 황혼 이혼을 했다는 소식을 전하자, 자못 충격이 큰 것 같았다. 한평생 검은 머리가 파뿌리가 될 때까지 함께하겠다는 말은 이제 백년해로가 당연하던 시대와 함께 옛말이 되어 가는 듯하다. 참지 못하고 홧김에 헤어지는 신혼이혼과 달리, 황혼 이혼은 도저히 견디기 힘들지만, 자녀를 위해 참으며 오랜 계획을 세웠다가 단박에 헤어지는 특징이 있다. 아내에게 애정전선엔 이상이 없는지, 뜬금없는 질문으로 과연 아내의 입에서 어떤 말이 나올지 가슴이 콩닥거린다.

"여보! 당신은 지금까지 살아오면서 언제가 가장 좋았어?"
"그런데, 왜 갑자기 그런 걸 물어봐?"

"응, 내가 당신에게 잘하고 있는지 궁금해서."
"응, 나는 지금이 가장 좋아."
"정말!"

지금이 그 어느 때보다 좋다니 다행이었다. 통계청의 '2022년 고령자 통계' 자료에 의하면 65세 이상 부부 가구는 183만 가구로 지난해 65세 이상 고령층의 이혼 건수는 17,379건이다. 이는 183만 가구 대비 0.95% 로 1년 전 15,139건보다 14.8%(2,240건) 증가했다고 한다. 결혼 생활은 젊었을 때나 나이 들어서나 끝없는 노력이 필요한 마라톤으로 인내와 끈기 없이는 완주할 수 없는 것 같다.

두 아들 모두 결혼해 네 손주까지 보았으니, 마음이 한결 놓인다. 나 역시 놀지 않고 직장 생활로 가정 경제에 보탬이 되고 있고, 건강도 나쁘지 않다. 아내도 자영업을 하고 있으며 부부가 국민연금을 수령하고, 초라하지만 내 집에서 살고 있다. 심적으로나 경제적으로 스트레스를 받지 않으려고 한다. 항간에 돈·건강·일·친구와 배우자 등 최소한 다섯 가지 요소를 갖추어야 노후가 행복할 수 있다는데 다 갖추지는 못했지만, 행복을 느끼며 살려고 노력한다. 아내가 지금이 가장 좋다는 근저에는 가정에 우환이 없고, 건강하며 부부 사이도 나쁘지 않다는 생각, 넉넉하지는 않지만, 세끼 따뜻한 밥에 웃음도 함께하니 이만하면 괜찮다는 생각이었나 보다.

부부가 함께 살아간다는 것은 결코 쉬운 일이 아니다. 사랑 하나만으로 시작했지만, 그 사랑을 유지하려면 매일매일 마음을 보태야 한다. 서로의 다름을 인정하고, 때로는 참고, 때로는 솔직하게 풀어가야 한다. 현실에서는 항상 좋을 수만은 없다. 남편은 아내에게 무시당하거나 자존심이 상한다고 느낄 때 마음의 문을 닫는다. 말 한마디, 표정 하나가 상처가 되어 오래도록 남기도 한다. 반대로 아내는 남편이 가정에서 제 몫을 다하지 않거나, 자신을 돌보지 않을 때 사랑이 식었다고 느낀다. 더 이상 존중받지 못한다고 여길 때, 여성은 사랑보다 외로움을 더 크게 체감하는 것 같다.

30대 중반부터 승진시험 공부와 대학원 수업, 그리고 사내 직원들을 가르치기 위해 실력을 쌓느라 밤늦게까지 공부에 매진했다. 산더미 같은 일에 치여 무늬만 남편이고 아버지였다. 40대 초반부터는 외지에 주말부부로 거의 7~8년 가까이 지내며 가정을 돌보는 데 소홀할 수밖에 없었다. 다행히 40대 후반부터 한집에서 지낼 수 있게 되었다. 돌아보면 젊은 시절은 참으로 바쁘고 치열했다. 재미있고 여유로운 삶을 살았다고 말할 수 없지만, 일과 가정 사이의 균형을 이루려는 의지만은 분명했다. 치열한 경쟁에서 뒤처지지 않기 위해 수불석권(手不釋券)의 자세로 노력하며, 한편으로는 소중한 가족과의 행복한 일상을 지켜내고자 애썼다. 두 마리 토끼를 잡는 것과 같이 다 해내기란 쉽지 않았지만, 그럼에도 노력만큼은 게을리하지 않았다.

2009년 12월, 55세에 퇴직하고 인생의 큰 전환점을 맞이했다. 방황하는 아들을 변화시키기 위한 간절한 영성 수련에 가족 모두가 함께했다. 고정관념과 부정적인 시선은 수련을 통해 조금씩 무너졌고, 내가 누구인지 알아가는 과정에서 의식의 큰 변화도 일어났다. 판단하고 구분 짓기보다는 공감하려는 마음이 자라났고, 그 결과 사고방식은 전과 달리 180도 가까이 달라질 수 있었다. 이러한 경험은 직장 생활과 사회생활, 그리고 가족관계에도 긍정적인 변화를 가져다주었다.

나 자신밖에 모르던 이기적인 사람이 아내가 좋아할 일이 무엇인지 고민하게 되면서, 비로소 나 자신을 조금씩 돌아보게 되었다. 남성이라는 이유로, 직장에서 익숙했던 권위의식에 젖어 '에헴' 하고 있을 수만은 없었다. 집안일은 누군가의 몫이 아니라 함께 살아가는 삶의 일부였다. 시간이 허락되면 내가 먼저 나서서 하면 되는 일이었다. 어설픈 솜씨로나마 계속하다 보니 조금씩 몸에 익었고 버틸 만했다. 아내가 주부의 역할을 온전히 감당하지 못할 때가 있어도, 그걸 탓하거나 비난하기보다는 내가 대신 메우면 그만이었다. 함께 살아간다는 건 결국 부족한 부분을 채워주며, 더 잘할 수 있도록 곁에서 힘이 되어주는 일이었다.

경제공동체로 종일 고객과 씨름하며 식사도 제대로 못 하는 날이 많은 아내가 떠오를 때면 안쓰럽고 미안한 마음이 들곤 했다. 그런 아내를 집에서만이라도 편안히 쉴 수 있게 배려해 주어야겠다는 생각이 들면서, 나도 조금씩 달라지기 시작했다. 가정생활에서 내가 주가 되고 아내는 보조가 되는 등 신뢰가 쌓이자, 닫혔던 마음의 문을 열게 되고 점차 남편에 대한 호감도가 나이가 들수록 높아졌다.

나도 그렇지만, 아내도 과거에 머무는 경향이 있었다. 결혼 생활을 하며 꿈과 이상을 떠올릴수록 마음의 상처는 깊어지고, 서운함이 겹겹이 쌓여 서로를 헤아리기란 쉽지 않았다. 하지만, 과거를 이해하고 서로를 향한 화해의 손길 없이 미래로 나아갈 수는 없었다. 과거에 머무는 한, 우리 관계는 영원히 평행선을 이어갈 운명이었다. 어느 날부터인가 아내는 무장무애(無障無碍)한 마음으로 삶을 바라보기 시작했다. 바꿀 수 없는 과거의 사실보다 지금, 이 순간을 어떻게 살아갈지를 더 중요하게 여긴 것이다. 돌아볼 필요는 있지만, 지나간 시간을 붙잡고 후회하는 데 머무는 건 또 다른 상처일 뿐이었다. 우리에겐 이미 지나간 일들을 용납할 줄 아는 너그러움과, 주어진 오늘에 감사할 줄 아는 마음이 필요했다. 그렇게 현재에 충실하기로 한 선택은, 우리 삶에서 가장 따뜻하고 단단한 결심이었다.

아내의 뇌리에서 '지금, 이 순간을 살라.'라고 말한 '에크하르트 톨레'(Eckhart Tolle, 1948~, 독일, 영성 지도자)의 말이 떠올랐는지도 모르겠다.
"삶은 지금이다. 지금이 아닌 삶이란 결코 존재한 적이 없으며, 앞으로도 결코 존재할 수 없다. 지금만이 유일하게 존재한다. 지금만이 존재하는 모든 것이다."

인생의 황금기는 언제일까? 사람마다 다를 수 있어 어떤 사람은 20대 꽃다운 시절을 황금기라고 하고, 다른 이는 몸과 마음이 가장 왕성하게 활동했던 40대 또는 50대를 꼽기도 한다. 100세까지 살아본 철학자는 우리가 생각하는 그때와는 달랐다. 김형석(1920~, 철학자, 수필가) 연세대학교 명예교수는 "60세가 되기 전에는 모든 면에서 미숙했다."며, 60세에서 75세를 인생의 황금기로 꼽았다. 그렇다면 나는 지금 인생의 황금기를 통과하고 있는데 절정기를 보내고 있을까? 30년 전만 하더라도 인생은 단 한 번밖에 공연할 수 없는 연극 무대라고 했는데, 이제 인생 이모작을 할 수 있으니 얼마나 큰 축복인가?

지나온 시간을 돌아보니, 벌써 이만큼 나이가 들었다. '지금이 가장 좋다.'는 아내의 말은 부부가 함께 꿈꾸는 소망 가득한 삶, 화양연화(花樣年華)를 향해 가는 길목에서 듣는 말이라 왠지 울림이 깊다. 아내를 사랑하다 보니 '팔불출'이란 소리를 듣기도 하지만, 생각해 보면 가정을 지키는 일만큼 귀한 덕목도 드물다. 과거에 연연하지 않고, 미래에 대한 기대는 잠시 내려놓은 채 나는 지금, 여기 이 순간에 감사하며 살아간다. '지금이 가장 좋다.'는 말은 단지 평온해서가 아니라, 우리가 진심으로 살아 있음을 느끼는 순간이라는 걸 알았기 때문이다. 부부는 혼자만의 인생이 아닌 평생 서로의 '지팡이'로서 살아간다. 젊어서는 불같은 사랑으로 살고, 나이 들어서는 서로 믿고 아끼는 따뜻한 정으로 산다. 인생의 황금기를 함께 통과하고 있는 지금, 삶은 지금이라는 '톨레'의 말이 예사롭지 않게 들린다.

(2024. 3. 17.)

## 일요일 아침의 행복

그러고 보니 행복이다. 행복은 생활에 만족하여 즐겁고, 흐뭇하게 느끼는 감정이나 상태다. 만약 우리가 평소 생활에서 기쁨이나 즐거움을 느끼고, 또 지극히 복이 많다고 느끼거나 어떤 사람을 사랑하고, 그 사람으로부터 사랑을 받고 있다고 느끼면 행복하다고 말할 수 있다. 행복은 늘 우리 가까이 곁에서 맴돌고 있다. 행복은 언제나 우리 주변에 둥지를 틀고, 오늘도 내일도 우리 가까이 머물고 있는데, 우리는 먼 곳에서 찾고 있지는 않는지?

일요일 새벽 5시 30분 전에 일어나 옷을 주섬주섬 입고, 목욕탕 문을 여는 6시 30분보다 10여 분 이른 시간에 도착하기 위해 출발한다. 목욕탕 출입구는 이미 새벽잠이 없어서 그런지 어르신들로 붐빈다. 자주 보는 분들도 있지만, 일요일에만 마주치는 얼굴들도 있다. 아내 말로는 2시간이 걸린다고 하여 어쩔 수 없이 그 시간을 맞춰 목욕탕 안에서 시간을 보내거나 조금 일찍 나와 홀에서 기다리는 수밖에 없다. 하지만 탕 안에서 그 긴 시간을 보내기란 여간 고된 일이 아니다. 그래서 1시간 정도 목욕을 마치고, 휴식 장소에서 30여 분 시간을 보낸다. 4~5평 남짓한 공간에 5~6명이 누워서 휴식을 취할 수 있어 이용하는 사람이 꽤 많다.

온천욕과 친하게 된 계기는 1988년 직장을 따라 대전으로 오고 나서다. 주말에 가족들과 빠지지 않고 36년여 유성관광호텔(2024년 3월 31일 영업 종료) 대온천탕을 줄기차게 드나들었다. 온천욕이 좋은 이유는 미네랄과 나트륨이 다량 함유된 온천수로 체온을 올리면 혈류 순환이 원활해지면서 신진대사가 활성화되고, 체내 항염 기능이 높아짐에 따라 면역력도 증진된다. 또한 목욕은 체내 세포 유지와 재생을 돕는 산화질소 수치를 높이는 효과도 있다. 따뜻한 물에 자주 몸을 담가서 피부가 더 부드럽고 촉촉해진 영향인지 나이에 비하여 몇 년은 젊게 보인다고 하여 싫지만은 않다.

목욕을 마친 후 호텔 2층 한식당에서 시래기 해장국이나 황태해장국을 먹는다. 메뉴가 딱 2가지밖에 없어서 그런지, 주문한 지 1분도 안 돼 바로 나와서 좋다. 널찍한 공간이라서 우리만의 대화에 집중할 수 있어 편하다. 맛과 편리함 때문인지 호텔에 투숙한 사람도 있지만, 목욕탕에서 본 사람들을 다시 만나는 때가 많다. 벽에는 장군들이 기증한 그림이 여기저기 걸려 있어 예술적 향기도 맡는다.

식사를 마치고 1층 커피점에서 따뜻한 아메리카노 한 잔과 호두파이 한 판을 사서 8조각으로 잘라달라고 하여 커피를 마시면서 한 조각씩 먹는 시간이 여유롭게 느껴진다. 약간은 고풍스러운 분위기에서 편안하게 쉬며 커피 향내를 맡으며 창가에 놓은 관엽 식물과 게발선인장 꽃을 아무 생각 없이 바라본다. 커피만 마시러 오는 사람은 드물고, 빵을 먹어가면서 차나 커피를 마시는 사람이 대다수다. 시시콜콜한 이야기까지 나누다 보면 대화거리가 소진될 즈음에 일어나 마트로 향한다.

호두파이의 옛 기억이 떠오른다. 예전 리베라호텔이 있을 때 1층 제과점의 호두파이가 맛이 있어서 단골이었는데, 어느 날 호텔이 사라져(2018년) 아쉬웠다. 오랜만에 그 맛과 추억을 여기서 다시 찾은 기분이다. 저녁 퇴근 후 배고플 때 한 조각을 먹으면 달면서 호두의 오도독오도독 씹히는 식감이 좋았다. 콜레스테롤이 적고, 우리 몸에 유익한 불포화지방산을 다량 함유하고 있는 식품이 호두다. 퇴근 후 집에 가면 좋아하는 먹거리가 있다는 생각에 발걸음이 가벼워 즐겁다.

마트에서 우유와 요구르트, 달걀, 치즈 등을 산다. 면세점이라 공산품은 시중보다 저렴하다. 많은 사람이 소주, 맥주, 라면, 과자 등을 한두 상자씩 사는 것을 보면, 이런 것과 담을 쌓고 있는 내겐 깜짝 놀랄 일이다. 평상시에도 퇴근길이라서 자주 들르는데 주로 휴양 시설 이용객들을 위한 편의 시설이지만, 온천에 오는 일반인도 많이 이용한다.

주변에 이런 편의 시설이 집합된 곳을 찾아보기 힘들다. 군 휴양 시설이 넓은 부지(57,441㎡)에 자리잡고 있어 이팝나무꽃이 만발한 유성 온

천문화축제가 매년 5월 초·중순 이곳에서 열린다. 과거 리베라호텔, 인터시티호텔, 유성관광호텔에 목욕탕이 있었지만, 모두 사라지고 그나마 이곳 계룡스파텔 온천탕과 경하장, 대온장이 그 명맥을 잇고 있다. 등따습고, 배부른 일요일 아침이 즐겁다. 크게 욕심내지 않고, 많은 돈을 벌려고 애쓰지 않으며, 고급 브랜드 옷을 입지 않아도 행복할 수 있다. 일상에서 누리는 소소한 행복을 찾는 소확행을 떠올려 본다.

올해 2월 중순 2박 3일간 주택관리사 보수교육 과정 중에, 강사가 교육생에게 들었을 때 행복을 느끼게 하는 낱말을 1분 안에 가능한 한 많이 적어보라고 했다. 앞줄에 앉은 10여 명의 사람들에게 몇 개를 적었는지, 그 낱말이 무엇인지 물어보았다. 많게는 8개를 쓴 사람도 있었지만, 놀랍게도 1~2개밖에 못 쓴 사람도 3~4명이나 되어 충격이 적잖았다. 복 속에서 복을 모르는 것은 아닌지, 지금 나는 행복하다고 느끼는 훈련이 부족한 것은 아닌지, 행복이 부자나 고위직, 사회지도층의 전유물로 생각하고 있는 것은 아닌지, 많은 의문을 던져 주는 시간이었다.

'Global Happiness 2023년' 조사 결과에 따르면 평균적으로 32개국의 성인 4명 중 3명(73%)이 행복하다고 답했다. 조사한 국가 중에서 행복한 시민의 비율이 가장 높은 국가는 중국(91%), 사우디아라비아(86%), 네덜란드(85%)이며 한국은 (57%)로 나타났다. 한국의 낮은 순위는 한국 사회 특유의 경쟁 비교 문화가 한국인들을 불행하다고 느끼게 만들고, 만족도에 관한 기준점이 높아 모든 항목에서 세계 평균보다 더 낮은 점수를 주는 경향이 있는 것 같다. 세계인들은 무엇이 사람을 행복하게 만든다고 생각하고 있을까? 모든 응답자가 보고한 전반적인 행복

수준과 삶의 30가지 측면에 대한 만족도 관계를 측정한 결과 행복의 상위 5개 요소는 자기 삶에 의미가 있다고 느끼는 것, 삶을 통제하고 있다는 느낌, 정신 건강과 웰빙, 사회생활, 생활 조건이라는 것이 확인됐다. (IPSOS, 2023. 3. 14.)

   올해는 행복한 순간과 일상을 더 늘려가려고 한다. 부부가 같은 생각으로 같은 시간, 같은 장소에서 운동하는 것도 감사하고, 다리가 짱짱하여 걸을 수 있는 것도 축복이다. 행복은 거창하고 멀리 있는 것이 아니라 복생어미(福生於微), 즉 행복은 조그마한 일에서부터 싹튼다. 이러한 작은 행복들은 우리의 삶을 더욱 풍요롭게 만든다. 삶이 아무리 복잡하고 바빠도, 작은 것에 감사하고 기뻐하는 자세를 통해 우리는 매일매일 새로운 행복을 발견할 수 있다. '행복은 눈에 보이는 것이 아니라 마음으로 보는 것'이라는 어느 시인의 말이 언뜻 떠오른다.

(2025. 2. 26.)

## 스승을 만나러 오는

　삶의 무게가 더해질수록 인연의 깊이와 그 소중함이 마음속에 진하게 내려앉는다. 인간의 삶이란 결국 사람과 사람 사이, 관계 속에서 피어나고 맺는 것임을 새삼 깨닫는다. 젊은 시절엔 인연이 그렇게까지 소중한 것인지 실감하지 못했다. 그저 스쳐 지나가는 만남쯤으로 여겼다. 그러나 한 사람과 인연을 맺는다는 건 그저 얼굴과 이름을 아는 것이 아니라, 그 사람의 세계를 천천히 알아가는 일이라는 걸 알았다. 인연이란 서로의 삶에 조금씩 스며들며, 경험과 감정을 나누고, 마침내 서로의 삶에 조용한 울림을 남기는 일이었다.

　한국건설기술연구원(KICT)의 지원을 받아 지하 주차장 입구 물막이판 공사가 한창이던 오전에 예고도 없이 김금란 씨가 찾아와 반가웠다.

우리 아파트 미화원을 그만둔 지 6~7년은 된 것 같다. 소식이 그리울 때면 종종 찾아와 궁금했던 안부를 전해 주어 고마웠지만, 뇌졸중으로 쓰러져 재활치료를 받던 중에도 찾아왔을 때는 숨이 턱 막혔다. 돈이 장사라고 급여를 한 푼이라도 더 주는 곳으로 가겠다는데 붙잡지 못한 것이 화근이 되어 고통을 당했나 싶어 미안했었는데, 다행히 회복해 예전의 모습을 되찾아 무거웠던 마음을 조금은 덜어낼 수 있었다. 오늘은 공사로 바빠 다음 주 목요일에 점심을 약속하며 헤어졌다.

경비원이나 미화원은 한 번 회사를 떠나면, 자연스럽게 관리소장과 연락을 주고받지 않아 인연이 끊어지는 경우가 많다. 직장을 떠났으니 만날 일도 없고, 일의 성격상 큰 매력을 느끼기 어려워 미련이 없었는지도 모르겠다. 정든 직장을 떠나는 마음은 회자정리라지만 서운할 수 있다. 막상 퇴사하고 나면, 이제 내 앞길엔 누구도 등을 밀어주지 않을 것 같고, 누구도 곁에서 관심을 두지 않을 거라는 생각에 사로잡히기 쉽다. 사람은 누구나, 때로는 그 곁에 있어 주는 눈길 하나만으로도 위로받고 그렇게 살아간다. 언젠가는 서로 필요한 일이 있으면 도움을 주고받을 수 있는 좋은 인연이 될 수 있는데, 나는 그러한 관계를 너무 가볍게 여겼던 것은 아닐까? 뒤늦게 뒤돌아보게 된다. 타생지연(他生之緣)이라는데 우리는 소중한 인연을 한 줄기 바람처럼 가볍게 흘려보내지는 않는지?

그런데 김금란 미화원은 달랐다. 청소도 잘했지만, 무엇보다도 고매한 성품과 향학열이 높았다. 한자능력검정시험에 응시를 위해 준비하고 있어서 교재를 사주었다. 칠십 대 초반의 연세에 배움의 끈을 놓지 않는 모습이 좋게 보여 미화 근무시간이 끝난 후 도움을 주었다. 육체노동이라 피곤할 법도 한데, 몰랐던 한자(漢字)를 알아가는 재미에 푹 빠진 모습이 마치 꿈 많은 십 대 소녀와 같았다. 숙제를 내주고, 머리를 맞대며 모르는 것은 물어보고, 가정사 등으로 정이 듬뿍 들었다. '공부 도둑놈 희망의 선생님'(신호범, 2005. 11. 7. 웅진닷컴)이란 책 내용이 떠올라 적극 도와주었다. 청소년 시절 상용삼천자(常用三千字)를 공부했던 경험을 되살리기도 했다. 어느 날부터 나를 '스승님'이라고 불러 쑥스러워 그냥 '소장님'이라 부르라고 했지만, 군사부일체라는 믿음이었는지 뜻을 굽히지 않았다.

만나기로 한 날, 점심시간이 다 되어도 소식이 없다. 혹시 잊어버렸는지 전화하려는 순간, 지팡이를 짚고 들어오는 모습은 이렇게 변하리라 상상하지 못했는데 충격이었다. 내가 일하는데 방해가 될까 싶어 늦게 온 것 같다. 일주일 만에 보는데 너무 많이 달라졌다. 아니 지팡이라니! 타임머신이 90대 노인으로 둔갑시켜 놓은 줄 알았다. 계절이 갑자기 여름에서 겨울로 바뀐 것 같다. 조카를 고등학교 졸업 때 본 후 결혼식 때 보는 느낌이었다. 지난주에 왔을 때 양 무릎이 안 좋아 인공관절 수술을 해야 할지도 모르겠다고 했었는데 생각해 보니 그 영향이었다. 무릎 연골이 닳아 걸음걸이가 힘들다고 했는데, 약 3km의 거리를 지팡이에 의존하여 힘겹게 걸어왔는지도 모르겠다.

지난주에 허리에도 협착증이 있어 불편을 겪고 있다고 했다. 협착증의 경우 엉덩이나 항문 쪽으로 찌르는 듯 또는 쥐어짜는 통증과 함께 다리의 감각장애와 근력저하가 동반되고, 찬 기후에 있거나 활동을 하면 악화되는데 겨울철이라 더 심한 것 같다. 과거 협착증을 심하게 앓은 경험이 있어 소파나 방바닥에 앉지 말고, 딱딱한 의자에 앉으라며 생활에서 실천하고 있는 나만의 방법을 몇 가지 알려 주었는데, 요즈음 다시 증상이 심해진 것 같다고 했다.

늦게 온 또 다른 이유는 독거노인에게 정부에서 '친구 만들기 프로그램'의 하나로 봉사자 두 분이 찾아와 우울감이나 고독감이 있는 사람에게 대화나 오락 서비스를 주 2회 제공받는 날이라서 늦었다는 것이다. 그러면서 "오늘은 스승님 만나러 가는 날"이라며 나를 몹시 자랑했다는 말을 듣고, 한때 특정 분야를 가르치는 입장이었지만, 인생의 스승이 되기에는 부족함을 느껴 부끄러웠다.

어느 날인가, 김금란 씨는 동심협력(同心協力)하겠다는 마음이었을까. 어디선가 구해온 '대전문학'이란 문학지의 최신호를 조심스럽게 내게 건넸다. 문학에 발을 들인 지 그리 오래되지 않아 활동이 뜸하던 시기에 그 한 권의 문학지는 생각지도 못한 위안이 되었고, 외연을 확장하는 계기가 되었다. 나는, 단지 누군가에게 조금이라도 도움이 되고 싶다는 마음이었는데 돌아보니 내가 도움을 받고 있었다. 처음엔 조용한 배려로 다가오던 김금란 씨는, 돌아보면 늘 곁에서 힘을 주는 사람이었다. 어쩌면 누구나 할 수 있는 작은 관심 하나가, 다른 누군가에게는 커다란 마중물이 될 수 있다는 것을 깨달았다. 그날 그녀가 내민 한 권의 책은 바로 그런 역할을 해주었다.

걷는 것이 약간은 불편하여 멀리 가는 건 무리라고 여겨, 건물 1층에 있는 식당에 가기로 했다. 몸도 불편하고, 시간을 내어 쌀쌀한 날씨에 여기까지 온 것이 고마워서 식사비를 내려고 했지만, 그동안의 마음의 빚을 갚으려는 듯 한사코 사겠다는 것을 말릴 수 없었다. 마음씨 좋은 음식점 사장은 오랜만에 찾아온 손님이라며 양을 푸짐하게 주었다. 배불리 먹어도 찌개가 반 이상 남았다. 포장하여 김금란 씨가 가져가게 했는데, 몸이 불편해서 들고 갈 수 없어 같이 식사를 한 분에게 자동차로 모셔다드리도록 해서 마음이 가벼웠다.

나이 들어간다는 것은 우리에게 어떤 의미일까? 늙어간다는 단순히 생물학적 변화만이 아니라, 신체적으로나 정신적으로 한층 더 성숙해진다는 의미를 담고 있다. 늙어간다는 것은 누구에게나 일어나는 필연적이자, 삶이 자연스럽게 흘러가는 보편적인 현상이다. 숫자에 얽매인 시선으로 '나이 듦'을 바라보면, 우리는 종종 그것을 쇠퇴나 제한으로 느끼게 된다. 그러나 그 속을 들여다보면, 나이 든다는 것은 곧 깊어지는 삶의 결이기도 하다. 도전, 기회, 친밀감, 건강함, 목적, 열정 등 이 모든 것들은 오히려 노년을 더욱 단단하게 만들 수 있는 요소가 된다. 나이 듦을 쇠락의 상징으로 여긴다면, 그 속에서 비관과 두려움, 외로움, 후회 같은 어두운 감정을 떠올리게 된다. 나이 듦은 축복일 수도, 그림자일 수도 있다.

지팡이에 의지한 모습이 어쩐지 낯설어 시간의 무상함이 불현듯 밀려왔다. 차에 탈 때도 힘겨워하는 모습을 보면서 갑자기 세월의 흔적이 드러난 게 2년 전 남편과의 사별 이후에도 잘 견뎌온 듯했는데, 본인의 말로는 뇌졸중 수술 후 재활치료를 잘하여 장애나 후유증이 없어 다행이라고 했다. 그러나 청각, 미각, 시력, 후각 등의 신체 기능이 빠르게 저하되고, 근력이 약해져 나이가 원수인지 욕망은 앞서 있으나 행동이 뒤따르지 않는 것 같다고 했다.

인생을 돌아보면 수많은 스승이 모르는 사이 스쳐갔다. 그들은 교단 위의 선생님일 수도, 어느 날 오후 잠깐 대화를 나누었던 이웃일 수도 있다. 오늘의 나는 그들의 말 한마디, 따뜻한 관심과 사랑으로 이루어졌다. 스승은 단지 가르치는 사람만을 뜻하지 않는다. 때로는 삶을 함께 살아낸 이들이 더 깊은 가르침을 준다. 지하철 안에서 자리 양보를 미소로 돌려준 할머니, 무심한 듯 건넨 친구의 위로 한마디, 실수에도 눈을 감아 준 상사의 묵묵함 등 그 모든 순간이 내 안에 하나의 가르침으로 남아있다. 그들은 나에게 말이 아니라 존재로서 삶의 태도를 가르쳐 줬다. 나는 그들에게 무엇을 했는가. 그 소중한 가르침을 당연하게 여긴 것은 아닌지, 감사조차 건네지 못한 채 잊고 산 것은 아닌지 문득 부끄러워진다. 나도 누군가에게 긴 여운을 남길 수 있는 존재가 될 수 있을까? 내 삶이 누군가의 스승이 될 수 있을까?

겨울철이라 그런지 갑자기 몸이 약해진 것 같아 안타깝다. 함께 해온 인연이 얼마나 귀하고 따스한지를 새삼 깨닫는다. 몸은 잠시 약해질지 몰라도 마음만은 더욱 단단해지기를 바란다. 이른 봄, 다시 찾아올 따뜻한 햇살 아래 건강을 되찾은 모습으로 마주앉아, 그동안 나누지 못했던 이야기들을 하나하나 꺼내고 싶다.

(2024. 11. 22.)

# 밀포드 사운드에 뿌린 눈물

　이번(2024. 10. 2.~10. 11.) 뉴질랜드 여행의 하이라이트는 단연 밀포드 사운드(Milford Sound)여서일까. 우리 부부와 형님뿐만 아니라 일행들도 들떠 있는 표정이 역력하다. 밀포드 사운드는 뉴질랜드 남섬의 남서쪽에 있는 피오르드랜드 국립공원으로 세계유산인 테와히포우나무 공원 내에 있다. 전 세계 피오르 중에서도 가장 유명한 곳은 노르웨이의 송네 피오르(Sogne Fjorden)이며 남반구에서는 밀포드 사운드가 유명한데 이곳을 가게 돼 기대가 충만했다.

　밀포드 사운드는 영화 '반지의 제왕(피터 잭슨이 제작, 2001년 개봉)' 촬영지로 유명하며, 연간 평균 강우량은 약 6,800㎜로 뉴질랜드에서 가장 비가 많이 오는 곳 중 하나다. 비가 많이 올 경우, 하루 동안 250㎜에

달하는 폭우가 내리면 수십 개의 임시 폭포가 생겨서 절벽 밑으로 흘러 내려 장관을 이룬다고 하는데, 우리가 간 때가 우기가 아니라서 그 일부만 볼 수 있어 조금은 아쉬웠다.

 묵고 있던 퀸스타운의 한 호텔에서 약 300㎞ 떨어진 곳이라, 5시간이 걸린다고 해서 아침 8시 버스에 몸을 실었다. 가는 동안 심란하게 이슬비가 오락가락한다. 가이드는 여기를 못 온 지 2주가 넘었다며, 그만큼 오기가 힘들다는 말은 날씨의 영향이 큼을 은근히 암시한다. 어제까지 눈과 비가 많이 내려서 출입이 안 되었다며 오늘은 어떨지 모르겠다고 했다. 출입이 가능한지를 미리 알려주는 표시를 해 놓은 곳을 지날 때 'Close'라고 되어 있어 낙담하며, 빙하가 휩쓸고 간 에글린턴 밸리(Eglinton Valley) 초원에서 내린 우리는 누구랄 것도 없이 뻥 뚫린 대평원을 보며 환호했다. "와~" 하며 그저 감탄사밖에 나오지 않는다. 조금 더 가서 몽키 크리크(Monkey Creek)라는 개울에 도착하여 설산에서 흘러내린 약 12,000년 전 빙하수를 맛보는 순간 뼛속까지 시리다. 태고의 만년설이 녹아서 흐르는 천연 육각수를 너도나도 전날 준비한 빈 페트병에 담기 바빴다. 형님은 정차하는 곳마다 담배를 피웠는데 단체 여행객 중 유일하여 청정한 곳이라 눈치가 보였다.

 가이드는 지금은 문이 닫혀 있지만, 혹시라도 상황이 바뀔 수 있으니, 입구까지 가보자고 한다. 그곳을 가려면 탤벗 산(Mt Talbot) 중턱의 호머 터널(Homer Tunnel)을 지나야 하는데, 1.2㎞의 1차선으로 1954년에 완공되어 전보다 약 2~3시간이 단축된다고 했다. 호머 터널이 유명한 이유는 터널 앞뒤로 펼쳐지는 그림 같은 절경이 빼어나기 때문이다.

자연을 훼손하지 않으려고 수작업으로 뚫었다며, 굳이 2차선으로 확장하지 않는 친환경 정책이 대단했다.

가이드는 어제 오후부터 부모는 자신을 위해 살아야 한다고 시간이 있을 때마다 강조를 한다. 자식들에게 재산 물려줄 생각 말고 살아 계실 때 본인들을 위해 써야 한다며, 경기도 고양의 한 고객은 27살 된 아들이 집 3채 중 2채를 자기 앞으로 소유권이전등기를 해달라고 하는데, 어떻게 해야 하는지 물어 왔다며 우리는 그렇게 살지 말라고 한다. 한국과 같이 자식들에게 헌신 봉사하는 부모는 세계적으로 없다며, 이젠 제발 본인들을 위해서 사시라고 한다. 결혼시킨 후 자식들이 스스로 알아서 살도록 내버려두라고 귀가 닳도록 말한다. 도둑의 때는 벗어도 자식의 때는 못 벗는다고 하는데, 부모들의 노후 삶에 대한 철학은 이곳에서 30여 년 삶과 수많은 여행길에서 만난 이들의 이야기가 더해져 완성된 것 같다. 이는 한국 부모님들이 깨우쳤으면 하는 사항으로 나이는 젊지만, 꽤 설득력이 있었다.

부모가 자신을 돌보는 삶을 산다는 것은 이기적인 행동을 뜻하는 게 아니다. 오히려 부모가 자기 자신을 존중하고, 자신이 좋아하는 일을 하고, 자신만의 삶을 살아갈 때 더욱 행복하고 건강한 부모가 될 것이다. 부모가 행복해야 자식도 진정한 행복을 느낄 수 있다. 부모가 자신을 위한 삶을 살 때, 우리는 그 모습을 통해 삶의 진정한 의미를 배우게 된다.

빙하수를 마신 후 호머 터널에 도착하기 전 익숙한 '시월의 어느 멋진 날에(1996년, 노르웨이 출신 그룹 시크릿 가든(Secret Garden)의 봄의 세레나데에서 연유)' 노래가 흘러나온다. 10월이 되면 가을을 상징하는 이용의 '잊혀진 계절'과 같이 방송과 거리 곳곳에서 흘러나오는 이 곡은 바리톤 김동규의 풍성한 목소리와 부드러운 멜로디로 깊은 사색에 잠기게 한다. 이 노래를 매번 들을 때마다 마음이 차분해지고, 감상하는 동안 몸과 마음이 힐링된다. 여행을 온 시점이 10월이라서 노래 선곡을 센스 있게 했다는 느낌이었다.

호머 터널을 지나자마자, 앞이 시원하게 터져 가슴이 뻥 뚫리는 것 같다. 이렇게 많은 폭포라니! 이런 풍경은 예전에 노르웨이를 여행할 때 본 후 처음이다. 아직도 녹지 않고 쌓여 있는 눈과 아래로 흘러내리는 폭포들! 정말 이런 풍경을 어찌 장관이라 하지 않을 수 있을까? 그저 바라보고만 있어도 감동적인 풍경이지만, 한편으로는 이상기후로 빙하가 속절없이 녹는 게 걱정이었다. 다시 몽환적인 멜로디와 평화로운 가사로 유명한 '넬라 판타지아(Nella Fantasia, 1986년 개봉된 영화 미션의 주제곡)' 노래가 흘러나와 감흥을 더 고조시킨다.

이어서 김광석(가수, 1964~1996)의 '어느 60대 부부의 이야기' 노래가 잔잔히 흐른다. 제목대로 어느 60대 노부부가 자신들의 인생을 회상하는 내용의 가사로 어제부터 복선을 깔아 놓아 버스 안의 분위기가 갑자기 노래에 빠져 엄숙해졌다. 나는 순간 '욱'하고 속에서 무엇인가가 치밀어 오르더니 갑자기 눈물이 핑 돌았다. 나이가 들면 눈물이 많아지는 걸까. 감성을 자극하는 가사는 형수님 생각과 겹쳐져 눈물샘을 건드렸다. 감성적인 아내는 이미 고개를 푹 숙이고 나보다 먼저 '흑흑'거리고 있다.

"다시 못 올 그 먼 길을 어찌 혼자 가려 하오.
여기 날 홀로 두고 여보 왜 한마디 말이 없소."
후반부 가사는 아내를 소리 높여 더 슬피 울게 했다. 뒤에 앉아 있던 일행이 휴지를 주어 눈물을 닦아 보았지만, 한 번 터진 눈물은 수돗물을 틀어 놓은 것처럼 줄줄 흘러나와 주체할 수 없다. 가이드 바로 뒷좌석에 앉은 아내는 노래가 끝나자 훌쩍이며 비장한 목소리로
"가이드님! 마이크 좀 주실 수 있어요?"
"예! 여기 있습니다."
"여러분! 제 시숙님이 담배를 자주 피우시지요?"
"예, 예"
"큰형님이 췌장암으로 몇 년 전에 하늘나라로 가셨답니다. 그래서 이렇게 혼자 오셨고, 그 충격으로 끊었던 담배를 다시 태우게 되셨답니다."
"그렇게 되셨군요."
"이제 이해가 되셨나요?"
"예~그렇구나!"

일행들 모두 부부가 왔는데, 형님만 짝 잃은 외기러기처럼 홀로 와 의문이 있었겠지만, 차마 물어 볼 수 없었을 것이다. 우리도 형님께서 피우는 담배로 인한 부담감을 다소 덜어낼 수 있었다. 버스 안은 순식간에 눈물바다가 되고, 어느 일행은 힘내라며 응원의 말을 해주었다. '기쁨을 나누면 배가 되고 슬픔을 나누면 반이 된다.'는 말도 있듯이 마음이 종전보다 후련해졌다. 형님은 밖을 보며 조용히 참담한 눈물을 흘리고 있다. 때때로 타인의 힘든 이야기를 듣다 보면 내가 마치, 그 일의 당사자가 된

것처럼 마음이 힘들어질 때가 있다. 내가 직접적으로 겪은 일이 아닌, 그저 이야기로만 들은 것이 전부임에도 쉽게 동조된다. 이곳 환경과 분위기에 어우러진 연출은 이렇게 막을 내렸다.

근래 무엇을 보고 들어 눈물을 지어본 일이 있었던가? 드라마 속 한 장면이었는지, 오래된 노래 한 구절이었는지, 아니면 거리에서 마주친 낯선 이의 굽은 뒷모습이었는지. 이유를 설명할 수 없을 만큼 조용히, 그러나 분명히 마음이 울컥하던 순간이 있었다. 세상의 슬픔이 내 슬픔처럼 스며들어, 문득 눈가가 젖던 날들. 누군가의 사연에, 한마디 말에, 혹은 잊고 있던 내 안의 상처에 불현듯 닿아 흘렸던 그 눈물들. 눈물은 늘 이유보다 마음이 먼저였다. 그 눈물 덕분에 나는 아직 따뜻하다는 걸, 무뎌지지 않았다는 걸 알 수 있었다. 그렇게 나는 삶을, 사람을, 그리고 나 자신을 조금 더 이해하게 되었다.

세월이 흘렀지만, 그날의 감정은 여전히 선명하다. 형수님이 남기신 마지막 모습이 떠오를 때면, 그 숭고한 이별과 깊은 그리움이 마음속에 잔잔히 번진다. 형님의 고통과 아픔은 얼마나 클까? 아무 말 없이 감내하셨을 그날들이 뒤늦게 형님의 휴대전화 배경 속 사진으로 전해졌다. 그 사진 속엔 붉은 꽃잎 사이로 맑게 웃고 계신 형수님의 모습이 고요히 남아 있었다. 삶의 끝자락에서조차 단정하고 따스하셨던 그 미소가, 남겨진 이들의 마음을 오래도록 적신다.

(2024. 10. 20.)

# 누가 장담할 수 있는가

　가입된 문학단체에서 1박 2일(2024. 10. 17~18)로 강원도 백담사와 인제군 원대리 자작나무숲 문학 기행을 간다고 9월 중순에 연락을 받았다. 꼭 가 봐야 할 곳이라 곧바로 신청한 후 고민이 깊어지기 시작했다. 호주와 뉴질랜드 여행이 10월 2일부터 10일간 예정이 되어 있는데 난감했다. 여행을 다녀온 후 곧바로 2일간 사무실을 또 비우게 되어 마음속으로 허락이 안 되었지만, 일단 신청한 후 방안을 찾아보기로 했다.

　해외여행 동안 사무실에 별다른 일이 없어서 다행이었다. 급한 일부터 처리한 후 3일째 되던 날 오후 3시가 넘어 참가 여부를 결론 내어야 했다. 양심상 차마 입에서 말이 떨어지지 않았다. 열흘간 여행을 다녀왔으면 되었지, 또 자리를 비우겠다는 말은 내 본분을 망각하고 밖으로만

나돌아다니는 듯해 내 행동이 나도 마음에 들지 않았다. 그렇지만, 회사 일과 사회생활이 병립할 수 없어도 최소한 여기만은 꼭 참석해야 한다는 생각이 나를 몹시 힘들게 했다. 카톡에 글을 써야 하는데 손가락이 움직여지지 않고, 통화버튼을 누르는 일이 몇 번이고 망설여졌다. 어렵게 참석할 수 있었지만, 마음이 가볍지 않았다.

새벽 6시까지 모이기로 한 장소에 집이 먼 사람이 먼저 온다고, 내가 세 번째로 도착하였다. 반가운 얼굴들이 하나둘씩 모여든다. 그중 엄기창 원장님의 모습도 보여 인사를 드리며 사모님의 안부를 물었더니, 같이 오셨다는 말에 지난번 음식점에서 뵌 적이 있는 누구라고 말하고 인사를 드렸지만, 치매를 앓고 있어 정확히 알았는지는 알 수 없었다. 원장님은 김영수 학장님과 같이 문예대학에서 시와 시조를 십수 년째 지도하시고 계시는 존경받는 원로 시인이다. 집에 혼자 남겨 두시고 올 수 없어 같이 오셨다고 했다. 사모님은 버스에 탑승 전까지 가만히 있지 않으시고, 이리저리 돌아다니시고, 원장님의 눈에 안 보이면 찾으시는 일이 반복되었다.

원장님은 다른 문우들과 인사와 대화를 나누시면서도 시선은 늘 사모님께 머물러 계셨다. 자칫 한눈파는 사이 자동차가 오가는 위험한 도로변으로 가실 수도 있고, 일행에게서 잠시라도 벗어나시거나 시야에서 보이지 않으시면 몹시 불안해하시는 모습이었다. 마치 알을 두고 온 새의 마음 같았다. 사모님께서 크게 소리를 지르시거나 반갑게 웃으실 때, 다른 문우들과 포옹하시는 행동을 보이실 때는 조용히 웃으시며 그러지 마시라고 타이르듯 부드럽게 말씀하신다. 나의 아픈 모습을 다른 사람에게 보여주시는 일이 유쾌하지 않을 터인데, 하물며 세상에서 가장 소중한 아내의 아픈 모습을 보여주시는 그 마음은 얼마나 아프시고 고통스러우셨을까?

다행히 1박 2일 동안 사모님을 전담하여 일거수일투족을 같이 할 김은자 문우가 있어서 우리들도 마음이 놓였다. 내 부모 모시는 일도 힘들고, 때로는 포기하고 싶은 마음이 들 텐데 짜증 한 번 내지 않고, 친부모 이상으로 돌보는 헌신적인 모습이 퍽 인상적이었다. 고생을 사서 하는 것 같았다. 모처럼 단풍 구경을 나왔으니, 다른 문우들처럼 일상에서 벗어나 자연을 만끽하고, 인생 사진도 찍으며, 마음에 맞는 문우와 대화도 나누고 싶었을 텐데 어떻게 참았을까? 나에게 맞추어진 시간이 아니라 환자에게 매인 몸이었다. 한 사람의 값진 희생이 전체를 빛나게 하는 것을 보면서 헌신과 봉사는 고귀했다. 원장님과 김은자 시인은 넓게 보면 사제지간으로 매주 목요일 '시 창작 전문 과정'에서 3년째 시를 배우고 있는 관계에서였는지 감히 누구도 할 수 없는 일을 솔선하여 고마웠다.

이번 여행의 하이라이트는 인제군 원대리 자작나무숲이었다. 자작나무 숲은 원래 소나무 숲이었는데 솔잎혹파리 때문에 나무가 죽어 나간 자리에 자작나무 69만 본을 1974년부터 20여 년간 심었다고 한다. 하얀 나무 기둥이 하늘 높이 쭉쭉 뻗어 있다. 이 넓은 숲에 자작나무가 빼곡해서 이색적이고 몽환적인 분위기여서 감탄을 자아낸다. 자작나무숲 여기저기 사진 찍기 좋은 장소가 많아서 시간 가는 줄 모를 정도라 문우들은 흡족해했다. 김 문우도 충분히 갈 수 있는 체력이었지만, 다른 문우들한테서 듣는 말로 위안을 삼아야 하는 마음은 어땠을까?

치매는 어느덧 우리 국민에게 '암' 못지않게 두려운 질환이 되었다. 국립중앙의료원 중앙치매센터는 지난 2023년 5월에 발표한 '대한민국 치매 현황 2022'에서 올해 국내 65세 이상 인구 중 추정 치매 환자가 100만 명을 넘을 것으로 예측했다. 국내 65세 이상 인구의 치매 유병률은 11%다. 즉 65세 이상 9명 중 1명은 치매라는 얘기다. 송인욱 가톨릭대학교 인천성모병원 뇌병원 신경과 교수는 "치매 환자는 뇌에 특정한 독성 단백질(아밀로이드)이 쌓이거나 혈액 공급에 문제가 생겨 뇌가 손상되는 경우가 많아서 그 영향으로 기억력 저하 등 인지 기능장애가 나타난다."고 했다. (가톨릭대 인천성모병원, 2021. 3. 19.) 고령화 시대의 가장 큰 화두이자 숙제이지만, 아직 불치병으로 남아 있는 치매, 가정과 사회가 겪는 고통과 경제적 손실이 크다.

일정을 마치고 비가 내리는 귀로길 버스 안에서 이틀간 느낀 소감이나 자작시 등을 발표하는 시간, 내 순서가 되어 다음과 같이 소감을 말했다.

"사회자님! 복권이 남아 있으면 저에게 한 장만 주실 수 있나요?"

(전날 사회자가 버스에서 이벤트를 진행하면서 복권을 당첨 상품으로 나누어 주었음)

"예! 남아 있네요. 여기 있습니다."

"예! 감사드립니다. 이번 문학 기행 동안 원장님 사모님을 보면서 미래의 우리 모습을 보는 것 같아 안타깝고 두려웠습니다. 원장님과 사모님께선 선하게 살아오신 분으로 알기에, 더욱 존경스럽습니다. 저는 이 복권을 원장님 사모님께 드리고 싶습니다. 이 연금복권이 우리 모두의 바람으로 꼭 당첨되어 매월 700만 원씩 받으셨으면 좋겠습니다. 그리고 신약이 발명되어 꼭 치료되기를 소망합니다."

나의 이 말에 많은 문우들이 깊이 공감해 주었다.

누구도 건강을 장담할 수 없다. 그래서 우리는 생의 마지막 날까지, 스스로 건강을 지키기 위해서 애써야 한다. 나이가 들수록 몸은 한계를 느끼고, 병은 어느 틈엔가 다가오며 인간을 겸손하게 만든다. 그래서 옛사람들은 "인간만사 새옹지마(人間萬事 塞翁之馬)"라 했는지도 모른다. 어떤 질병도 '나는 아닐 거야.'라는 생각은 큰 방심이 될 수 있다. 누구에게나 병은 불쑥 찾아오고, 내일의 일은 누구도 알 수 없다. 인간은 스스로 내일을 통제할 수 없는 연약한 존재이기 때문이다. 건강을 지키는 길은 오늘 지금, 이 순간뿐이다. 몸이 보내는 신호에 귀 기울이고, 섬세한 배려와 절제 그리고 꾸준한 운동과 정기적인 검진을 통해 자신을 살펴야 한다. 건강은 결코 당연한 것이 아니며, 언제나 돌봄이 필요한 소중한 선물임을 잊지 말아야 한다.

치매 환자를 돌보는 가족은 스트레스나 우울증의 누적된 피로감으로 인해 자신의 건강을 위협받을 수 있다. 이는 돌봄 가족을 잠재적인 환자로 만드는 원인일 뿐만 아니라 돌봄의 대상인 치매 환자에게도 더욱 치명적인 위기를 초래할 수 있다. 사랑하는 가족이 아프다는 것만으로도 삶은 너무나 고통스럽다. 특히, 기억력을 상실한 가족 옆에서 정성을 다해 돌보아도 별다른 진전이 없을 때 느껴지는 무력감과 밑도 끝도 없이 감당해 내야 하는 의무감이 치매 환자의 가족을 더욱 괴롭힌다.

우리 주변에는 환자가 없는 곳이 없다. 이런 세상에서 우리는 모두 서로를 돌보는 간병인이기도 하고, 언젠가는 누군가의 돌봄이 있어야 하는 환자가 될지도 모른다. 그래서 우리는 항상 서로를 살펴야 한다. 따뜻한 눈길을 건네고, 작은 손길을 내어주며, 아픈 이들에게 어루만짐을 아끼지 않아야 한다. 그것은 누구에게나 주어진 평생의 과제다. 조심스럽게 사모님을 바라보며, 나는 불현듯 인간의 연약함과 따뜻함을 동시에 느꼈다. 불인지심(不忍之心), 고통받는 이를 그냥 지나치지 못하는 마음이 나를 겸손하게 하고, 세상을 다정하게 바라보게 한다. 짧은 동행의 시간이었지만, 그 시간은 오래도록 내 안에 머물 것이다. 사모님의 건강이 하루속히 완쾌되어, 예전처럼 환한 웃음 속에서 여생을 누리시기를 진심을 담아 기도한다.

(2024. 10. 18.)

# 내가 난 가족

부모에게 자식이란 삶의 전부다. 고단하고 힘든 삶을 버티게 해주는 가장 큰 원동력이며, 인생의 기쁨이자 목숨과도 같은 존재다. 머리카락, 손가락, 살결, 목소리, 눈빛, 표정, 행동 하나하나까지 눈물겹도록 귀하고 사랑스럽다. 내 몸보다 더 아프고 애잔하며 소중했던 시절이 있었다. 이제는 스스로 한 가정을 꾸리고 독립해 살아가지만, 마음 한켠에서는 여전히 자식을 걱정하며 품에 안고 사는 이가 바로 부모다. 내가 낳은 가족, 그 존재만으로 세상 무엇보다도 소중한 이유다.

2025년 1월 1일, 새해 아침부터 생식 가족 네 명은 한차에 타고 무안 항공기 참사 현장인 무안 국제공항으로 향했다. 처조카 며느리가 이번 항공기 참사에 희생이 되어 처조카를 위로하기 위하여 가는 길이다. 원래 가족이 한차에 탄 게 얼마 만이던가? 기억이 안 난다. 해외 근무 등 사는 장소가 다르고, 하는 일이 달라 순수한 우리 가족이 한차에 타고 어디를 가는 것은 아주 오랜만이다. 아들들 가족까지 함께 가면 좋으련만, 아직 어리고 장시간 차를 타야 하기에 아들들만 가기로 했다. 아들은 어렸을 때 외갓집에서 처조카들과 자주 어울렸다.

아내는 신이 나 들떠있다. 형성 가족만 탔다고 싱글벙글한다. 피는 물보다 진하다고 본인이 낳아 기르고, 가르치고, 온갖 정이 다 들었으니 그럴 만도 하다. 격식을 차리지 않아도 되고, 거친 말을 해도 누가 흉볼 사람이 없어 편하다. 며느리에게 맡겨 놓았던 아들을 잠시 찾아온 느낌이다. 며느리 처지에서는 농담으로 오랜만에 어머니 젖을 더 먹고 오라고 할 만도 하다. 사위가 백년손님이 아니라 아들이 있는 집에서는 며느리가 백년손님이다.

부성애보다 모성애가 강했다. 동물인 어미 닭과 병아리, 어미 개와 강아지를 보면 보호본능이 얼마나 강한지 알 수 있다. 하물며 자기가 낳은 혈육에 대한 그리움이 얼마나 간절했을까? 때로는 며느리의 눈치를 보아야 했고, 말 한마디가 조심스러웠다. 고부지례(姑婦之禮)로 교양과 체면도 지켜야 했고, 어른 노릇도 해야 했다. 며느리가 자식을 빼앗아 간 것은 아니지만, 아내의 마음을 쿨하게 이해해 줘야 했다. 30년을 함께해 온 애착 관계가 어느 순간 소원하다고 느꼈을 때 드는 상실감은 당연하다. 내 몸보다 더 소중하게 키운 자식인데 하루아침에 남처럼 대하기가 쉽지 않다. 좀 더 인생을 길게 산 부모가 먼저 마음을 비우고, 정신적으로 독립해야 하는데, 칼로 무 자르듯이 자식 결혼을 기점으로 그게 쉽게 안 된다. 지독지정(舐犢之情)의 마음이 얼마나 애틋하겠는가? "아들을 며느리에게 뺏긴다."는 개념은 꼭 우리나라 어머니들만 그런 게 아닌 거 같다. 예전에 독일 사람과 친분이 있었던 적이 있는데 그 사람도 비슷하게 표현했다.

중세 유럽 왕가들이 근친혼을 계속한 이유는 명백하다. 귀한 혈통을 보전하려는 욕심, 즉 원래 가족을 지키고 싶은 마음이었다. 서민의 피가 섞여 혹여 왕가의 정통성을 훼손할까? 두려운 마음이 앞섰다. 근친의 피가 계속해서 섞여 갔고, 유전적 질병이 왕조를 덮치자 끔찍한 부작용을 낳았다. 스페인 합스부르크가의 '주걱턱'과 프랑스 왕조는 왕조 교체를 당해야 했다. 영국 빅토리아 여왕의 혈우병은 손자손녀들의 근친결혼으로 전 유럽에 퍼졌다. 일본에 덧니가 많은 이유 중 하나는 근친혼 풍속이 꼽힌다.

나는 우리 부모님의 원가족(근원 가족)이었다가 아내와 결혼하여 자식을 두어 생식 가족 (형성 가족)을 구성하는 부모가 되었다. 아들 처지에서는 원가족이 되었다가 결혼하여 다시 형성 가족이 있는 부모가 된다. 즉 나는 부모님의 자식이자, 나에 딸린 자식의 부모가 되었다. 자식은 이렇게 이중적인 역할자가 되었다. 내 의지와 관계없이 원가족이 된 후 내 의지로 형성 가족을 만들고 이렇게 인류는 발전해 왔다. 이 사이클이 과거에는 단절되지 않고 이어져 왔는데, 지금은 비혼과 동성애자, 딩크족(DINK; Double Income, No Kids), 싱크족(SINK; Single Income, No Kids), 딩펫족(DINK-pet), 독신 등으로 끊기고 있어 안타깝다. 아기를 낳지 않으니, 인류가 점차 소멸해 가고 있다는 증거다.

심리 상담 책을 접하기 전까지는 '원가족'이라는 개념이 낯설었다. 사실 그때까지도 내 가족은 돌아가신 부모님과 형제자매와 나, 아내, 두 아들이었다. 내 원가족에 아내와 나, 애들이 합류한 느낌이었다. 물론 아내에게 티를 내진 않았지만, 내 마음속 가족은 그런 모습이었다. 그런데 책에서는 원가족에서 분리되라고 한다. 이 말은 너무 충격이었다. 어떻게 내 부모와 형제자매에게서 내가 분리된단 말인가? 나는 특히나 나의 원가족에 대한 애착이 강했다. 아내가 자신의 원가족에게서 분리되었으면 하는 마음처럼, 아내 또한 내가 원가족에게서 분리되길 바랄까 하는 생각도 들었다. 어느덧 나는 내 가족을 나와 아내, 자식이라 생각하게 되었다. 이제는 원가족에서 분리되어 결혼한 아들이지만, 며느리들과 합이 들어 손주들 낳고 잘살고 있어 고마울 때가 많다.

가족관계의 중심은 성장 과정에서는 부모님이었지만, 어느 날 부모님이 돌아가신 후 그 자리는 자연스레 큰형님이 이어받게 되었다. 장자로서 제사와 차례를 주관하며 집안의 중심이 되었고, 나 역시 결혼하고 독립하였지만, 여전히 중심은 형님에게 머물러 있었다. 자식들이 자라 결혼하고 손주들이 태어나면서, 어느 순간부터 형제들은 각자의 중심을 향해 흩어지게 된다. 비록 종갓집은 아니지만, 한 축의 중심이 서서히 다른 곳으로 옮겨가며 가족은 형제간의 거리만큼이나 느리게, 그러나 확실하게 분리되어 간다. 부모님이 살아계실 때는 모두가 '원가족'이었다. 그러나 이제는 각자의 삶에서 뿌리내린 형성 가족들이 그 자리를 대신한다. 원가족이라는 말은 점차 사라지고, 가족은 더 이상 한 울타리에 묶이지 않는 복합적인 존재가 된다. 그런데도, 우리는 여전히 우리 마음 어딘가에 누군가를 중심으로 둔 채 이어지고 싶은 그리움이 남아 있다.

위로를 마치고 돌아오는 길에 큰아들이 자주 이용한다는 단골 가게가 있는, 군산 신영시장에 들러 반건조 된 박대, 장대 등을 선물로 사주었다. 생선 요리를 좋아하는 가족들의 반찬으로 몇 번을 먹을 양이라서 마음이 흡족했다. 박대구이는 가시가 많지 않아서 반으로 갈라 가운데 통가시를 제거하고, 양쪽 지느러미 가시만 제거해서 먹으면 된다. 그래서 아이들 밥반찬으로 그만이다. 국내산보다 수입 일색으로 크기가 작은 것이 흠이었다.

뜻밖의 기회가 찾아와, 우리는 오래전 잃어버린 시간을 되찾듯 한자리에 모였다. 다음번에는 언젠가 또다시 기회가 온다면, 우리 가족 모두가 한데 어우러져 세월의 벽을 허물고, 더 넉넉한 사랑으로 서로를 안아줄 수 있기를 간절히 바랐다. 피붙이란 이름으로 시작했지만, 시간이 쌓여 만들어낸 진짜 가족은, 이해와 용서 그리고 변함없는 따뜻함으로 완성된다. 하늘 아래 가장 따뜻한 곳, 그곳은 늘 내 사랑 내 가족이 있는 자리였다.

(2025. 1. 8.)

## 할아버지, 기분이 다 풀렸어요

 가족에게 존중받으며 사랑받고 싶은 욕망이 컸는지도 모르겠다. 큰 손자는 집안의 꽃으로 그동안 사랑과 관심을 독차지해 왔으나, 어린 사촌 조카 동생의 등장으로 평소보다 시들해진 것을 느낀 것일까? 사랑이란 관계 속에서 형성되고, 그 속에서 꽃이 핀다. 그동안 가족들이 보여준 긍정에너지와 애정이 큰 힘으로 작용해 왔는데, 그 관심이 분산되자 어린 마음으로는 감당이 안 돼 충격과 상실감이 컸나 보다.

 내 칠순이라 가족들이 삼복더위에 모였다. 일분일초, 한 시간, 24시간이 쌓여 하루가 되고 한 달이, 일 년이 켜켜이 축적돼 칠십이 되었을 텐데, 이 많은 나날이 언제 그렇게 순식간에 지나가 버렸는지 남가일몽처럼 허망한 것은 나만이 느끼는 감정일까? 자기 늙은 것은 몰라도 남 자라는 것은 안다고, 아들도 나이를 먹어 가고 손주들 크는 것을 보면, 분명히 세월은 가고 있는데 세월은 패를 보여주지 않는다. 가는 세월 오는 백발이다. 세월에 속아 앞으로는 나아지겠거니 하는 막연한 희망을 품고 여기까지 왔다. 앞으로 살날이 살아온 날보다 많지 않으니 허비하지 말고 욕심부리지 말라 한다.

　서울 사는 큰아들네 개구쟁이 세 손자는 초등학교 2학년부터 7살, 4살로 한창 힘이 넘쳐 거실이며 방이 삽시간에 운동장이 되었다. 사내아이라서 그런지 때로는 청개구리처럼 행동하기도 한다. 작은아들네 손녀는 이제 겨우 13개월로 발걸음을 뒤뚱뒤뚱 몇 발짝 떼며 말도 옹알거리는 수준이라 오빠들과 어울려 놀 수 없어서 보호가 필요했다. 작은아들은 우리 집과 가까워 손녀의 재롱을 볼 수 있는 기회가 서울 사는 손자들보다 많았다. 큰아들 가족은 일 년 전 미국에서 파견근무를 마치고 국내로 들어왔지만, 셋째 손자는 미국에서 나고 커서 유아 시절 할아버지 정을 줄 수 없어 안타까웠다. 코로나19가 발생하지 않았다면 한 달 일정으로 아들 가족이 있던 LA에 가려고 했지만 아쉬웠다.

　손자들은 송사리떼처럼 큰 손자를 중심으로 몰려다니며 잘 논다. 손자 셋이 모이니 집안이 좁아 보이고 시간이 지날수록 난장판이 된다. 노는 데 정신이 팔려 할아버지 할머니에게 안길 생각은 아예 하지 않는다. 눈에 넣어도 안 아플 손자라지만, 머리가 지끈거리고 정신이 혼미하다. 절간같이 조용하던 곳이 모처럼 할아버지 생신이라고 온 손자들이 마냥 좋다며 뛰어노는데 말릴 수도 없다. 아홉 살 일곱 살 때에는 아홉 동네에서 미움을 받는다고 장난이 심하다. 조부모는 손자에게 자비롭고 동정심 많은 천사로 인식될 만큼 특별한 관계가 아니던가? 어린 시절을 생각해 보면, 부모님에게 꾸중을 듣거나 야단을 맞을 때도 할아버지 할머니는 나의 든든한 도피처였다. 무슨 잘못을 해도 따지고 혼내기보다 무조건 용서하고 받아주셨다.

할아버지 수염을 잡아당길 상황은 아니지만, 가만히 있자니 장난이 지나쳐 다칠 것 같아 불안불안하다. 아들과 며느리가 가만히 있는데 자발떠는 것 같아 꾹 참아야 했다. 아랫집 층간 소음에 신경을 쓸 여력이 없다. 이에 반하여 손녀는 의자나 소파를 잡고 일어나서 몇 걸음 걷다가 주저앉기를 반복한다. 아직 언어로 소통할 수 있는 단계가 아니므로 분위기나 표정이 중요하다. 큰 손자는 손녀와 놀려 하지 않고, 삼총사끼리 놀이에만 집중하는 것 같았다. 오빠들 틈에 휩쓸렸다가는 다칠 수 있어 일거수일투족의 관찰이 필요하고 때로는 안아 주어야 하는데, 10㎏ 가까운 몸무게가 버겁게 느껴질 때도 있지만, 스스럼없이 품에 안기는 손녀의 재롱과 귀여움에 푹 빠진다.

아들만 둘을 키워 딸에 대한 아쉬움이 컸다. 딸을 키워 본 사람들은 감정 표현이 섬세하고 애교가 많아 작은 몸짓 하나에도 부모의 마음이 녹는다고 한다. 딸은 작은 인형을 돌보거나 엄마 흉내를 내는 모습에서도 따뜻한 상상력과 감수성이 엿보인다고 한다. 남자아이가 에너지 넘치는 장난과 모험심으로 웃음을 준다면, 딸은 조용히 다가와 품에 안기고, 눈웃음 한 번으로 마음을 녹이며 잔잔한 행복을 준다고 하는데 아쉬웠다.

시간이 꽤 흘러 큰아들이 투덜거리듯 말한다.
"왜 예승이(손녀)만 예뻐해? 우린 사랑 안 해주는 거야?"
예승이가 어려서 그랬다고 대답했지만, 큰 손자의 눈에는 불공평하게 보였는지 눈치채지 않게 아들에게 말했던 모양이다. 할아버지의 편애적인 행동이 눈에 거슬렸는지 유희삼매에 빠지지 못하고 흥이 없어 보였다. 이런 상황이 올 줄 전혀 생각지도 못하여 당황스러웠다. 약자인 어린 동생을 보살펴 주는 것에 소외감을 느꼈는지 질투라기보다는 사랑을 확인하고 싶었던 모양이다. 첫 손자라 사랑스러워 예쁨을 독차지해 왔으며, 모든 행사의 중심으로 일 순위였다. 과분하리만큼 사랑을 주었지만, 오늘은 할아버지의 언행과 태도가 마음에 들지 않아 기분이 상한 것 같다.

일주일 후 아내는 큰 며느리로부터 전화가 왔다고 했다. 큰 손자가 할아버지 집에 다녀온 후 매일같이 할아버지는 예승이만 예뻐해 주는 것 같다고 말하더라는 것이다. 이 말을 듣고 마음에 상처가 컸으리라 여겨 바로 전화해서 마음을 풀어 주어야 하는데 어떻게 말해야 할지 고민이 되었다.

"민재(큰손자 이름)야! 할아버지야, 방학인데 재미있게 지내니?"
"할아버지 안녕하세요? 방학이라도 학원에 가야 해서 바빠요."
"민재가 세종 할아버지 집에 왔다 간 후 예승이만 예뻐해 주고, 민재는 사랑을 안 해 준다고 생각했나 보구나?"
"…."
"예승이는 아직 어린 동생이고, 걸음마도, 말도 못 해 할아버지의 보살핌이 필요해서 조금 안아 주었을 뿐이야."

"…."

"민재는 우리 집안의 1등 손자란다. 최고 손자야! 할아버지 할머니는 민재를 여전히 사랑하고 있어."

"예"

"할아버지 말을 이해하겠니?"

"네, 할아버지! 이제 기분이 다 풀렸어요."

"그래, 고맙다. 우리 착한 손자."

'알았어요'라는 말을 기대했는데 이제 초등학교 2학년인 손자의 "기분이 다 풀렸어요."라는 말에 눈시울이 뜨거워졌다. 꿍하고 언짢게 여겨 얼마나 찝찝했을까? 장난꾸러기로만 알았는데, 그렇게 어른스럽게 말할 줄은 몰랐다. 그 모습이 대견하고 기특했다. 큰 손자는 자기가 얼마나 사랑받고 있는지 본능적으로 알아챘고, 그 예민함은 마음의 상처에도 빠르게 반응했다. 할아버지 마음속에 자기가 밀려났을지도 모른다는 어린아이 나름의 상처였다. 내가 안아 주었던 아이는, 오히려 나를 품어 주는 아이가 되었다.

나만 좋아해 줬으면 좋겠고 내가 중심이 되어야 했다. 사랑을 다 차지하고 싶은 마음은 이 시기 아이들에게 자연스러운 현상이며, 그동안 경쟁자가 없었는데 혼란에 빠진 것이다. 인정욕구는 아기 때부터 늙어서 죽기 직전까지 모든 사람이 갈망하는 가장 자연스러운 득롱망촉(得隴望蜀)과 같은 인간적인 욕구로 과하면 독이 될 수 있다.

분명 손주를 사랑해서 한 말과 행동이었지만, 정작 손주는 그것을 사랑으로 느끼지 못한다면 그것은 사랑하는 방식에 어딘가 문제가 있는 것이다. 나는 그런 상황이 실제로 일어날 수 있다는 사실에 놀랐다. 사랑한다는 마음 그 자체보다 더 중요한 것은, 상대가 '사랑받고 있다.'는 감정으로 전해지는 일이다. 진정한 사랑은, 내 마음의 방식이 아니라 상대의 마음이 이해할 수 있는 언어와 행동으로 전해질 때 완성된다. 손주들이 곁에 있는 것만으로도 할아버지의 삶은 한결 더 깊고 넉넉해졌다. 노인이 된다는 것은 고독의 동굴로 향하는 일일지도 모른다. 나이 들어가며 마주하는 외로움은 피할 수 없는 풍경이다. 그러나 그 길에 손주가 있다는 사실 하나만으로도 그 여정은 결코 고독하지 않다.

어린이는 누구나 인간의 존엄성을 지닌 존재이며, 나라의 앞날을 이어 나갈 소중한 사람이다. 이들이 아름답고 씩씩하게 자라도록 돕는 일은 우리 모두의 책임이자 기쁨이다. 손주는 신이 우리에게 주신 축복이자, 삶의 보물이다. 손주들의 밝은 미래를 소망하며, 지혜로운 할아버지로서 어떤 역할을 해야 할지를 되새겨 본다.
'손주는 하늘이다.'

(2024. 8. 18.)

# 옷이 커졌다

 웬일인지 옷이 맞지 않는다. 아침 출근 시 30년 된 애장품 봄 점퍼를 입고, 잘 입었는지 현관 거울을 보는 순간, 오늘따라 옷이 몸에 착 달라붙지 않고 크다는 생각이 순간적으로 든다. 오늘은 본사에서 교육이 있어 지난주에 입었던 바바리보다는 점퍼가 나을 것 같아서 입었는데, 총장의 길이가 길고 어깨가 풍덩하게 느껴지는 이유는 무얼까? 작년에 입었을 때는 이런 느낌이 안 들었는데 일 년 만에 몸이 변한 걸까?

 한때 자주 입었던 옷이었다. 체중이 늘어날 걸 고려해 한 치수 큰 옷을 산 것도 아니었고, 소매가 길어 새 옷을 접어 입는 번거로움도 없었다. 당시 그 옷은 내 몸에 딱 맞았고, 무엇보다 가장 멋지고 아름답게 느껴졌다. 백화점 D 브랜드를 30여 년간 이용한 단골이었기에, 점장은 내

체형과 취향을 잘 알고 항상 어울리는 옷을 골라 주었고, 그때마다 만족스러웠다. 이 브랜드와의 인연은 옷에 안목이 있는 아내의 눈에도 들어왔고, 격식을 갖춘 신사복 이미지이면서도 캐주얼한 감각과 몸에 잘 맞는 핏(fit)을 강조해 젊은 느낌을 더해 주었기에 더욱 마음이 끌렸다.

곰곰이 생각하니 옷이 큰 것이 아니었다. 사람의 키는 나이가 들수록 서서히 줄어드는데, 이는 노화에 의한 자연스러운 현상인 것을 알았다. 나이가 들수록 뇌하수체에서 분비되는 성장호르몬이 줄면서 체내 근육량이 감소하고, 뼈 관련 질환들의 발생 빈도도 높아진다. 전문가에 따르면 보통 마흔 살부터 10년마다 약 1센티미터씩 줄어들고, 70세가 넘으면 평균 2.5센티미터에서 최대 4센티미터까지 키가 줄어든다고 한다. 노화로 신장이 작아지는 것은 자연스러운 현상이지만, 일부는 뼈 건강 상태의 문제일 수도 있다고 한다.

옷이 크다고 느꼈을 때 처음에는 반신반의하며 옷이 이상하다고 생각했다. 옷이 오래돼 해진 것은 아닌지 의심하였다. 나는 인식을 못 하였지만, 내 몸은 생존을 위해서 변화하고 있었는데 천년만년 그대로인 줄 착각하고 사는 게 사람인 모양이다. 옷태가 변하여 한물갔다는 서글픈 생각보다는 내가 벌써 이렇게 되었는지 나이를 의식하지 않을 수 없었다.

병원에서 매년 건강검진을 받으며 키를 잴 때만은 허리와 어깨를 쭉 펴서 그런지 큰 차이가 없었는데 옷은 거짓말을 하지 않았다. 현대인들에게 많이 나타나는 신체 증상 중 하나가 '굽은 어깨'이다. 이에 따라 키가 작아지고, 어깨가 좁아지는 등 체형에 변화가 생기며, 옷을 입어도 어깨가 받쳐주지 못해 크게 보인다.

과거에 입던 옷이 커서 한 벌 두 벌 옷 수선집에 가지고 갔다. 점포 안을 들어서자, 옷걸이에는 수십 벌의 옷들이 걸려 있고, 알록달록한 실꾸러미들이 헤아릴 수 없이 정렬된 모습은 이곳이 전문점임을 당장 알게 해주었다. 솜씨 좋기로 근방에서 유명하여 주로 백화점 일을 하며, 급하다고 할 때는 먼저 수선해 주어 고마웠다. 어느 날은 사무적으로 보이던 남자 주인은 내게
"사장님! 옷이 고급 브랜드네요."
"그런가요."
"그냥 입어도 되겠어요. 수선해 드릴 수도 있지만, 수선하면 옷을 버립니다."
"그러면, 그냥 입어야겠네요. 감사합니다. 사장님!"
진심 어린 조언 덕분에 돈을 목적으로 장사하지 않음을 알게 해주어서 고마웠다. 옷이 나에게는 큰 듯했지만, 전문가의 눈으로는 그냥 입어도 무리가 없게 보였던 모양이다.

규칙적인 생활을 해서 그런지 평생 몸무게 변화가 많지 않았다. 입대하여 신병교육대에서 훈련받을 때 살이 찌고 코로나19를 앓아 3~4kg 빠졌다가 회복된 경우를 제외하면 몸무게가 일정하여 체중으로 옷을 늘리거나 줄인 적이 없어 옷을 입은 모양새와 옷걸이가 좋다고 했다.

옷이 커 보이면 어떻게 보일까? 다른 사람 옷을 빌려 입은 것처럼 보

일 수 있다. 맵시가 안 날뿐더러 궁상스럽게 보이기까지 한다. 연극에서 주인공이 약간은 바보나 푼수처럼 보이기 위해서 큰 옷을 입고 연기를 하는 때도 있다. 요사이는 지자체에서 면접복을 대여해 주는 곳이 많지만, 과거에는 사회 초년생이 옷 준비가 안 돼 아버지 옷을 입었을 때 어색하거나 부자연스럽고, 촌스러우며 우스꽝스럽기까지 했다. 행동하는 데도 옷이 겉돌아 주체를 못 한다. 옷이 날개란 말이 있다. 입은 옷이 아름답게 보이면 사람이 달라 보인다. 아무리 뛰어난 외모와 몸매를 가졌어도 옷차림이 어울리지 않으면 패션 테러리스트가 될 수도 있다.

자기 외모나 몸매가 별로라도 옷차림이 어울리면 얼굴, 피부색, 체형이 보정된다. 그럴듯한 차림새가 살아가는데 꽤 크게 작용한다. '말끔한 옷은 훌륭한 소개장'이란 외국 속담도 있다. 중요한 사람들을 만나 그 자리로 올라서고 싶다면 그들과 어울릴 차림부터 갖춰야 한다. 만나는 상대와 장소에 따라 옷을 골라 입고, 옷이 재산과 지위를 보장하는 보호색이라고 여겨야 한다. 옷을 잘 차려입으면 내 행동이 점잖아지고, 예를 갖추려 노력한다.

나이가 들며 체구가 왜소해졌다고 해서, 그것이 꼭 슬퍼할 일만은 아니다. 이 땅에 존재하는 모든 생명체는 자연의 법칙과 이치에 따라 살아가기에, 인간 또한 그 흐름 속에 놓여 있을 뿐이다. 자연의 질서에 몸을 맡기고 흐름을 따를 줄 알면, 더 편안하고 지혜롭게 살아갈 수 있다. 나무도 수령이 오래되면 병들고, 죽은 줄기를 자른 자리엔 해충이 침투해 껍질이 갈라지고 부러지기도 한다. 성장기와는 전혀 다른 모습이지만, 그 또한 자연의 일부다. 영원히 청춘일 수 없는 인간의 삶도 결국은 자연과 다르지 않다. 우리는 모두, 자연스럽게 늙어가고 있다.

옷이란 자고로 입은 사람의 자세가 반듯해야 멋스럽게 보인다. 반듯한 자세는 꾸준한 운동이 뒷받침되어야 한다. 옷을 잘 입고 늘 외면적으로 멋있게 다닌다면 상대방에게 좋은 인상을 줄 수 있다. 여기에 훌륭한 인품과 좋은 매너까지 갖추었다면 멋진 사람이다. 옷은 나의 개성을 표출하는 수단으로, 나를 드러내고 알려야 더 많은 기회와 관심을 받는다. 또한 옷을 잘 입고 꾸밀 줄 아는 사람은 자기관리가 철저한 사람으로 다른 사람에게 비추어질 수 있다. 우리나라처럼 등산복을 일상복으로 즐겨 입는 문화는 흔하지 않다. 홈쇼핑과 아웃렛이 발달하여 구매가 손쉽다. 가장 싼 것을 사서 대충 입고 다닌다고 생각하기 때문에 옷은 많은데 태가 나는 옷은 적다.

나도 모르게 세월의 흔적으로 등이 약간 굽어 옷을 입으면 뒷부분이 붕 뜨고 커서 영 모양이 나질 않는다. 매 순간이 '화양연화(花樣年華)'이니 최고의 옷발로 뽐내자! 젊어서는 꿈속에서도 아름답게 가꾸었다면 나이 들어서는 우아함, 세련된 모습으로 살아갈 때다. 옷은 나를 돋보이게 하고, 다른 사람들과는 다른 이미지를 만든다. 멋져 보이는 옷부터 입자! 그날은 다시 오지 않는다. 옷이 그 사람이고, 우리는 옷과 함께 세월을 견뎌간다.

(2024. 4. 16.)

## 인정받고 싶은 욕망

사람은 누구나 타인으로부터 인정받고 싶은 마음이 있다. 올해 3곳에 문학작품을 응모했지만, 한 번도 당선된 적이 없다. 이 길이 내 길이 아니라는 생각이 들 때도 있었지만, 최선의 노력을 하지 않아 아직 포기할 수 없다고 둘러대며, 간절하게 글을 쓰고 퇴고하는 과정이 부족했다고 말하고 싶다. 가장 중요한 것은 머리를 쥐어뜯으며 글을 쓰지만, 마침표를 찍으며 차 한 잔을 마시면 그렇게 행복할 수가 없다. 시간이 걸리더라도, 포기하지 않고 꾸준히 노력하면 언젠가는 이루어지리라는 믿음으로 오늘도 한 걸음 내딛는다.

공모전에 작품을 낸 후 당선자 발표 시까지 희망 고문이 시작된다. 멀게만 느껴졌던 날이 성큼성큼 다가왔다. 발표 날짜가 며칠 앞으로 다가

오면서 꿈이라도 꾸지 않을까? 기다려 보았지만, 예지몽이 없다. 학수고 대하며 내일 발표할까? 아니 모레 발표할까? 바빠서 그런가? 발표날이 지났는데도 휴대전화와 이메일에 통보가 없다. 내심 어느 한 곳에서는 틀림없이 당선될 거라고, 오만하게도 미리 당선 소감을 구상해 두기도 했다. 일에 집중이 안 돼 수시로 보았는데 감감무소식이다. 희망을 접기에는 아쉬움이 남는다. 구름이 달을 감추듯이 나의 희망도 날짜가 지나면서 물거품처럼 사라졌다. 그때의 절망감은 수십 길 낭떠러지에서 추락한 기분이었다. 기적을 믿고 싶었는데, 길이 아직 멀다는 것을 시간이 지나면서 알게 되었다.

어떻게 쓴 글인데 고배를 마시다니 현실의 벽이 생각보다 높다는 것을 인정해야만 했다. 얼마의 시간을 투자하여 다듬고 또 다듬어 자신 있게 내놓은 글인데, 이런 평가를 받다니 자존심이 허락지 않고, 나의 능력을 탓하지 않을 수 없었다. 공모전에 내 보겠다는 용기는 좋았지만, '꿩구워 먹은 소식'이 실망스러워 재능이 부족하다는 자괴감, 거기서 오는 우울증 등을 심하게 앓았다. 기대가 큰 만큼 실망도 컸다. 일부 단체에서는 특정 작품상에는 등단 5년 이상의 작가만 응모할 수 있었는데 응모전 추진위원장의 동의를 얻어 작품을 내기도 했다.

○○문학상 추진위원장님!
안녕하세요?
이번 ○○문학상에 응모하려는, 만 4년이 조금 넘은 수필을 사랑하는 고영덕 작가입니다. 처음에는 5년이 넘어 자격이 있는 줄 알고 준비하여 보내려고 다시 한번 확인하는 순간, 계산 착오로 실망이 컸습니다. 이왕 준비하였으니, 위원장님께서 기회를 주신다면 응모하려고 합니다. 저는 등단한 지(2020. 8. 1.) 얼마 되지 않았지만, 그동안 4권의 수필집을 출간한 바 있습니다.

위원장님!

기회를 주신다면 그동안 준비하였던 작품으로 여러 작가님과 선의의 경쟁을 해보고 싶습니다. 선처를 부탁드립니다. 감사합니다.

실패를 경험하고 난 후 나 자신을 너무 모르고 있는지 의심이 들기 시작했다. 배우고 있는 합평회에서 칭찬을 받을 때도 있어 너무 도취해 홍시 먹다가 이 빠진 것은 아닌지? 우물 안의 개구리처럼 폐쇄적이고, 편협한 자기만의 세계에 빠져 있거나, 세상 물정 모르는 존재가 상식적이고 폭넓은 문제나 진리를 제대로 이해하지 못하는 것은 아닌지? 나 자신의 수준과 한계를 정확하게 인식하지 못하고 들떠 있는 것은 아닌지? 여러 가지 생각으로 마음이 아프기보다는 화가 났다. 나를 알아주지 않는 현실이 미웠고, 당차게 이루지 못하는 나 자신이 한심하게 느껴졌다. 그래도 다독여야 했다. 원하는 바를 이루기 위해 계단을 하나씩 하나씩 올라가는 과정이라 생각하고 다시 기운을 내야 했다.

공모전을 주관하는 단체에서도 고민이 많을 것 같다. 공정하고 권위 있는 심사자가 표절을 가리고, 수준 높은 작품을 선정하여 발표하는 것은 단체의 위상과 생존에 직결된다. 응모작이 적어 수준 낮은 작품이거나, 해당 지역 작가만 선정하거나, 당선작을 미리 정해 놓고 형식적으로 공모라는 절차를 밟는 경우나, 누가 보더라도 이해가 안 가는 작품을 선정한다면 단체의 존폐가 걸린 일로 확산될 수 있다. 수상자가 1~3명이라서 경쟁이 치열할 수밖에 없다. '7년의 밤' 장편소설을 쓴 정유정 작가는 신문에 연재한 글을 겁도 없이 출판사에 보냈는데, 운 좋게 출간하자는 연락을 받았으나, 그 전에 등단부터 해야 한다고 해서 각종 문학상에 11번이나 응모했는데 모두 낙방했다고 했다. (문화일보, 2018.7.11.)

문학상 도전은 일차적으로는 작가로서 자신의 존재를 알리고 작품성을 객관적으로 평가받고 싶은 의욕 때문이다. 내가 얼마나 성장하였는지, 세상이 내가 생각하는 만큼 평가하고 있는지다. 그동안 주로 등단한 곳에서만 상을 받아 왔지만, 이번 기회에 그 틀을 깨고 싶은 욕망이 컸다. 외연을 확장하여 타 문학단체에서 상을 받고 싶었다. 더 이상 온실 속 화초로 남아있을 수 없다는 생각이 도전하게 했지만, 세상은 냉혹했다. 그렇게 낙방 이력이 한 줄 한 줄 추가되었다.

스승은 제자가 청출어람이기를 갈망하며 밖에 나가서 상도 받고 이름도 날리기를 희망할 것이다. 그러나 그 역할을 못했으니 나 자신의 부족함이 더 크게 다가온다. 실력은 도전하면서 키운다지만, 더 많이 갈고 닦아야지 햇비둘기가 재를 넘을 수 있을 것이다. 스승은 이미 할 바를 다하고 보여줄 것을 다 보여주었는데, 워낙 둔재라서 그런지 나의 노력이 뒤따르지 못하여 송구스러울 뿐이다.

고양이 쫓던 개가 된 고통과 고민 후에야 문제점을 어렴풋이나마 직관하게 되었다. 낙선된 글을 다시 마주하는 시간은 용기가 필요했다. 실천궁행(實踐躬行)치 않는다면 얕은 재주에 취해 감나무 밑에서 홍시가 입에 떨어지기를 기다리는 요행꾼이나 다름이 없다. 문학이란 인생에 대한 깊은 통찰인데, 그게 그리 쉬운 공부인가? 설사 요행으로 등단했다면 작가로서 그 생명이 얼마나 가겠는가? 그날 이후 마음속 자만심을 버리고, 글을 쓸 때 단어 하나 문장 한 줄에도 프로야구 마무리투수처럼 최선을 다하는 습관을 기르는 중이다.

낙선하면서도 뭐가 좋아 그렇게 버티고 있냐고 누군가 묻는다면 난 그래도 말할 수 있다. 이런 경험과 감정도 글을 쓰는데, 좋은 선물이 될 것이라고! 낙방은 끝이 아니라 또 다른 시작을 알리는 신호일 뿐이다. 부끄럽고 아픈 건 사실이지만, 사그라지지 않는 문학에 대한 열정과 목표를 이루려는 간절함이 그날을 위해 다시 나를 일으켜 세우고, 십벌지목(十伐之木)의 도전은 계속될 것이다.

(2024. 12. 5.)

# 형님의 성품

오후 2시 가까이 되어 모 문학사 회장님으로부터 전화가 왔다. 내 형님께서 칠십이 넘은 연세에 책을 3권째 내고, 열심히 작품 활동을 하는 모습이 타의 모범이 되어 상을 드렸으면 좋겠다는 제안이었다. 본인에게 직접 전화를 거는 게 다소 서먹서먹하고 어색했는지, 내게 수상 여부에 대한 회신을 부탁했다.

바로 반가운 소식을 형님에게 전하자,

"나는 안 받는 게 좋겠는데. 나는 글을 잘 쓴다고 생각해 본 적이 없어! 실력도 없는 사람에게 왜 상을 주려고 하지?"

"형님! 상을 준다고 할 때 받는 게 좋아. 받아 놓으면 나중에 다 써먹더라고."

"그래도 난 안 받는 게 좋겠어."

수상을 완강하게 거부했다. 여러 번 강제 설득 끝에 승낙하여 통보했지만, 형님은 명예보다 자신이 중요하게 여기는 가치와 원칙을 지키려는 단호한 의지의 표현으로 그 제안을 거절했다. 이런 순간 나 같으면 어떻게 행동했을까? 상을 못 받아서 안달이 난 사람처럼 때는 이때다 싶어 덥석 고맙다고 받았을 것 같다. 어디서 상을 주는 곳은 없는지, 수상 자격이 되는지, 내 차례는 아닌지 호시탐탐 욕심을 내었을 것이다. 물론 형님과 내가 처해 있는 상황 등이 달라 받아들이는 태도가 다를 수 있지만, 형님은 생활에 안분지족(安分知足)하며 명예에 욕심내지 않고, 당신의 주관대로 열심히 살고 있는 것 같다. 흔히 꽃의 향기는 십 리를 가고, 말의 향기는 백 리를 가며, 공덕의 향기는 천리를 가고, 인품의 향기는 만리(萬里)를 간다고 한다. 인품은 그 사람을 평가하는 기준이 되기도 하는데, 형님의 향기가 바람을 타고 진하게 느껴지는 것 같다.

형님의 자서전 『내 삶의 흔적들 그리고』 257쪽에 이런 글이 실려 있다. "워낙 말이 안 되는 감사부의 조치에 다들 어리둥절한 상태였고, 나는 이제 대기 발령이 나면 누구한테 사정이나 하여 연명할 수 있는 상황이 아니었다. 진실 규명과 명예 회복을 위해 만약 여의찮으면 회사를 그만두겠다는 비장한 각오로 당당히 맞서야 했다. 이번 조치를 철회하든지 아니면 이해가 가도록 하든지, 그렇지 않으면 귀국하지 않을 것이다. 만약 귀국하면 법적으로 끝까지 시시비비를 가리겠노라고 견해를 밝히고 귀국하지 않았다."

이때 형님은 ㈜ 대우 리비아 건설 현장에서 운영 중인 8,000여 대의 차량과 장비 보수용 부품의 수요를 예측하여 구매 요구와 재고관리 등 전체적으로 공사 현장에서 차량이나 장비가 고장이 나서 못 움직이는 일이 없도록 하는 일의 총괄 담당자였다. 어찌 된 일인지 본사의 표적 감사를 십여 일간 받은 후 생각지도 않게 억울한 누명을 쓰고 대기 발령을 받았다. 2년 가까이 외롭게 싸운 끝에 무혐의로 풀려났고, 이는 정의가 승리할 수 있음을 보여주는 사례로 오래도록 회사 내에서 회자됐다고 했다.

형님의 자서전 291쪽에는 이렇게 적혀있다. "2000년 2월 부평공장 조달 부장으로 올라와 보니, 그동안 조달부 직원들이 외주 업체와의 얽힌 비리들이 너무도 소문이 많은 가운데 그런 일에 용서가 없는 내가 부임을 하니 4개 과장 중 3명이 사표를 냈고, 그 밑의 직원 중에서도 3명이 물러났다. 총 30여 명의 부서 직원 중 5분의 1이 그만둔 셈이었다." 부서의 핵심 직원들이 하루아침에 빠져나간 상황은 결코 가볍지 않았지만, 형님은 그 자리를 지키며 끝내 조직을 바로 세웠다. 일의 무게를 묵묵히 감당해 낸 형님은 단지 엄한 관리자만은 아니었다. 무엇보다도 직원들의 기질과 업무 스타일을 꿰뚫고 있었기에 미리 갈등을 피하거나 조율할 수 있었다. 강직한 면모로 때로는 냉정하게 보일지 몰라도, 그 안에 따뜻한 인간적인 온기가 있었다. 지금도 예전의 퇴직자들이 자발적으로 모임을 만들어 형님을 회장으로 추대하고, 오랜 세월이 지나도록 함께 어울리고 있는 모습을 보면, 그 진심이 사람들의 마음속에 깊이 새겨졌다는 것을 느낄 수 있다.

형님의 강직하고 겸손한 성품은 집안의 가풍이었다고 말할 수 있다. 조상 대대로 학문과 윤리적 가치, 지혜, 사유의 깊이를 중시하였으며 유학자이셨던 할아버지를 거쳐 아버님은 행동거지가 반듯하시고 결단이 있으셨다. 할아버지는 유림으로서 향교에 출입하셨다. 아버님은 평소에는 조용하게 지내시다가도 일이 사리에 맞고, 정의로우면 끝까지 밀고 나가는 고집스러운 품성을 가풍으로 이어받으셨다.

형님은 청소년 시절부터 과묵하여 감언이설보다는 행동으로 실천했다. 부모님으로부터 동생들에 대한 책임을 부여받은 상황에서 솔선수범하는 모습을 보여야 했다. 형님에게 신뢰성이 없으면 권위가 땅에 떨어져 동생들이 따르지 않을 것이다. 동생의 말도 들어야 형의 말도 듣는다고 군림하지 않았다. 공부와 행동 등 모든 면에서 반듯하고 열심히 하는 형님은 아우들의 거울로 형님의 말이라면 대꾸조차 할 수 없었다. 장남이 성공해야 동생들도 형을 거울삼아 잘 될 수 있다는 압박감과 책임감이 컸을 것이다. 장남의 길은 외롭고 힘든 길이었으며 평생 그 길을 묵묵히 걸었다. 지금 생각해 보면 형님의 고결한 품성은 이런 집안 환경에서 자연스럽게 길러진 면도 있다.

지금까지 그런 인품을 어떻게 유지하며 올곧게 살고 있는지 존경스럽다. 일관된 가치와 원칙을 지키며 어려운 상황 속에서도 흔들리지 않고, 꾸준한 인내로 반듯하게 살기가 쉽지 않을 텐데, 자기 관리에 철저하다. 치열한 경쟁사회를 살아가기 위한 자기 보호, 생존 전략이었는지도 모른다. 주위에서 온갖 유혹이나, 권모술수, 회유와 협박 등이 많았지만 순간순간 무사하게 잘 넘겨 끝까지 유종의 미를 거둔 형님이 대단하다.

형님이 글을 쓰게 된 첫째 동기는 아마 우여곡절이 많았던 회사 생활을 자서전으로 남기고 싶은 욕구에서 출발했다고 생각된다. 남들보다 굴곡진 삶이었지만, 바르고 올곧게 생활한 덕분에 전대미문의 정년까지 회사 생활을 계속했던 한 생애의 파란만장한 흔적을 남기고 싶었던 것 같다. 둘째는 노년의 시간을 의미 있게 보내기 위해서 틈틈이 글을 쓰고 있다. 형수님을 먼저 하늘나라로 보낸 후, 외롭고 막막한 생활에서 그래도 기댈 수 있는 것은 글쓰기와 서예였다. 글쓰기 취미가 비슷한 내가 작은 보탬이 되는 면도 있다.

고전은 '오랫동안 많은 사람에게 널리 읽히고, 모범이 될 만한 옛사람들의 글 또는 책'을 말한다. 그저 오래됐다고 고전이 아니라, 오랜 세월 변함이 없이 읽을 만한 가치를 지니고 있어야 고전이라고 부를 수 있다. 논어, 맹자 등을 비롯한 동양고전을 오랫동안 학습하여 문리가 트이는 즐거움을 쉼 없이 좇던 형님의 모습이 떠오른다. 욕심에 흔들리지 않고, 진리에 어긋남이 없이 곧은 삶을 실천하시는 형님의 그 품격과 신념은 내겐 오늘도 백두산처럼 높은 산이다.

그 삶의 자세는 나를 부끄럽게 하면서도 다시금 올바름의 길로 이끌어 주는 등불이 된다. 흔들리는 세상 속에서 곧은 마음과 삶으로 나아가는 길을 보여 주신 형님께, 깊은 감사의 마음을 드린다.

(2024. 6. 15.)

## 우리 집 위치의 재발견

집은 집으로서 본연의 역할을 할 자리에 있어야 함을 알게 되었다. 한 곳에 정착해 사는 정주의 개념으로서 집은 정신적 안정을 얻으며 추억과 기억이 집약된 안식처로만 여겼다. 그러나 코로나19로 사회적 활동이 제한되면서 집의 다양한 가치가 재조명되었다. 수면뿐만 아니라 재택근무까지 하는 장소였다. 어느 날 집의 위치가 내가 원하는 운동을 할 수 있는 장소와 아주 가까이 있음을 알게 되었을 때 집이 소중하게 느껴지고 더없이 고마웠다.

제수씨가 무릎 인공관절을 수술하고 입원 중인 병원에 들렀다가 형님 집을 오랜만에 방문했다. 아우도 동행하여 저녁 무렵이라 자연스럽게 식사를 함께하게 되었다. 막걸리를 좋아하는 형님과 동생은 주거니 받거니 기분 좋은 자리였다. 형님은 맨발 걷기를 하라고 전에도 권유한 적이 있었지만, 이번에는 전보다 그 톤이 강하다. 2년이 넘게 맨발 걷기를 했다며 오히려 두 살 적은 나보다 그 영향인지 더 젊게 보여 부러움을 샀다.

 형님은 조석으로 차를 타고 30여 분을 간 후 산에서 1시간 정도 맨발 걷기를 한다고 했다. 동생도 집 주변에 맨발 걷기 둘레길을 만들어 2개월이 되었는데 몸 상태가 좋아진 느낌이라고 했다. 지금까지는 맨발 걷기를 하려면 집에서 차로 40여 분 되는 곳으로 가거나, 도보로 30여 분 가야 할 수 있는 줄만 알고 접근성이 좋지 않아 어렵다고 생각했다.

 이제껏 건강을 유지하기 위해 주로 MTB 운동과 헬스를 했다. 자전거는 토요일 종일 시간을 투자했으며, 헬스는 평일 새벽에 70~80여 분 동안 했다. 열심히 운동했지만, 공복혈당이 눈에 띄게 개선이 되지는 않아 일 년 전부터 헬스를 저녁 시간으로 옮기고, 자전거는 토요일 오전 시간에만 타는 것으로 조정했다. 이렇게 해도 현상을 유지하는 정도라서 변화가 필요하다고 생각하던 차에 형님과 아우의 강력한 권유로 만병통치라는 맨발 걷기를 결심하게 되었다.

 숲길에서 뿜어내는 피톤치드만큼은 아닐지라도 맨발 걷기에 안성맞춤인 나무 울타리로 둘러싸인 학교 운동장이 눈에 들어왔다. 종전까지는 멀리 가야만 할 수 있는 것으로 생각했던 게 바로 코앞에 있다니 신기했다. 집에서 걸어서 5분, 숨 한번 쉬면 갈 수 있는 곳이다. 공원을 통해서 몇 발짝 걸으면 된다. 지금까지 왜 몰랐을까? 나이와 신체 조건에서 현재의 운동이 내게 최선인 줄 알았다. 눈에 안 들어와 건성으로 보고 들었거나, 마음속으로 받아들이지 않아 간절하지 못하고 깊이 생각하지 않아서 그런 것은 아닐까?

집이 운동 장소와 가까워 새롭게 보이기 시작했다. 집의 위치를 재발견하는 기회가 되었다. 그동안 잊고 지냈던 사실이나 가치를 다시 새롭게 발견한 것이다. 운동장을 걸으며 집의 위치가 고맙게 생각될 때가 많았다. 운동하지 않을 핑계나 이유를 댈 수 없었다. 변명무로(辨明無路)다. 바로 코앞이 운동장인데 집에 늦게 와도 운동을 안 갈 이유가 없다. 이런 환경에서 게으른 것은 건강을 건강하게 유지하는 의무를 소홀히 하는 것이다. 인근에 생활 편의 시설이 잘 갖추어져 평소 집에 대한 만족도가 컸는데 이제 운동장은 덤이다. 우물 좋고, 정자 좋고, 다 좋은 집은 없다는데 눈에 콩깍지가 끼었나 보다. 집에서 학교 정문이 열려 있는지 보이며 문 여는 소리까지 들린다. 씻는 데가 2곳이나 있어 운동 후 발 씻기가 편하고, 야외 화장실도 있어 갑작스러운 생리현상을 해결할 수 있어 편리하다. 오염되지 않은 천혜의 땅이지만, 이용하는 사람은 거의 없어 북적이지 않아 좋다.

서쪽 하늘을 보면 국내선 운항 경로인지 싶을 정도로 연휴와 월요일엔 여객기들이 새벽에 많게는 2~3분 간격으로 북쪽 하늘로 비행한다. 고개를 들어 한 대, 두 대 세는 동안 지루할 새도 없이 어느새 운동시간이 마무리된다. 아침 햇살에 은빛 물체가 돋보이고, 아파트에 가려져 있다 '뽕' 하고 나타나 소실점이 될 때까지 눈을 뗄 수 없다. 주변 사물에 이야기를 입혀 쏠쏠한 즐거움과 시간 관리하는 데 도움이 된다.

불타는 동녘 하늘에 신세계를 펼치는 구름 색깔이 무척 아름답다. 해가 서서히 떠올라 동녘 하늘에 붉은빛이 물드는 짧은 시간, 황홀감이 극치에 이른다. 매일매일 달라지는 여명의 모습은 상상력을 뛰어넘는 미적 감각을 일깨워 준다. 비현실적인 색과 모습은 경외감만으로 부족하다. 이 순간 영원히 기억될 한 폭의 멋진 그림을 가슴에 매일 품는 기쁨을 누리는 것은 새벽을 여는 이들만이 누릴 수 있는 선물이다.

인간은 끊임없이 무언가를 기다리며 산다. 봄에는 여름을 기다리고, 겨울은 따뜻하고 희망찬 봄이 오기를 기다린다. 오늘이 행복해도 더 나은 내일의 행복을 바라고, 오지 않는 미래를 꿈꾼다. 저토록 아름다운 태양은 돌고 돌며 세상을 비추고 사람들의 가슴에 희망을 안겨준다. 어둠에 묻혀서 절망 속에 있어도 저 찬란한 태양을 보며 다시 일어설 수 있는 이유는 내일 또 다른 태양이 떠오르기 때문일 것이다.

사람은 변화하는 존재로 자신이 처한 상황에 따라 집의 위치가 달라진다. 투자성도 무시할 수 없지만 나이, 직장, 생활편의, 풍수, 사업, 학업 등 여러 변수에 의해 집의 위치가 결정된다. 젊은 시절에는 집은 성장의 상징과 도전의 장소이다. 학부모의 처지에서는 맹모삼천지교를 생각하여 경제적인 여건이 된다면, 학교와 보습 학원이 가깝고 통학로가 안전하며 교통이 편리한 곳을 선택할 것이다. 또한 학생들의 수준과 부모들의 교육열이 높고, 교사가 잘 가르치며, 명문대학 합격률이 높은 점 등이 집의 위치를 결정하게 될 것이다.

나이 든 사람은 한가로이 앉아 창밖을 바라보며 나만의 시간을 보내기도 한다. 주변이 조용하고 산책하기 좋으며, 병원이 가깝고 산과 자연이 주변에 있으면 좋다. 주민자치센터에서 운영 중인 프로그램에 참여할 수 있도록 교통이 편리한 곳도 좋다. 노인들은 여건이 변하더라도 살던 집, 연결돼 있던 지역 공동체에서 생활하며 나이 드는 것을 선호한다. 나이가 들면 시골 생활이 불편한 점이 많고 농사일이 힘에 부칠 때가 많다. 생활 편의 시설이 적고, 가족과 멀리 떨어져 있어 외롭기까지 한데 무취미라면 시골살이를 낭만으로 접근해서는 안 된다. 나이는 숫자에 불과한 것이 아니다.

안식과 위안을 주는 친밀한 가족공동체의 공간인 집에서 평화가 시작되고 사랑이 이어지고 행복이 깃든다면, 그 힘은 사회에도 긍정적인 영향을 줄 것이다. 주변 환경을 잘 이용할 수 있는 곳에 있는 집은 삶을 바뀌게 한다. 주변에는 이미 필요한 것들이 널려져 있는데 나만 모르고 산다. 집은 삶의 기초이며 배우고 건강을 유지하며 성장하는 곳으로 우주의 중심인 내 집만큼 좋은 곳은 없다. 삼간두옥(三間斗屋)처럼 초라하지만, 아늑하고 나를 따뜻하게 품어주는 내 추억과 감정이 녹아 있는 내 집이 최고다.

(2024. 9. 3.)

## 관심이 사랑이다

아내 생일이라고 가족들이 주말에 모였다. 작은아들은 오기 전 감기에 걸려서 다른 가족들에게 감염 우려가 있다고 참석 여부를 고민했지만, 온 가족이 몇 개월 만에 만나는 일이라 안 와 볼 수도 없고, 냉정하게 오지 말라고 할 수도 없는 상황이었다. 가족 간 전염이었는지 확실치 않지만, 그로부터 3~4일 후 기침이 심해지고 콧물이 나더니 며칠간 힘겨운 나날을 보냈다.

감기의 전염경로는 감기 환자의 기도 분비물이 기침 등을 통하여 대기 중에서 물방울 형태가 되고, 그 속에 바이러스나 세균이 존재하고 있다가 이를 다른 사람이 흡입하면 감기에 걸린다. 또한 손을 통한 접촉으로도 바이러스의 전염경로가 밝혀져 평상시 손을 깨끗하게 씻고, 가급적

손으로 눈, 코 등 얼굴을 만지지 않는 것이 좋다.

며칠간 감기로 심하게 고생해 나이를 탓했다. 평상시와는 다르게 재채기, 콧물, 코 막힘, 인후통, 기침 등의 증상이 나타났다. 밤에 기침과 목 건조 통증으로 깊은 잠을 잘 수 없었다. 토끼잠과 같이 자주 깨 잠 못 자는 고통이 얼마나 무서운지 이틀 밤을 시달렸다. 입에서 신음이 "으 으 으" 자동으로 나오고 누우면 호흡이 불편해져 응급실에 갈까도 생각했다. 감기는 밥상머리에서 물러간다는데 쉽게 볼 것이 아니었다.

요즘 감기가 독한 줄만 알았다. 감기가 독해졌다고 느끼는 이유는 감기가 변한 것도 있지만, 나이 들어 내 몸의 면역체계가 약화되었기 때문이다. 이 독하다는 감기를 20~30대들은 거뜬하게 이겨내고 있는 것을 보면 감기가 변했다기보단 내가 변한 게 맞는 듯하다. 잠을 충분히 자고, 채소가 많이 들어간 식사를 규칙적으로 하며, 너무 춥거나 건조한 환경은 피해야 한다. 또 평소 따뜻한 물을 자주 마시고, 추울 땐 목을 감싸는 의복을 착용하는 것이 좋다. 공공장소에 다녀오면 손을 자주 씻고, 외출할 때 컨디션이 좋지 않다면, 마스크를 착용하는 것도 좋은 방법이다.

병원에서 약 처방을 받고 온천탕에서 목욕 후 휴식을 취한 결과 다행히 병세가 진정되는 듯했다. 그러나 후두가 세균과 바이러스에 감염되었는지 목소리를 내는 성대까지 말라서 목소리가 갈라지거나 탁해졌다. 내가 아프다는 것을 어떻게 알았는지 손위 동서 내외로부터 전화가 왔다.
"동현네 아빠"
"예! 안녕하세요. 어떤 일이세요?"

"몸이 좀 어때요? 지금은 견딜만한가요? 요사이 감기가 코로나 이상으로 힘들다고 하던데, 너무 아프면 영양제 주사라도 맞아 봐요?"

"예, 지금은 많이 나아졌어요. 낫지 않으면 그래야겠네요. 이렇게 걱정해 주서서 고마워요."

"몸 관리 잘하세요."

"예! 고마워요."

코로나19로 병원에 입원한 적 외에는 평생 아프다고 한 적이 거의 없었으니 적잖이 놀랐던 모양이다. 아내는 내가 다른 방에 격리하여 있을 때 안부 전화가 걸려 와 아프다고 알려주었다고 했다.

누군가의 머릿속에서 떠나지 않고 기억나는 사람이 있다는 것은 관심이 있고 다정한 마음이 곱게 접혀 있는 것이다. 그러나 관심의 표현도 사랑이라 말할 수 있지만, 걱정을 말로만 한다면 그건 사랑이 아니다. 관심과 걱정의 차이는, 관심은 실제 행동을 통해 외부 환경에 영향을 미칠 수 있지만, 걱정은 내면의 불안을 진정시킬 뿐 실제적인 변화를 불러오지는 못한다. 인생을 바꾸기 위해서는 걱정이 아닌 관심이 필요하다. 따스한 시선으로 만나 정이 오가게 되면 가슴에는 비로소 진한 사랑의 꽃이 피기 시작한다.

다른 사람의 따뜻한 관심이 큰 위안이 되고, 어려움을 이겨내는 힘이 된다는 것을 새삼 느꼈다. 사람은 태어나 죽을 때까지 타인의 관심을 갈구하는 존재다. 관심은 무미건조한 사람을 활기차게 만들고, 마음의 문을 닫은 사람의 문을 열게 만든다. 가장 강력하고 너그러운 형태의 관심에는 다른 이름이 있다. 그게 바로 사랑이다. 관심이 쌓여 사랑이 된다.

힘겨운 사람에게 이 세상에서 유일하게 필요한 것은 관심을 줄 수 있는 사람이다. 관심은 애정의 표현이라지만, 선을 넘게 되면 때로는 물리적 폭력보다 더 큰 고통을 줄 수도 있어 때로는 따뜻한 무관심도 필요하다.

가족이 삶에서 큰 힘이 되는 존재라는 사실을 평범한 일상에서 느끼기는 힘들다. 가족 구성원 중 일부 또는 전체가 큰일을 치르거나 시련을 겪을 때 평소에는 잘 드러나지 않던 가족의 진가가 드러난다. 가족은 함께 생활하지 않더라도 다른 구성원이 위험에 처할 때 도와줄 수 있도록 어디에 있는지 평생 알고 싶어 하는 사람이다. 70년이 흘렀어도 남북 이산가족이 이를 입증해 주고 있다. 말 그대로 가족은 가녀린 끈일망정 평생 끊어지지 않고 이어질 유일한 관계의 사람들이다.

위기에 처했을 때 아무런 보상이나 대가를 바라지 않고, 나를 위해 희생까지 감수할 수 있는 사람은 가족밖에 없다. 말없이 내 곁을 지켜주고, 따뜻한 눈빛으로 힘을 북돋아 주는 그들의 마음이 내게는 가장 든든한 버팀목이었다. 때로는 가까이 있으면 귀찮고, 부담스러운 존재로 여겨지기도 하고, 갈등을 빚어 관계가 소원해지기도 하지만, 나의 삶에서 가장 오래 함께할 이들은 가족이다. 이리저리 치이면서 찢기고, 상한 생의 날개를 잠시 쉬고 힘을 얻을 수 있게 하는 사람이 가족이다.

동서 내외가 건네준 따뜻한 관심은 오히려 나 자신을 돌아보게 하는 계기가 되었다. 그들이 '편찮다'고 할 때, 나는 과연 먼저 안부 전화를 걸어본 적이 있었던가? 나조차도 누군가를 살뜰히 챙기기보다는, 자신의 상황에만 갇혀 있었던 건 아니었을까. 사람의 마음이란, 비둘기처럼 어디에 앉아 있는지조차 알기 어려운 법. 혹시 나도 어느새 나의 안위와 이익만을 앞세우며, 조용히 관계의 문을 닫고 살아온 것은 아닐까. 평소엔 연락을 미루고, 모든 관심을 접은 채 외로운 섬처럼 지내온 건 아닌지 돌아보게 되었다. 인간미 넘치는 따뜻한 사람들이 곁에 있었음에도, 나는 예의와 도리를 지키는 이들 틈에서조차 정작 마음을 다하지 못하고, 무심한 듯 살아오지 않았을까. 그제야 비로소 원만하게 살았다는 말 속에 감춰진 내 모습을 다시 한번 마주하게 되었다.

이번 감기를 앓으면서 어디에 문제가 있어 감기에 걸렸는지 곰곰이 생각해 본다. 면역력을 높이기 위해 규칙적인 운동과 균형 잡힌 식사에 신경을 쓰고, 휴식과 수면을 충분히 취하고 있다고 생각했는데 구멍이 뚫렸다. 국가에서 65세 이상 노인을 대상으로 무료 예방 접종을 하는데, 맞지 않은 것이 다소 마음에 걸린다. 다행히 하나둘 차근차근 일상으로 돌아오는 중이다.

몸이 아프면 마음도 약해진다는 말이 있다. 인간의 몸과 마음 존재는 참 오묘해서 마음먹기에 따라 몸의 상태도 달라진다. 무심한 일상에서 불쑥 걸려 오는 한 통의 전화, 그 안부 한마디가 마법처럼 위로가 되고, 힘이 되어, 삶의 혼란스러운 순간마다 가족의 존재가 얼마나 큰 버팀목이 되는지를 새삼 깨닫게 된다. 다른 어떤 관계보다 유난히 많은 책임과 의무, 명확한 믿음과 우선적인 가치 그리고 진한 친밀감이 자연스럽게 따르게 마련이지만, 가족은 그 모든 것을 넘어선 존재 자체가 힘이다. '가족'이라는 이름 속에 담긴 그 깊은 힘은 언제나 내게 조용한 위로가 되어, 마음을 어루만지는 약이 되었다. (2024. 4. 6.)

## 어찌 이런 일이

사람은 기대했던 일이 빗나가거나 모르는 사이 일이 크게 벌어졌을 경우 당황하게 된다. 사람이 놀라거나 다급해서 어찌할 바를 모른다고 할 때 우리는 흔히 '당황한다'고 말한다. 나 자신이나 다른 사람의 기대에 부응하지 못했을 때 수치심 등으로 얼굴이 붉어지거나 땀이 나기도 하며 쥐구멍이 있으면 숨고 싶거나 자리를 박차고 이 상황을 피하고 싶어진다. 삶의 고저가 없이 평온하게 사는 것도 행복한 삶이 아닐까?

오늘은 북섬의 오클랜드 공항에서 약 1,000㎞ 떨어진 남섬의 퀸스타운 공항으로 이동하는 날로, 비행시간은 1시간 50분으로 예정되어 있다. 국내를 운항하는 200여 석의 중형 여객기가 아담하게 보였다. 눈을 감고 휴식을 취하며 곧 목적지 공항에 도착할 줄 알았는데 그것이 아니다. 기내 방송이 나오는데 알아들을 수 없다. 마침, 한국인 젊은 관광객으로부터 퀸스타운 공항에 짙은 안개가 끼어 착륙하지 못하고, 상공을 두세 번 선회하다 연료가 충분치 못하여 북쪽으로 약 370㎞ 떨어진 크라이스트처치 공항에 착륙하여 급유를 받고 있다고 했다. 퀸스타운 공항은 호수와 산지에 둘러싸여 있어 안개가 자주 끼고, 착륙하기 어려운 공항 중 하나에 속한다고 한다. 아침에 일찍 일어나 피곤해서 잠이 든 사이 이런 일이 벌어졌던 모양인데 이 말을 듣고 깜짝 놀랐다.

2015년 3월 24일 스페인 바르셀로나 국제공항을 출발하여 독일 뒤셀도르프 국제공항으로 가던 저먼윙스 4U9525 편이 프랑스 남부 알프스 산맥에 우울증과 시력 등 신체 문제를 안고 있던 부기장의 고의 추락 사고로 탑승하고 있던 승객 144명, 승무원 6명이 모두 사망하였다. 승객들은 마지막 순간에서야 상황을 파악했던 것 같다는 사고 조사가 있었다. 승객은 휴식 또는 엔터테인먼트에 집중하느라 무슨 일이 벌어지는지 알 수 없었다고 했는데 나도 기내 방송이 나오기 전까지 새까맣게 모르고 있었다.

도착이 2~3시간 늦어도 자유 일정이 있는 날이라서 다행이었다. 점심시간 어디로 가면 좋을지 가이드에게 추천받은 곳이 태국 음식점과 햄버거집이었다. 아내는 따뜻한 국물이 있는 음식을 먹고 싶다며 태국 음식점을 찾아보았으나 알려준 위치가 이 길이 그 길 같고, 조금만 올라가면 있을 것 같은데 보이지 않았다. 이러다간 점심을 못 먹을 것 같아 햄버거집으로 갔는데 줄이 길게 늘어서 있다. 아내는 2시 50분만 넘으면 신용카드의 거래 일시 정지가 풀린다고 했다.

기다리는 줄에 서서 2시 50분만 되기를 기다리는데 왜 이렇게 시간이 안 가는지 마치 '지켜보는 냄비는 끓지 않는다.'는 말과 같이 시간이 더디게 갔다. 몇 사람을 먼저 보내주고 나서 주문을 한 후 신용카드로 여러 차례 결제를 시도해도 승인이 거절되어 당황스러웠다. 카드에 먼지 등이 묻어서 그러는 줄 알고 깨끗이 닦아도 안 된다. 말도 잘 안 통하는데 이걸 어떻게 해야 한단 말인가. 계산대 앞에서 직원과 기다리는 사람들의 따가운 시선을 받으며 선택한 메뉴가 취소되는 상황은 낭패스럽고, 민망하기 그지없었다. 다시 밖에서 줄을 서서 기다렸다가 다른 계산대에서 시도해도 승인이 나지 않아 눈물을 머금고 쫄쫄이 굶는 수밖에 없었다.

가만히 생각해 보니 어제 쇼핑점에서 카드 한도액에 가깝게 건강식품을 사 카드사에서 하루 거래정지를 시켜 놓은 것을 깜박 잊고 있었다. 평소와 다르게 큰 금액을 결제하거나 소비 패턴이 크게 변하면, 카드사는 사기가 의심되어 거래를 정지시켜 놓는다. 카드사로 전화를 해보았지만, 주말이라 통화가 안 된다. 형님도 카드가 없고 미국 달러는 있다고 했지만, 여기서는 받지 않는다고 했다. 버스 안 배낭에 내 신용카드와 뉴질랜드 돈이 들어 있는데 배낭을 메고 다니는 게 귀찮아서 놓고 온 게 이렇게 번질 줄 몰랐다. 아내로부터 한소리 들을 수밖에 없다.
"배낭을 메고 다니는 게 얼마나 무거워서 그래!
다음부터는 내가 메고 다닐 거야."

마치 집에 두고 온 금송아지 생각이 났다. 남 먹는 것만 부러운 눈으로 쳐다만 볼 수밖에 없었다. 빵 한 조각, 채소 한 이파리, 물 한 모금을 먹을 수 없어 뱃속은 심하게 요동을 쳤다. 먹는 것을 포기하고 모이기로 한 장소에 30여 분 일찍 가서 호수에서 살랑살랑 부는 차가운 바람에 먼 산만 바라보며 기다리고 있는데 일행들은 안 보인다. 우리는 추운데 지나가는 관광객들의 복장이 여름옷과 겨울옷으로 계절을 넘나든다.

태국 음식점을 못 찾은 것이 다행이었다. 음식을 다 먹은 후 카드 결제가 안 되었을 때의 황당하고 난처함은 이루 말할 수가 없었을 것이다. 무전취식자로 오인하여 경찰에 신고할 수도 있다. 여행 일정표를 가져오지 않아 가이드 전화번호도 모르고, 가지고 있는 것은 미국 달러뿐이니 큰 낭패를 당할 뻔했다. 2시 50분은 한국에서 문자로 온 거래 일시 정지 시간이었다. 서머 타임제가 시행되는 뉴질랜드와 4시간 차이가 나므로 오후 6시 50분에 거래가 정지되었으니 당연히 현지 시각으로 계산해야 하는데 한국 시각으로 계산한 것이 화근이었다.

모임 장소 옆에 파타고니아란 커피집이 있는데 대구에서 온 일행이 유리창 너머로 한가롭게 커피를 마시고 있는 모습을 보았을 때 그 기쁨이란 말할 수 없었다. 아내는 부끄럽지만, 자초지종을 말하고 뉴질랜드 돈을 조금 빌려왔다. 시간이 촉박해서 햄버거집에 갈 시간은 안 돼 여기서 커피를 사 마시기로 했다. 주문 후 결제하려는데 호주 달러라고 하여 다시 바꾸어 결제하는 해프닝이 벌어졌다.

비행기 출발시간 때문에 새벽 5시에 기상하여 6시에 출발하다 보니 아침 식사를 할 수 없었다. 대신 호텔에서 준비해 준 크로켓, 오렌지 주스, 사과, 귤, 요구르트 등으로 비행기를 타기 전 공항 대기실에서 요기를 했다. 평소보다 허전하게 먹었는데 이런 일까지 겹쳐서 배가 더 고파, 뷔페식당의 여러 맛있는 음식들이 눈에 어른거렸다. 누구에게 말하자니 창피한 일이라 대놓고 말할 수도 없었다. 가방에 먹을 여분의 과자나 과일도 없어 저녁 시간까지 허기진 배를 움켜쥐어야만 했다.

한번은 혜초여행사를 통하여 북인도를 다녀왔다. 해발 4,000미터에 가까운 하늘길 로탕 패스(Rotang pass)를 지나며 만나는 경이로운 풍경들과 티베트 불교가 살아 숨 쉬는 소박하고 순수한 라다키(Ladakhi) 사람들은 불교문화와 고산 지대의 삶을 유지하며 살아가고 있었다. 한낮의 햇빛은 따가웠지만, 저녁은 추웠다. 알치(Alchi) 마을은 오지라서 숙박시설에 난방장치 등이 열악하여 계곡의 물소리를 자장가 삼으려 했지만, 밤새 추위에 떨어 잠을 자는 것이 고통스러웠다. 2~3개의 페트병에 뜨거운 물을 담아 밤새 의지했지만, 점차 식어갔다. 새벽에 눈을 떴을 때 아내는 입이 조금 돌아간 것 같다며 큰 충격에 빠졌다. 다행히 인근 군 병원 의사가 뉴델리의 해당 분야 전문의와 통화하며 응급조치를 받아 더 이상 악화되지는 않았지만, 공포와 당황스러움은 이루 말할 수 없었다.

나이가 들면 좀 더 섬세해지고, 정확해질 줄 알았지만 욕심이었다. 돈과 대체 수단을 여행 시에는 항상 휴대해야 한다는 뼈아픈 경고를 받았다. 당황스러운 일이 발생했을 때 결국 내가 어떻게 반응할지에 달린 것 같았다. 미리 준비하고, 차분함을 유지하며 유연하게 대처할 수 있는 능력을 키우는 것이 중요했다. 외부적인 일은 내가 통제할 수 없어 스트레스를 덜 받고 받아들이는 수밖에 없었다. 여행은 굶을 때도 있어야 더 잘 보인다.

(2024. 10. 11.)

♡ 느낌을 적어 보세요

# 4부

## 나의 사랑하는 모임

# 용왕님 이제 그만

용왕님! 한 번도 아니고 이번이 세 번째인데 너무 하시는 것 아닙니까? 바다를 다스리며 호풍환우(呼風喚雨)를 관장하시는 용왕님! 저는 이름에 삼수변(氵)이 있고, 조상님은 제주도 삼성혈(三姓穴)에서 태어나 바다는 생활의 한 방편이었습니다. 그 DNA가 면면히 흐르고 있었는지 전국대회 수영에서 금메달도 따, 누구보다도 물과 친한데 너무 모르는 채 박대하시는 것은 아닌지요? MTB와 헬스로 체력을 단련하여 뭍에서는 건강한데, 무슨 조화인지 배만 타면 힘을 못 쓰니 정말 억울합니다.

둘째 날 가이드는 내일 파도가 높아 배 타는 장소가 하도(下島)의 이즈하라항에서 상도(上島)의 히타카츠항으로 변경되어서 항해 시간이 한 시간 정도 줄어들어 여행객에게는 잘되었다고 했지만, 바다 날씨가 안 좋다는 말에 올 때는 다행히 무사하게 왔지만, 갈 길은 걱정이 태산 같았다. 꼼짝없이 독 안에 든 쥐와 같은 상황이었다.

귀국하는 날 오전 면세점을 구경하고, 오후에 한국 전망대에서 1703년 108명의 조선 역관사(譯官使) 일행이 탄 배가 대마도 악어 포구에 갑자기 불어닥친 태풍에 좌초되어 전원이 순국했다는 순난비(殉難碑) 참배는 처음 듣는 역사적 사실로 마음이 몹시 아팠다. 이어서 일본의 아름다운 해변 100선에 선정된 적이 있는 미우다 해변을 구경한 후 여객선터미널에 출항 10분 전에 도착했다. 급하게 서두르는 바람에 멀미약 병뚜껑을 잘못 따, 약사의 도움을 받아 간신히 마실 수 있었지만, 그 사이 알약은 입안에서 녹아 쓰디썼다. 출항 최소 30분 전에 멀미약을 먹어야 하는데 이 시간을 깜빡 놓쳐 마음이 불안했다.

'A1-C-44' 배의 중앙, 매점 앞 네 번째 줄이 내 좌석이 있는 곳이다. 흔들림이 적은 중심부는 배의 좌·우현보다 롤링이 덜해 잘 피했다고 생각했지만, 기관실 바로 위라서 추진기관과 보조 기계장치가 힘차게 돌아가는 굉음과 진동이 심한 게 흠이었다. 귀가 먹먹하고, 엔진의 열기가 전달돼 오는 느낌이다. 여우를 피하려다 호랑이를 만난 셈이다. 3시 30분에 정확하게 출항해 앞으로 1시간 20분 후면 부산항에 도착할 것이다. 한숨 자고 나면 지나갈 시간이다.

부두를 떠난 지 채 2~3분도 안 돼 몸 조짐이 이상하다. 승무원은 아무래도 심상치 않은 기상이라 뱃멀미 비닐봉지를 들고 다니며 필요한 사람에게 나누어 준다. 파도가 높아 위험하다고 좌석에서 떠나지 말라는 안내 방송을 거듭한다. 그사이 배가 롤링(Rolling)과 놀이공원의 바이킹(Swing Boat)처럼 앞뒤로 흔들리는 피칭(Pitching)을 반복할 때마다 승객들의 비명이 터져 나오고, 속이 울렁거려 토할 것 같다.

선박의 굴뚝에서 나오는 매연, 기름 냄새, 바다 특유의 비린내 등이 혼합되어 코끝을 파고드는 순간, 과거의 섬찟한 악몽이 되살아난다. 머리가 혼미해지더니 이내 하품이 나오고, 몸이 더워져 이마와 머리에서 식은땀이 나며 얼굴이 창백해진다. 도저히 눈을 감고 앉아 있을 수 없어 승무원에게 도움을 요청했다.

"승무원님!
멀미가 심한데 누워서 갈 수 있는 자리가 있을까요?"
"그런 곳은 없고요. 뒤에 에어컨이 나오는 곳에서 바람을 쐬면 좀 나아질 수 있어요."
"예, 알겠습니다."

즉시 뒤 공간으로 가서 바닥에 털썩 주저앉았다. 점퍼를 벗어 던지고, 시원한 바람에 몸을 맡긴다. 배가 출렁거릴 때마다 속이 울렁거리고, 입에서 나도 모르게 신음이 '음~음~음' 나온다. 짙은 악몽의 먹구름이 갑자기 몸을 휘감는 공포로 한숨과 신음이 범벅이 되고, 롤러코스터를 탄 몸은 인간의 고상한 품위마저 내팽개치고 짐짝이 된 느낌이다.

갑자기 복통으로 뱃속이 요동치며 설사할 태세다. 이러다간 바지에 실례를 할 수도 있겠다는 생각이 들어 소름이 돋았다. 구역질을 억지로 참으면 오히려 멀미 증세가 더 심해질 것 같아 비닐봉지에 실컷 토하는 게 회복도 빠르고, 기분 전환에 좋을 것 같은데 올라올 듯 말 듯한 울렁거리는 메스꺼움이 목구멍까지 차올라 손가락을 넣어 '왜액~왝'하며 토했다. 멀미가 심해 정신을 잃게 되면 일이 벌어질 상황인데 배는 흔들리고, 머리가 어질어질하여 몇 번이고 일어서 보려고 했지만, 몸과 마음이 따로 논다. 도저히 안 되겠기에 승무원에게 화장실 위치를 확인한 후 겨우 일어설 수 있었다.

실수하지 않도록 초긴장을 하면서 두 손으로는 의자를 잡고 한 걸음 한 걸음 발걸음을 뗄 수 있었지만, 일촉즉발 시한폭탄이 따로 없다. 긴장을 늦추면 '빵'하고 터질 것 같은 빵빵한 고무풍선과 같다. 한 젊은 여성은 얼마나 힘들었는지 바닥에 아예 누워 있는 모습이 보인다. 화장실 문을 열고 들어간 순간 이미 변기를 붙들고 토하는 사람이 둘이나 있고, 나머지 한 칸이 비어 있어서 천만다행이다. 변기에 앉자마자 포탄을 쏘듯 한방에 내리쏟고 입으로도 토사물이 나오는 이중주다. 흔들리는 변기에 앉아 일어서지도 못하는 난처한 상황으로 이렇게 오래 앉아 있어 보기는 처음이다. 울렁거리고 머리가 빙빙 도는 현기증으로 나갈 수 없다. 마치 그물에 걸린 토끼 신세와 같았다.

1시간 20분이면 도착한다는 배는 거친 파도의 저항으로 제 속력을 낼 수 없었는지 2시간 가까이 걸렸다. 간간이 보는 시간은 "지켜보는 냄비는 더디 끓는다."고 원망스러웠다. 빨리 지옥 같은 환경에서 벗어나고 싶은데, 화장실에 갇혀 숨이 넘어갈 듯 비명을 질러야 견뎌낼 수 있다. 산모가 분만 시 비명을 지르는 이유를 알 만했다. 뱃멀미가 너무나 심해 기진맥진한 상태가 되어 이러다 죽을 수도 있겠다는 공포심이 엄습했다.

부산항 근해에 접어들었는지, 저속이어서 화장실에서 벗어날 수 있었다. 2시간 가까이 냉기에 노출되어서 몸에 한기가 들어 오돌오돌 떨었다. 항구에 도착하자 회원들이 염려스러운 눈빛으로 괜찮은지 묻는다. 입국장으로 가는 내내 어질어질하고 힘이 빠져 비틀거렸지만, 무간지옥(無間地獄)과 같았던 배에서 벗어났다는 안도감과 시원한 바람, 파란 하늘이 그렇게 고마울 수 없다.
'휴~, 이제 살았다. 살았어!'

뱃멀미의 원인은 시각과 여타 감각의 괴리 때문이다. 시각 정보는 별로 바뀌는 게 없는데, 평형감각 차원에서는 자꾸 '움직이고 있다.'는 정보가 들어오기 때문에 뇌에서 혼선이 생겨 어지럼증이 발생한다. 즉 균형감각을 담당하는 전정기관의 균형 위치 감각과 눈이 느끼는 시각적 감각의 혼선에서 멀미가 발생한다.

과거 울릉도에 갈 때도 멀미로 고생이 심했다. 그렇게 가보고 싶었던 독도에 가는 것은 마치, 죽음과 맞바꾸는 일이라 포기했다. 같이 탄 승객 중에는 천하장사도 있었는데 그도 맥을 못 추었다. 몇 년 전 회사의 홍도 연수 때도 엄청 힘이 들었다. 그동안 크고 작은 모임에서 배 타는 여행의 참석을 회피한 적도 있었다. 이런 악몽을 까마득하게 잊고 오로지 회원들과 어울리고 싶은 간절한 욕망에 사로잡혀 또다시 멀미에 녹초가 되었다. 무늬만의 회원에서 벗어나 문맥을 넓혀 같은 취미활동을 하는 문우들과 같은 방향을 바라보고, 나를 알리는 소중한 기회였지만, 혹독한 대가를 치러야 했다.

멀미에 대한 민감성이 커서 그런지 이젠 넌더리가 난다. 인간은 망각의 존재이기에 아무리 큰 슬픔과 고난이 닥쳐도 시간이 지나면 잊는다지만, 그 충격과 트라우마가 커, 아쉽지만 다시는 배 근처에 가고 싶지 않다. 여행에 대한 좋았던 기억이 막판 멀미라는 악재에 묻힌 느낌이지만, 이번 여행은 내게 오래도록 잊지 못할 추억을 선물해 주었다.

(2024. 5. 17.)

## 누가 아이를 이길 수 있나

 국내에 머물 때 한 번이라도 더 할아버지 할머니를 보기 위해서 그러는지, 금요일 오후 6시가 넘어 서울에서 아들 가족이 왔다. 이틀 전 할아버지 집에 내려가면 서점에 함께 가자는 큰 손자의 말이 어찌나 반가운지 대견했다.

 며칠 전부터 청소며 음식 준비 등으로 신경이 쓰였다. 송홧가루가 날리기 시작했는지, 걸레에 노란 분가루가 조금씩 묻어나온다. 아들 내외보다는 커가는 손자들을 위하여 오리탕을 준비하였다. 전에도 아주 잘 먹어 이번에는 새롭게 엄나무를 더 넣었다. 오리고기에는 칼슘, 인, 철분 등 무기질이 풍부하게 들어 있어 아이들 면역력을 강화해 성장하는 데 매우 중요한 역할을 한다. 3년 전에 샀던 영업용 압력밥솥이 제 역할을 톡톡히 한다. 전문가들은 아이들 성장 발달에 유전적인 요소는 20~30% 정도밖에 미치지 않고, 후천적 노력이 더욱 크게 작용하는데, 그 요소는 식생활, 운동, 수면 등이라고 한다. 손자들이 또래들보다 조금 작아 더 크기를 바라는 마음에서 단백질을 공급해 주고 싶었다.

'삐리릭' 현관문을 열고 들어오는 순간부터 시끌벅적하다. 언제 들어도 반가운 애교 섞인 목소리로 세 손자가 합창하듯
"할머니, 할아버지! 많이 보고 싶었어요."
"웅! 그래, 할아버지도 너희들 많이 보고 싶었어.
그래, 어서 와라. 한번 안아보자. 뽀뽀도 하고."
"예~"
절간같이 조용했던 집이 순식간에 삼총사(8살, 6살, 3살)로 도떼기시장처럼 바뀌어도 좋다. 운동장이 된 거실에서 달리고, 뛰고, 소리 지르고, 뒹굴고, 서로 엉켜서 방종에 가까운 자유를 만끽하느라 적절한 경계선을 넘나든다. 이게 아이들의 당연한 일상이지만, 은인자중(隱忍自重)하기가 어렵다. 그러나 집안 분위기를 활기차게 만들어 주고, 아이들의 활동성과 상상력을 자극한다. 아랫집에서는 "자다가 봉창 두드린다."고 갑자기 천둥 벼락 치는 소리에 놀라 손자들이 왔나보다고 이해는 하겠지만, 층간소음으로 미안한 마음이 컸다. 괴성을 질러대고 쿵쿵거릴 때마다 가슴이 철렁거리고 정신이 혼미하다.

금세 거실 바닥은 장난감과 책 등으로 어질러졌다. 손자들이 노는데 둘과 셋은 완전히 다르다. 장난이 지나쳐 다치지 않을까 염려되면 주의를 주지만, 자유로움과 자기표현에 망설임이 없는 게 아이들의 본성이

다. 어른이 만들어 놓은 생각 상자 속으로 아이를 가두는 일은 미래까지도 가둘 수 있는 일이라서 조심스러웠다. 철없는 아이들은 자기만의 방식대로 받아들이고, 표현하며 자란다. 따끔하게 야단을 치면 주눅이 들 것 같고, 그대로 놓아두자니 불안하고 이래저래 뜨거운 감자처럼 진퇴양난이다. 마치, 우물둔덕에 애 내놓은 것 같다. 자식 같으면 스스럼없이 할 수 있는 말도 손자는 느낌이 다르고 조심스럽다.

"절에 가면 중이 돼라."는데 할아버지 할머니는 적응이 안 된다. 예쁜 손자들을 보는 것은 좋은데, 야단법석을 부리고, 물건을 만져 고장을 내는 등 부산스럽게 굴며 평화롭던 일상을 뒤흔드는 모습을 눈 뜨고 지켜볼 수 없어 그때마다 제재하지만, 그때뿐이다. 봄꽃도 한때인데, 이를 못 참고 자발 맞게 일일이 잔소리를 하는 것 같아 체통이 서지 않는다. 제지가 없다 보니 무엇이든 해도 되는 줄 알고 버릇없는 행동을 할 때이다. 그들은 본래 색다르거나 신기하거나 이상한 것에 관심을 두고 뛰놀며 자라고 세상을 배운다.

이런 환경에서 생활하는 아들 내외가 어떨지 궁금하다. 저마다 욕구, 나이, 발달 수준, 장단점이 달라 한 아이에게 집중하면 다른 아이는 소외되는 것 같아, 다둥이를 양육하는 게 쉽지 않다. 아들 내외가 젊다지만, 아이들의 에너지를 감당할 수 없어 코에서 단내가 날 때가 많아 만성피로에 시달리고 있는 것 같다. 그렇지만, 아이끼리 서로 친구처럼 잘 지낼 때 많이 낳기를 잘했다고 위로하며, 가정에 대한 책임감이 커지고, 부부간의 친밀감과 유대 의식이 높아지며, 가족이 더 화목해졌다는 점 등은 다자녀 가정의 특징이다.

어린이는 여간해서 지치지 않는다. 몇 시간을 뛰어놀아도 먼저 지쳐 나동그라지는 것은 어른들뿐이다. 과학자들은 이처럼 어린이들이 지치지 않는 이유를 과학적으로 밝혀냈다. 프랑스 클레르몽 오베르뉴 대학 운동생리학과 연구진은 어린이들이 피로에 강한 근육을 갖고 있을 뿐 아니라 강도 높은 운동 뒤 회복력도 성인 운동선수들보다 뛰어나다는 조사 결과를 내놨다. 아쉬운 점은 아이들의 지치지 않는 체력이 나이가 들수록 감소한다는 것이다. (매일경제, 2018. 5. 21.)

어린이는 자연에서 놀아야 한다는 사실을 새삼 깨닫게 되었다. 자연은 아이들에게 자유의 무한공간이다. 자연에서는 층간소음도, 부모님이나 선생님의 잔소리도 없어 마음껏 소리치고, 웃고 떠들 수 있다. 아이들은 숲 놀이를 통해서 육체적, 정신적 건강을 지키며, 놀이가 대부분 협동 놀이로 자연스럽게 친구들과 어울리다 보면 사회성이 높아질 수 있다. 숲에 널려 있는 모든 게 장난감이 될 수 있다. 과거 아우 집에서 지내는 이틀 동안 지루할 틈도 없이 자연 속에서 마음껏 뛰노는 손자의 모습은 행복하게 보였다.

"오면 반갑고 가면 더 반갑다."는 말을 십여 년 전 누군가에게서 들었을 땐, 그저 웃어넘겼다. 그땐 실감이 나지 않았고, 관심도 없었으며, 굳이 의미를 새겨보려 하지도 않았다. 하지만 이제 조금은 알 것 같다. 손자들이 이것저것 물으며 따라다니는 모습이 얼마나 귀엽고 사랑스러운지, 그 마음이 절로 깊어진다. "두벌 자식이 더 낫다."는 말이 있다. 자식은 정이지만, 손자는 사랑이라고 한다. 기르는 손맛보다, 바라보는 눈맛이 더 깊다고들 한다. 그러나 육체적 한계와 동에 번쩍 서에 번쩍하는 놈들의 아수라장을 견딜 힘이 소진되어 빨리 가주었으면 하는 속마음은 죄책감에 시달리게 한다. 헤어지면 보고 싶어지는 손자들인데! 마치 손자가 이렇게 말하는 것 같아 가슴 한구석이 시리게 저려온다.
"그럼, 할아버지 집에 안 올래."

아이의 발달 과정에서 놀이 행동이 중요한 이유는 무엇일까? 전문가들에 의하면 놀이 행동은 뇌 기능의 발달에 기여한다고 한다. 감정과 본능을 드러낼 수 있도록 놀이시간을 제공해야 한다. 보통 아이들은 놀이를 통해 희로애락을 배우고, 어떻게 노는 게 안전한지 터득할 수 있다. 이는 놀이가 감정을 자연스럽게 표현하고, 그 나이에 언어로는 나타내기 어려운 부정적 감정까지 분출할 수 있게끔 해주는 역할을 하기 때문이다. 이때 놀이 행동 과정에서 전두엽이 동시에 발달한다고 한다.

아이에게는 아이다운 시간이 필요하다. 너무 이른 나이에 성숙을 강요하기보다 맘껏 뛰놀고, 맘껏 웃으며, 세상을 온몸으로 느끼며 자라야 한다. 놀이는 인간의 가장 자연스러운 본능이다. 어린이는 놀면서 세상을 배우고, 세상을 흔드는 거센 강물이 된다. 그래서 놀이는 결코 허투루 흘려보내서는 안 된다. 어른들이 종종 묻는다.
"누가 이겼어? 누가 더 잘했어?"
그러나 진짜 중요한 것은 이기는 게 아니다. 건강하게 뛰놀고, 땀에 젖어 웃는 얼굴, 넘어져서도 다시 일어나는 작은 용기, 그 모든 것이 어린 시절의 보석 같은 순간이다. 어린이에게 정답을 강요하는 대신, 그들의 세상을 이해하고 존중해 주는 마음이 필요하다. 스스로 규칙을 만들고, 스스로 세상을 발견해 나가는 그 위대한 여정을 어른들은 조용히 지켜보며 응원해야 한다. 아이들은 자신의 에너지를 자유롭게 펼치며 오늘도 놀고, 소리치고, 웃는다. 그 웃음이 머무를 수 있도록 우리 모두 아이들을 위한 넉넉한 놀이터와 품을 마련해 주어야 한다. 누가 아이를 이길 수 있을까? 햇살처럼 환하고, 바람처럼 자유로운 아이를….

(2024.4.23.)

# 예승이에게 보내는 첫 번째 편지

딸을 키워 본 적이 없다. 평생 아쉬움으로 남아 있던 그 빈자리가, 오늘 손녀를 바라보는 순간 조심스레 채워지는 것을 느꼈다. 딸은 쉴 새 없이 옆에서 조잘거리며 엄마 아빠를 졸졸 따라다니는 모습이 사랑스럽다고 한다. 주방에서 요리할 때도 새카만 눈동자를 반짝이며 뭐든 신기해한단다. 애교 만점인 녀석을 보면 딸을 키우는 재미가 쏠쏠하고, 분위기 몰이꾼이며 에너지원으로 얼마나 사랑스러운지 모른다는 사람들이 부러웠다. 나도 이런 소원을 이룰 수 있는 손녀를 보게 돼 손자를 키우는 재미와는 또 다른 기분을 느낄 수 있는 시간, 바라보기만 해도 가슴 벅찬 천사가 오늘이 그 첫돌이다.

장마가 지나간 뒤라 그런지 오전부터 불볕더위가 매섭다. 대전 동구 신상동의 대청호 주변 P 행사장에 도착했다. 널따란 유리온실 수목원 안에서 전문 사진사의 도움으로 아들 가족은 사진 촬영에 여념이 없다. 야외 공간은 계절의 분위기를 담아낼 수 있고, 단조롭지 않아서 좋다. 자연스럽게 웃는 손녀의 표정을 포착하기 위하여 관심을 유도할 수 있는 갖가지 묘기가 속출하여 열기가 후끈했다. 작은 눈망울 속에 초롱초롱 별이 빛나는 가장 예쁜 순간이 평생토록 기억될 돌 사진이라 아름다운 모습을 담고 싶은 마음이지만, 왜 어른들은 난리법석을 피우는지 알지 못하는 손녀는 천진난만하기만 하다.

사부인께서 홀리고, 어르는 재주가 딸 둘을 키워서 그런지 압도적이다. 이런 때는 체면 차릴 때가 아니다. 손녀를 웃기려고 서로 한마음이 되어 도와주고 있지만, 약발이 오래가지 못한다. 낯가림은 없지만, 낯선 장소에 적응하려면 시간이 꽤 걸린다. 가능하다면 집에서 편안하게 쉬다 와 컨디션을 좋게 해야 한다. 좋아하는 장난감이나 애착 인형은 촬영에 많은 도움이 되었다. 맘마도 잘 먹고, 잠도 잘 자고, 심하게 보채지도 않았으며, 병치레 없이 잘 커 줘서 정말 고맙다. 엄마 뱃속에 있을 때부터 잘 놀더니, 태어나서도 순한 아이로 까탈스럽지 않았다.

경조상문(慶弔相問)의 풍습에 따라 양가의 가족이 모처럼 한자리에 같이했다. 결혼식장에서 보고 난 후 오늘 보는 분들도 많다. 불임이나 난임 또는 둘만의 시간을 오래 갖고 싶어 출산을 미루는 사람도 많은데 결혼 후 곧바로 아기가 보물처럼 태어나고, 한 가정이 완성되어 가는 순간에 하객들은 내 일처럼 가슴 따뜻한 박수를 보내준다.

돌잔치의 하이라이트는 역시 돌잡이다. 아이가 커서 어떤 모습일지 기대하고 부모님과 친지들 앞에서 잘 자라 달라는 소망을 담은 행사가 돌잡이인데 쌀, 붓, 활, 돈, 실, 청진기 등의 물건 중 실타래가 눈에 띄었는지 성큼 잡았다. 무병장수한다는 의미여서 모두 환호한다. 무엇을 움켜쥐든 사랑스러운 날이다.

아들과 며느리의 따뜻한 보살핌이 컸는지 우는 모습을 본 적이 손에 꼽을 만큼 적었다. 말 못 하는 아이가 갑자기 자지러지게 울고 보챌 때 무엇 때문에 그러는지 모르는 경우가 많다. 물론 대부분은 배가 고프거나, 너무 춥고 덥거나, 기저귀가 젖었거나, 몸이 아프거나, 어둠에 대한 공포 때문일 것이다. 울음은 아이가 자신의 고통을 말하고, 긴장을 풀고, 회복하는 하나의 장치라서 부모는 예민하다.

손주가 태어나면서부터 나의 삶은 많이 바뀌었다. 마치 메마른 땅에 단비가 내려 목말랐던 꽃과 나무가 생기를 얻어 싱싱하게 자라듯 우리는 신바람이 났다. 온다는 날에는 청소는 물론 무엇을 해 먹일 것인지 고심을 하게 된다. 손자들은 체구가 작아 고기를 먹어야 한다고, 오리탕을 준비하고 과일도 가장 맛있는 것을 사다 놓는다. 자식을 낳고, 그 아들이 다시 자식을 낳았으니, 가문이 융성하도록 조상에게서 부여받은 소임을 다한 것에 만족한다.

손녀가 태어날 때 며느리가 약간은 노산이라 걱정이 많았다. 병원과 산후조리원에 있다가 집으로 오게 되고, 백일까지는 처음 해보는 일이라 좌충우돌 무척 힘들었을 것이다. 시간이 지나면서 건강하게 자라고 있어서 감사했다. 예승아! 너는 사촌 오빠가 셋이나 되는 우리 집안의 막내란다. 이래저래 너 때문에 우리는 살맛이 나고 자주 볼 수 있으니 사는 보람도 있다.

손녀는 하루가 다르게 자란다. 다른 아이들보다 허벅지가 굵어 스케이트 선수들의 금벅지 같다. 그냥 볼 때는 잘 모르겠는데 안아 들어 올릴 때 확실히 알게 된다. 1~2주 사이 안아 올릴 때 묵직해진 느낌이 들어 할머니는 허리를 다칠까 봐 오래 안고 있을 수가 없었다. 옹알이도 하루가 다르게 하고 가끔은 엄마, 아빠를 말해 놀라기도 한다.

예승이 네가 이런 마음을 갖고 컸으면 좋겠다는 바람을 가져본다. 할아버지는 너를 열렬히 응원할 것이다. 네가 지금보다 더 자라서 너를 둘러싼 세상에 대해 더 많은 질문이 생겼을 때, '할아버지를 아무리 불러도 대답을 해줄 수 없는 날이 올지도 몰라 네게 해주고 싶은 말을 미리 적어본다. 초등학교 고학년이 된 후에 읽기를 바라는 마음으로 써본다.

1. 튼튼한 몸과 마음을 갖도록 해라.
2. 효도하고 우애하며 살아라.
3. 친절하고, 겸손해야 한다.
4. 국가와 사회에 봉사하라.
5. 책을 많이 읽어 사고를 충만하게 하라.
6. 외국어에 능통하며 여행하거라. 특히 젊을 때 많이 다녀라.
7. 좋아하는 일이 있다면 그 일을 직업으로 삼아라.
8. 자연과 조화롭게 감사하면서 살아라.
9. 어떤 편견에도 휘둘리지 말고, 당당히 너의 길을 가라.

10. 사소한 것들이라도 의문을 품고, 세상사에 관심을 기울여라.

아이러니하게 육아는 더 힘들어지겠지만, 더 재밌어질 것이다. 아기가 다양한 반응을 하기 때문이다. 꼬물거리던 신생아가 자라서 어느덧 다양한 감정을 갖게 된다. 엄마한테 삐지기도 하고 엄마를 사랑해 주기도 한다. 그래서 육아가 더 재미나게 느껴진다. 밖에 나가서 놀기를 좋아해 바깥 순이 엄마가 될지도 모른다. 아기랑 집에서 노는 것보다 바깥에서 돌아다니는 게 훨씬 좋을 수 있다.

나이가 들면 어른이 되고, 아이 낳으면 저절로 부모가 되는 줄 알았다. 하지만 시간이 흐를수록, 삶은 그렇게 단순하지 않다는 것을 깨닫는다. 오늘, 양가 친척들이 한자리에 모였다. 서로의 얼굴을 마주하며, 축복 속에 한 가족이 완성되어 간다. 할아버지가 될 수 있다는 것, 그것이 얼마나 벅차고 고마운 일인지! 앞으로 이 작은 생명이 우리에게 얼마나 많은 웃음을 안겨줄지, 그 기대감에 가슴이 따뜻해진다. 1과 70, 새 생명의 불꽃과 지는 불꽃이 함께 타오르는, 참으로 흐뭇한 돌날이다.

(2024. 7. 13.)

# 합리적인 의심

　명명백백한 증거나 사실이 확인되기 전에는 타인을 의심하면 안 되지만, 현장에서 직분을 수행하다 보면, 급한 마음에 타인의 행위로 인해 비롯된 것은 아닌지 의심하게 된다. 편집증적 사고는 아니지만, 그 일이 타인에 의해서 발생하였고, 종전까지는 아무 일이 없었으며, 그의 행동이 아니라는 뚜렷한 증거가 없는 한 오비이락과 같이 타인을 의심하게 되고 누명을 씌울 수도 있음을 알았다.

　아파트 2층의 ○○유도관을 다니는 초등학교 5학년 여학생이 2층 여자 화장실에서 손을 씻기 위해 물을 받던 중 갑자기 세면대가 아래로 내려앉으며 파손되는 일이 있었다. 다행히 아이가 다치진 않았지만, 누구의 책임인지 분명히 가려야 했다. 그 층을 청소하는 미화원은 평소에도 무리한 힘을 가하거나 이상한 조짐을 본 적이 없다고 했다. 말괄량이 같은 아이가 세면대에 올라가 무리한 행동했을 수도 있다는 의심이 제기되었지만, 쉽게 잘못을 단정 짓기보다는 어른들이 편견 없이 신중하게 판단해야 한다고 생각했다. 누군가를 의심하여 몰아가기보다는, 아이의 놀란 마음을 먼저 헤아리는 것이 먼저였다.

현장에서 원인을 규명해 보려고 해도 지피는 데가 없다. 더구나 화장실 안에 세면대를 비추는 CCTV가 있는 것도 아니고, 당시 목격자로부터 신고가 들어온 것도 없어 '까마귀 날자 배 떨어진다.'고 합리적인 의심을 할 수밖에 없었다. 지금껏 이런 일이 처음이라서 이 상황을 어떻게 판단하고 수습해야 할지 판단이 서지 않았다. 세면대가 옆에 하나 더 있어서 사용하는데 불편이 없어 그나마 다행이었지만, 미관상 좋지 않아 하루속히 수리해야 했다.

왜 파손되었을까? 직원에게도 물어보고, 마음속으로도 여러 경우를 떠올려 보았다. 첫째, 초등학교 5학년이고 운동을 하는 학생이라면, 덜렁거리고 생기발랄한 행동은 무의식중에도 큰 영향을 줄 수 있다. 둘째, 세면대를 지지하는 나사못이 부식되었거나 헐거워져 빠질 수 있다. 부식은 이해가 가지만, 헐거워지는 것은 반복적인 진동이 있어야 하는데 세면대는 그런 진동과는 비교적 무관한 구조다. 셋째, 세면대 설치 시 구멍이 너무 크게 뚫려 있었거나, 세면대가 걸친 면이 미세한 진동으로 인해 한쪽으로 밀려 주저앉았을 가능성도 있다. 넷째, 세면대가 설치된 상판에 올라가 세면대를 발로 밟을 수 있지만 가능성은 희박하다.

다음 날 유도관 관장은 걱정이 되어 오후 4시 40분경에 관리사무소에 왔다. 운동하는 학생이 사고를 냈으니, 대변자가 되어야 할 처지였다. 5시부터 운동이 시작된다고 했지만, 그 여학생은 오늘은 웬일인지 오지 않았다. 운동을 시작한 지 한 달이 되었다며 행동이 차분하다고 했다. 관장은 단짝 친구에게 전화로 어제의 상황을 물어보았다. 친구 말에 따르면, 세면대에 있는 수도꼭지를 틀어 손을 씻으려는데 갑자기 세면대가 주저앉았다고 했다. 관장과 학생은 사제지간이며, 친구의 말에도 진정성이 있다고 느껴졌다. 요새 아이들이 영악하다지만, 일부러 거짓말을 할 것 같지는 않았다. 순간, 운동을 하는 사람들이 가져야 할 바람직한 마음가짐과 행동의 한 가지는 '정직함'이라는 생각이 들었다.

사고를 낸 여학생이 오늘은 7시에 온다고 했다. 5시 운동에 참석하면 불러다 이야기를 듣고 싶었는데, 친구의 말을 듣고 환연빙석(渙然氷釋)과 같아 우리가 고치기로 했다. 놀라서 주눅이 들어 있을 어린 학생에게 의심의 눈초리는 오해의 소지를 줄 수 있어 조심스러웠다. 어린 학생에게 사고를 낸 사람이라는 피해의식을 줄 수 있어 자칫 일이 꼬일 수 있겠다는 생각도 있었다.

며칠 후 유도장에서 5시 운동에 참석한 여학생을 관장의 안내로 만나게 되었다. 순진하고 수줍어하는 모습을 보고, 다친 데가 없는지 물어보며 열심히 하라고 격려했다. 사람의 마음을 좀처럼 알아내기 힘들지만, 언뜻 보기에도 발랄하게 행동하는 학생으로 보이지 않아 하마터면 의심할 뻔했는데 잘 참았다.

타인으로부터 의심을 받는 것처럼 답답한 일도 없다. 타인을 의심하는 일은 우호적 관계의 기반을 허물어뜨리는 일이다. 사실 우리는 자연스레 의문이 생기고, 의심이 일어나는 것을 내버려두고 마냥 살아갈 수 없다. 사물의 이치나 현상과 사건 중 이해할 수 없는 것들이 많기 때문이다. 무엇보다도 세상만사가 합리적으로 진행되지도 않을뿐더러 모든 사람이 전적으로 신뢰할 만한 인간이 아니기 때문이다. 더구나 이해하지 못하거나 허용할 수 없는 것을 무조건 믿고 받아들일 수도 없다. 의심은 불가피하지만, 냉철하게 판단해야 한다.

한번은 인도여행 시 입국 심사에서 여권 위조범 또는 밀입국자로 의심이 되었는지 모든 사람이 입국을 다 마친 다음 인터뷰와 여행용 가방 검색을 받고 난 후 무사히 풀려나올 수 있었다. 30여 분 남짓 기다리는 동안 초조하고, 입국을 거절당하지는 않을지 긴장되는 순간이었다. 왜 붙잡아 놓았는지 이해가 안 되었지만, 그들이 의심할 만한 사항이 있다고 판단하였을 터이니 적극 협조해야 했다. 적성국이거나 저개발국가 등 안보 저해 우려가 크거나 불법 체류율이 높은 국가 출신이 아니라서 내심 별일 없을 거로 생각했지만, 기분 좋은 일은 아니었다. 만약 초등학생에게 의심의 눈초리를 향했다면 그 시선이 닿은 곳엔 상처 하나쯤 남았을 것이다.

부서지거나 고장 나고, 파손되는 것은 자연스러운 현상이다. 깨어지거나 망가져 쓸 수 없게 되는 이유는 노후화나 사용자의 부주의에서 비롯된다. 물론 이런 일이 일어나지 않기를 바라지만, 막을 수 없는 경우도 있다. 일어난 일은 되돌릴 수 없으며, 대부분은 분명한 원인과 그에 따른 결과가 존재한다. 간혹 전문가의 지식이 부족하여 원인을 밝히지 못하는 일도 있다. 의심은 누구나 할 수 있지만, 그것이 행동으로 이어지기 전에는 반드시 신중해야 한다. 자칫 마음에 상처를 줄 수 있고, 오해로 인해 다툼으로 번질 수도 있다.

 선부른 판단과 의심이 무고한 피해자를 만들 수 있었지만, 경우의 수와 말과 행동에서 느껴지는 판단을 중시하여 결정을 잘 내린 것 같다. 우리에게는 잘못한 일이 있을 수 없다는 철저한 자기방어 의식이 팽배했지만, 명백하게 과실이 없다는 점을 증명하지 못했다고 해서 빨리 해결하려는 심리적 압박으로 누명을 씌우는 것은 옳지 않다. 무죄 추정의 원칙에 의하여 과실이 밝혀지기 전까지는 그 사람의 권리와 존엄성이 보호받아야 한다. 도둑을 뒤로 잡지 앞으로 잡을 수 없다. 또 이 일이 어린이와 과실 여부를 다투는 일이라 더 신경이 쓰였다. 자칫 동심에 멍이라도 들게 할까 조심스러웠다.

(2024. 7. 15.)

## 쉴 틈이 없는 목욕탕 저울

목욕탕 저울은 쉴 시간이 없다. 욕탕에 들어가기 전 입욕객은 습관처럼 저울에 올라가 가볍게 체중 변화를 알아보지만, 민감한 사람은 목욕을 마치고 다시 재어볼 만큼 한가할 틈이 없다. 소중한 건강을 확인하고 싶은 게 많은 사람의 공통된 마음이다. 무엇을 측정한다는 것은 현 위치를 알기 위한 것이다. 정직을 밑천으로 무거우면 무겁다고, 가벼우면 가볍다고, 우리 삶의 내력을 정확하게 짚어 주는 저울은 언제나 정확함이 생명이다.

습관처럼 저울에 올라갔다 바로 내려오는 사람도 있지만, 두세 차례 반복하는 사람도 있다. 체중에 큰 변화가 없어 자기가 생각하는 몸무게라 여겨지면 크게 신경 쓰지 않고 바로 욕탕에 들어가지만, 체중이 불어

났거나 빠진 사람은 저울 고장을 의심하여 두세 번 되풀이 한다. 원하는 수치가 표시되지 않아 기쁨과 실망이 교차하는 순간이다. 식단 조절과 운동으로 다이어트를 꾸준하게 한 사람은 체중 감량에 성공하고, 고열량의 야식과 불규칙한 식사, 운동 부족으로 체중이 불어나 다시 한번 돌아보게 하는 냉혹한 시간이다.

사람들이 몸무게에 민감한 이유는 단순히 숫자 때문이 아니다. 그 숫자에 담긴 의미와 감정 때문이다. 몸무게는 단지 물리적인 중량이 아니라 자기 자신에 대한 평가, 타인의 시선, 이상적인 모습과의 거리를 보여 주는 지표처럼 여겨지곤 한다.

목욕탕은 가장 원시적이면서 순수한 공간이다. 실오라기 하나 걸치지 않고, 뜨거운 물이 펄펄 넘치는 욕탕에서 배가 불룩 나오거나, 야위었거나, 피부가 매끈하거나, 거칠거칠해도 크게 신경 쓰지 않는다. 직업도, 신분도, 잘남도, 부자와 빈자도 없는 인간 군상이 원시 자연의 모습으로 사회적인 계급장을 떼고 평등하게 나신(裸身)으로 만난다. 옷을 벗는다는 것은 자기 몸뿐만 아니라 마음까지도 함께 보여 주는 것이라서 목욕을 같이하고 나면, 타인과의 경계가 허물어져 좀 더 가까워지고 친근한 느낌이 든다. 세상 사는 이야기와 따뜻함이 가득한 목욕탕에서 온갖 시름 다 잊고, 물에 푹 담그고 있으면 신선도 부럽지 않아 '아~좋다.'는 말이 자동으로 나온다.

저울은 참 고달프게 보인다. 한켠에서 피곤하여 졸고 있으면, 시도 때도 없이 쉴 틈을 주지 않는 인간들의 행동에 진절머리가 나지만, 여성들의 비밀을 가장 많이 알고 있어 입이 천근만근 무거워야 했다. 그러나 한편으로는 기계적인 숫자만 보여 주는 일이라 신경을 덜 써도 되었다. 겨울철 주말에는 궁둥이 붙일 곳이 없는 입욕객으로 초주검이 되지만, 주중에는 그래도 견딜 만하다. 여름철에는 비수기라서 한가한 편이라 놀고먹기가 눈치 보일 때가 많지만, 힘들었던 겨울철을 생각하면 이해할 만했다.

몸무게가 많이 나가는 거구장신(巨軀長身)이 저울에 갑자기 올라오면 천둥 벼락이 치듯 화들짝 놀란다. 저울의 정확도에 가장 직접적이며 심각한 영향을 주는 요소가 바로 충격이다. 사뿐히 올라가는 게 아니고, 함부로 다루게 되면 전자기기 부품은 충격에 민감하여 하루에도 수백 명을 상대하는 처지에서는 고장이 나서 쉬는 게 편할지도 모르겠다. 1960년대 아날로그의 바늘 저울에서 지금은 디지털 전자식 저울로 바뀌었다.

몸무게에 민감한 사람들은 매일 몸무게를 측정한다. 여름철 해수욕장에서 멋진 비키니를 입고 싶은 여성, 무대에서 좋은 모습을 보여드려야 한다는 연예인과 모델은 의무감 또는 예쁜 옷을 입고 싶은 욕망 때문에 몸무게에 예민해 매일 측정하는 경우가 많다. 체중을 자주 재는 습관이 곧 자기 몸에 대한 이해도를 높일 수 있어 매일 섭취하는 음식의 열량을 파악하고, 운동량과 활동량, 호르몬 수치, 컨디션 등을 파악하는 데 도움이 된다. 그러나 강박에 가까울 정도로 체중 측정에 집착하는 게 좋지 않을 수도 있다. 전문가들은 주 1회 특정 요일을 택해 몸무게를 재는 걸 추천한다. 실제로는 매일 체중을 측정하다 보면 저울 수치에 휘둘려 괜히 스트레스를 받거나 기분이 나빠질 수도 있다.

내 몸무게의 흐름은 크게는 두 번 진폭이 있었다. 한번은 입대 후 훈련소에서 고된 훈련인데도 군대 체질이었던지 3kg 가까이 증가했으나 자대 배치를 받고 나서 정상으로 돌아왔던 기억이 있다. 또 한번은 2022년 7월 코로나19에 걸려 얼마나 호되게 앓았던지 몸무게가 3kg이나 감소하여 이를 회복하는 데 3개월이 소요되었다. 몸무게의 감소는 체력의 저하로 연결되어 다시 체력을 끌어올리는 데도 힘이 들었다.

한 연구에 의하면 체중 변동 폭이 가장 큰 그룹은 변동 폭이 가장 작은 그룹보다 사망 위험이 1.42배 높은 것으로 평가됐다. 성별로는 남성이 여성보다 체중 변동 폭에 더 예민했다. (서울경제, 2018. 5. 28.) 집마다 체중계가 없는 집이 없을 만큼 몸무게에 관심이 많다. 갑작스럽게 체중이 감소했다면, 절대 그냥 지나치면 안 된다. 암, 당뇨병처럼 빠른 치료가 중요한 질환일 가능성이 있기 때문이다. 특히 6~12개월 이내에 본인 체중의 5% 이상이 감소한다면 빠르게 병원을 찾아가야 한다. 비만은 심근경색, 뇌졸중 등 심혈관 질환 위험을 4배 이상 높인다. 대개 70세를 기점으로 체중 관리 목표가 달라져 저체중보다 과체중이 낫다고 한다. (연합뉴스, 2010. 1. 9.) 젊었을 때는 넘치는 것을 주의하고, 나이 들면 부족함을 경계해야 하는 것이 세상 이치다.

정의의 여신상은 그리스 신화의 디케(Dike)와 로마신화의 유스티티아(Justitia)로 법과 정의를 상징한다. 두 눈을 안대로 가린 채 한 손에는 '칼'을 다른 한 손에는 '저울'을 들고 서 있다. 우리나라 대법원 앞에도 정의의 여신상이 세워져 있는데 모양이 조금 독특하다. 한복을 입고 법전과 저울을 손에 들고 있다. 또 안대를 하지 않은 채 눈을 뜨고 있는데 이는 눈을 크게 뜨고서 편견 없이 세상을 공정하게 바라보겠다는 상징이며, 손에 든 법전은 원칙대로 판단하겠다는 의지를 보여 준다.

저울은 무게, 중량, 체중을 측정한다는 의미도 있지만 무거운가, 건강한가, 정상인가, 합격과 불합격을 가르는 잣대 또는 양심을 파는 도구다. 삶의 무게를 정확히 잴 수 없듯이 마음에 무게가 없으니, 마음의 저울이 있을 리 만무하다. 그러나 일을 처리할 때는 아심여칭(我心如秤)이어야 한다. 목욕탕의 저울은 우리에게 손쉽게 건강을 확인하는 도구로 안도와 기쁨, 탄식을 주는 건강 지킴이었다. 균형 잡힌 생활을 하도록 오늘도 두 다리 무게를 묵묵히 견디어 내는 안쓰러운 저울에게
'그래, 오늘도 잘 버텼어, 저녁엔 꿀잠 자!'
그렇게 하루를 다독거려 주고 싶다.

(2024. 12. 31.)

# 개는 죄가 없다

개는 주인의 따뜻한 사랑이 필요한 동물이다. 춘추전국시대(기원전 770~221) 제자백가 중 한 사람인 고자(告子)는 사람과 동물을 같은 본질을 지닌 욕망의 존재로 보았다. 고자는 만물은 본질적으로 하나라고 본 일원적인 관점에서 개나 소의 본성이 사람의 본성과 다르지 않다는 주장을 당시에 펼쳤다는 게 놀랍다. 개는 인간을 사랑하는 감정을 가지고 있는데 인간도 개를 사랑하고 있을까?

아파트 1층 상가 음식점에 웬 복슬복슬한 흰 강아지가 있다. 주인은 마음이 켕겼는지 바쁘다며 며칠 후 시골로 데려갈 것이니 걱정하지 말라고 먼저 말한다. 어떤 사정으로 강아지를 데려왔는지 모르겠지만, 지금껏 상가에서 개를 키운 적은 없어 입주민들의 시선은 곱지 않았다. 젖을 뗀 지 얼마 안 돼 밤낮으로 포근한 엄마 품이 그립고, 배고픈데 사료가 입에 맞지 않아 자주 남겼다. 홀로 있는 시간이 무서웠는지 밤새 '낑낑'거리며 보채다 지쳐 쓰러지기를 반복했다. 고요한 밤이 파괴되자, 빗발치는 민원에 관리사무소가 화살받이가 되었다. 시골로 데려가는 그날만을 손꼽아 기다리고 있었다.

시골로 데려간다는 날이 조금 지났는데 웬일인지 강아지가 그대로 있다. 치킨 가게 남자 사장은 오토바이 배달을 주로 하는데, 무슨 날벼락인지 오토바이 뒤를 트럭이 받아 전치 13주의 진단을 받고 병원에 입원했다는 안타까운 소식을 듣게 되었다. 이 일로 시골행은 무산되고 민원은 꾸준히 제기되었지만, 진퇴양난의 상황으로 어떻게 할 수 없었다. 자칫 불난 집에 부채질하는 일이라 말하기가 무척 난감했다.

그 사이 강아지는 하루가 다르게 커가며 목을 매 놓은 주변이 강아지 집과 장난감, 털, 배설물 냄새가 나고 더러워져 갔다. 어느 입주민은 똥을 밟았다며 화가 머리끝까지 치솟았다. 밤새 영업하고 가게에서 잠을 잘 수밖에 없는 생활은 시골에 강아지를 데려다 놓을 수 있는 상황이 아니었다. 새벽 2~3시까지 영업 후 잠깐 눈을 붙이고, 곧바로 병원으로 달려가 간호하며, 다시 오늘 영업 준비로 눈코 뜰 새 없이 바빠 피곤해 보였다. 관리사무소가 총알받이가 되어 난처하다는 것도 알고 있었지만, 몸뚱이 하나로 급한 불 끄기도 벅찼다.

차츰 강아지 티를 벗으며 환경에 적응했는지 울부짖는 횟수도 줄어들었다. 남편이 교통사고로 병원에 입원했다는 말이 퍼지면서 일부 입주민들 사이엔 연민의 정이 생기기도 했다. 중(中) 개가 되고 먹는 양이 많아지고, 예전보다도 배설물이 많아졌지만 민원은 점차 줄어들었다. 하루 종일 줄에 매여 있는 모습이 측은했는지 더 안쓰러워했다. 좁은 반경에서 처절한 생존을 위해 그런 걸 개가 무슨 잘못이 있냐며 개는 죄가 없다고 말하는 사람이 하나둘 늘어났다. 상가라는 공간은 애초에 개가 머물 수 있는 공간이 아니었다. 2~3세 어린이와 비슷한 수준의 개에게 이런저런 일은 꼭 해야 하고, 어떤 일은 하면 안 된다는 것을 가르치려면 애견훈련소에 보내 전문적인 훈련을 시키거나 적절한 환경이 필요했다. 어쩌면 그도 나름의 형편과 사정 속에서 개를 그곳에 데려다 놓을 수밖에 없었는지도 모르겠다.

하루는 목줄이 길어 운전자가 지하 주차장 출구 부근에서 잠자고 있던 개를 못 보았는지 개의 뒷다리를 자동차 바퀴가 가볍게 스치는 사고가 발생하였다. 동물병원에서 검사 결과 큰 이상이 없다는 말을 들었지만, 한동안 뒷다리를 붕대로 칭칭 감았다. 어느 날은 목줄을 느슨하게 묶어 놓았는지 이를 풀고 탈출하여 여러 명이 동네방네를 샅샅이 찾았지만, 어디에 숨었는지 찾기를 포기하고 집으로 돌아오기만 낙담하며 기다리고 있었다. 자유의 몸이 얼마나 그리웠겠는가? 그래도 자기 집이 그리웠는지 몇 시간 후 주변을 맴도는 개를 발견하고 붙들 수 있어서 가슴을 쓸어내려야 했다.

상가에서 개를 키우는 것이 불법은 아니지만, 소음을 유발하고 주변을 더럽혀서 주민 정서상 받아들일 수 없었다. 민원이 끊이지 않아 관리사무소에서 어떻게든 해결을 해주었으면 하는데 뾰쪽한 방안이 없어 풀리지 않는 숙제였다. 가게 주인의 딱한 사정보다는 다수의 주민이 사는 아파트에 평온한 환경이 조성될 수 있도록 개를 친인척 집에 보내거나 다른 방법이 있을 텐데 어떤 사정이 있는지 모르는 체하는 사람에게 차마 입에서 말이 떨어지지 않았다.

개가 원해서 이곳에 온 게 아니다. 동물은 인간의 부속물이 아니라 감정을 지닌 생명체이며, 환경의 영향을 그대로 받는 존재다. 이유 없이 '컹! 컹!' 짖는 개는 없다. 경계심과 불안감을 느낄 때, 요구사항이 있을 때, 흥분을 느낄 때, 몸이 아프고 불편할 때 등 말하지 못하는 강아지가 보호자에게 감정을 표현하는 방법의 하나로 짖으며 자기 존재를 지킨다. 이는 자연스러운 현상이자, 개 본능의 일을 하고 있는데 인간은 그런 개를 짖지 말라고 나무라고 눈과 귀를 가리며 격리한다. 결국 개가 비난의 대상이 되었다.

가게의 개는 축 늘어져 자는 날이 많다. 우선 할 일이 많지 않다. 짖으면 주인으로부터 혼나고, 집 지킬 일도, 쥐 잡을 일도, 마실 나가 사회성을 기르며 사랑을 속삭일 수도 없다. 그도 그럴 것이, 목줄에 매인 몸이라 제자리걸음이 세상 끝인 생활에 지친 지 오래다. 개 팔자가 상팔자라는 듯이 세상에서 가장 편하게 네 다리는 기지개를 켜듯 쭉 펴고, 꼬리도 길게 늘어뜨렸다. 머리는 푹신한 베개 대신 단단한 돌베개를 배었다. 자면서도 경계할 요량인지, 귀는 쫑긋 세웠다. 가까이 다가가도 녀석은 꿈쩍도 하지 않는다. 사진을 찍는 셔터 소리에 눈만 멀뚱멀뚱 떴다, 감기를 반복하면서 나를 의식하는 듯 경계하는 눈치다. 어느 날부턴가 누군가에게는 원수 같은 개가 측은하다며 먹을 것을 주고, 예뻐해 주는 사람들이 하나둘 눈에 띄었다.

　진돗개 백구는 1993년 대전으로 팔려 갔다가 7개월 동안 생사를 무릅쓰고, 약 300㎞를 달려 전남 진도의 주인 할머니에게 돌아왔다. 주인을 10년이나 한 자리에서 기다렸다는 일본 도쿄에서 발생한 실화를 바탕으로 한 영화 '하치 이야기'(2010년 개봉)가 있다. 주인에 대한 충성심과 귀소성(歸巢性)을 잘 보여주는 일화가 많은 사람의 입에 오르내렸다. 불이 난 것을 모르고 잠든 주인을 구했다는 오수 충견 이야기도 유명하다. 어린 강아지 때 언뜻 보았던 남자 주인의 얼굴과 목소리, 냄새 등이 나날이 희미해져 갈 텐데 언제까지 기다려야 할지?

　'메리', '해피', '워리', '바둑이', '쫑' 등은 어린 시절 집에서 길렀던 개들의 이름이다. 눈이 오는 날은 나보다 더 좋아 눈밭을 휘젓고 다녔다. 달리기도 하고, 숨바꼭질도 하며, 내 밥을 남겨 주기도 했다. 동네에 심부름을 가거나 논밭에 갈 때도 '졸졸' 따라다녔다. 차갑고 비인간적인 장난감들과 달리 강아지는 얼마나 따뜻하고 포근했는지, 반갑게 달려드는 강아지는 장난감이나 동물이 아닌 가족이었다. 정서적으로 교감함으로써 사람들로부터 받은 상처를 치유하고 어려움을 극복하는 데에 큰 도움이 되었던 추억이 아른거린다.

　목줄을 매어 놓은 사람이 악하거나 나쁜 것은 아니다. 말하지 못하는 개는 그냥 그렇게 키우는 줄만 알았다. 누군가는 그것이 학대라고 했지만, 그저 익숙함이라 여겼을 뿐이다. 그러나 '동물권', '동물 복지'라는 말이 회자되는 요즘, 우리의 인식도 함께 바뀌어야 한다. 개는 개다울 때,

즉 본성을 존중받을 때 가장 행복하다. 하루빨리 남자 사장의 건강이 회복되어, 백구가 시골 마당에서 따스한 햇살을 받으며 마음껏 사랑받고 평온하게 살았으면 좋겠다.

(2024. 6. 23.)

# 나의 사랑하는 모임 1

고등학생이라면 누구나 우수한 성적으로 서울대학교에 진학하길 꿈꾼다. 그곳에 입학해, 더 나은 미래를 열고 싶다는 바람은 어쩌면 학생이라면 누구나 품었을 당연한 꿈이었는지도 모른다. 하지만 학년이 올라가고 현실의 벽을 체감하게 되면, 그 꿈은 점차 현실에서 멀어지고, 실현 가능한 대안을 찾아 나서게 된다. 상위 1%의 성적이어야만 진학할 수 있다는 서울대는, 한국 현대사 속에서 과열된 교육 경쟁의 상징이자, 나라의 앞날을 이끌 엘리트의 산실로 여겨져 왔다. 우리나라 최고 대학에 회사에서 1년간 파견되어 맺은 인연은 20년이 지난 지금도 변함없이 우정을 나누고 있다. 그 우정은 삶의 깊이를 나눌 수 있는 소중한 인연이 되었다.

KT-MBA 과정은 서울대 교수진의 수준 높은 강의와 다양한 교육 방식으로 관리자의 경영 능력을 향상시키기 위한 산학협동 교육이었다. 한편, 회사 차원에서는 상위직의 인사 적체 해소와 서울대학교와의 상생발전을 위한 목적도 있었다. 업무에서 벗어나 재충전할 수 있는 시간으로 2003년 1월 초 10기로 입교했다. 수업은 오전 9시에 시작하여 오후 3~4시에 끝났으며 주말은 쉬었다. 주중에는 낙성대 부근 고시원에 방을 얻어 숙식을 해결할 수 있었다.

고시원은 학원가와 가까운 곳에서 저렴하게 기본적인 수준의 의식주를 해결할 수 있는 주거 겸 학습 공간으로 고시생들을 위한 공간이었다. 과거 사법시험 등을 준비하는 고시생들이 이런 데서 살았기에 이런 이름이 붙었다. "잠자고 공부하는" 딱, 그 정도의 용도로 제대로 된 실내 활동이나 2세 양육 등 거주자 본인의 의식주 이외의 것은 해결이 거의 힘든 곳에서 1년간 지냈던 추억이 새록새록 하다.

서울과 수도권에서 온 동료들은 집에서 출퇴근할 수 있었지만, 지방에서 온 사람은 주중에는 수업이 일찍 끝나도 저녁에는 고시원에서 자야 했다. 그래서 남는 시간을 활용하여 각자 취미 생활과 자기 계발을 위해 활용하는 경우가 많았다. 영어 학원, 댄스 학원, 골프 연습장 등 다양했지만, 나는 영어 회화 학원에 다녔던 기억이 난다. 이때만큼은 현장에서 벗어나 업무와 영업실적 달성 등에 매달리지 않아도 되는 자유의 몸이었다. 20년 이상 회사 생활 중 그 일 년은 꿈만 같았다. 젊은 패기의 용광로 속에서 생각과 얼굴 피부색이 달라지고, 몇십 년 동안 소홀했던 나 자신의 목소리에 귀 기울일 수 있었다. 스트레스를 받거나, 무엇을 하고 싶을 때, 자아는 내게 말을 걸었다. '너를 위한 일을 하라고' 하지만 현실과 두려움이라는 핑계로 그 말들을 무시하고 그저 현실에 바빴다.

계량 경영학 시간에는 머리를 싸매야 했다. '한국 경영학계의 거목' 윤석철 교수는 칠판에 문제를 내고 아는 사람은 나와서 풀도록 했다. 계량경영학은 감(感) 대신 숫자와 데이터를 활용해 경영 의사 결정을 더 똑똑하게 내리도록 돕는 도구였는데 꽤 어려웠다. 경영학 시간은 '한국 경영학의 아버지'로 불리는 곽수일 교수가 강의했고, 지도교수였다. 20여 년 전에 지금과 같은 첨단 인공지능 시대가 올 것이라고 했던 말이 현실화된 것을 보면 당시 허황한 말에 지나지 않을 것 같던 현실이 이미 수년 전에 도래했으니 대단한 혜안이다. 인사관리는 경영대학원장이던 박오수 교수, 마케팅은 이유재 교수 등이 생각난다.

그렇게 가고 싶었던 서울대학교를 학부생은 아니지만, 위탁생으로 유명한 교수님 강의를 들으며 공부한다는 게 꿈만 같았다. '서울대학교가 이런 곳이구나' 하고 차츰 알아갈 무렵, 내 꿈을 못 이루어 아쉬웠지만, 이렇게라도 와서 경험해 보는 것만도 감사했다. 서울대학교는 선망의 대상으로 학벌이 중시되는 한국 사회에서 일부 부모들은 아이들을 데려와 정문 앞에서 기념사진을 찍으며 '꼭 여기에 와야 해.'라고 강한 의지를 심어 주는 일도 많았다. 직장 생활에서도 서울대 선후배 간의 보이지 않는 끈끈한 관계를 많이 보았다. 서울대 의대를 졸업하고 개원하는 의사들은 의료계에서 유일하게 서울대학교 로고를 간판에 사용하여 자존감을 높이고 있다.

서울대는 태생적으로 국가의 운명과 연관된 학교다. 대한민국의 최고 인재를 넘어서 세계를 리드하는 인재가 되겠다는 자부심을 가진 사람은 대학교를 잘 갔다는 것, 단순히 좋은 대학의 졸업장을 취득했다는 것 그 자체로는 별거 아니라고 생각할 수 있다. 하지만 그 안에서 보고, 듣고, 느끼고, 깨달은 것들은 억만금을 주고도 배울 수가 없다. 삶을 대하는 태도 자체가 다르다. 확률 높은 성공의 방식을 우수한 두뇌집단에서 미리 배우지 않을까?

당시 경영대학원에는 우리 회사 외에도 KT&G, K-water, KEPCO, SK, POSCO 등 여러 회사에서 우리와 유사한 과정을 위탁하고 있어서 보이지 않게 회사의 명예를 훼손하지 않도록 선의의 경쟁의식과 본사에서 파견자를 위한 지원 정책 등을 서로 비교하는 일도 있었다. 학기 중에는 지리산 수련관 입소와 중국 세미나, 유럽 연수를 갔던 추억도 많이 생각난다. 유럽으로 떠나기 전부터 여행사 선정과 일정 조율로 진통이 많았다. 사진에 관심이 있어 행사 사진을 찍어 인화나 CD에 담아서 나누어 주었던 기억도 난다.

한번은 11월 하순이었다. 월요일 새벽, 집에서 승용차로 출발할 당시엔 눈이 오지 않았지만, 평택과 오산 방향으로 갈수록 진눈깨비가 내려 고속도로가 미끄러워서 얼음 위를 나막신 신고 다닐 정도라 조심스러워 바짝 긴장했다. 그런데 1차선에 희미하게 하얀 차가 정차해 있는 것을 보고, 깜짝 놀라 브레이크를 밟는 순간, 차가 중앙분리대를 향해 미끄러지기 시작했다. 다행히 부딪히지 않고, 반 바퀴 돌아 원래 오던 방향으로 되돌아왔고, 2차선에도 차가 없어 사고를 면할 수 있었다. 하마터면 연쇄 추돌사고로 큰일이 날 뻔했던 아찔한 순간이었다. 그 일을 떠올릴 때면 지금도 소름이 돋고, 그 이후로는 눈길 운전만큼은 더욱 조심하게 되었다.

사십 대 후반, 이수(履修) 당시 30여 명이던 회원이 지금은 13명만이 봄과 가을에 정기적인 모임을 하고 있다. 우리는 늘 그 시절의 끈끈한 우정을 가슴에 품고 다시 만난다. 서로의 얼굴에 깊어진 주름과 한층 단단해진 눈빛을 보며, 세월이 우리를 멀어지게 한 것이 아니라, 오히려 더 깊게 이어주었음을 느낀다. 2024년 9월 말, 1박 2일 일정으로 속초 한화리조트에서 11명이 자리를 같이했다. 각자의 삶은 저마다 다른 풍경을 가졌지만, 우리 사이의 우정만큼은 변하지 않았다. 파크 골프 등 취미 생활과 동우회 활동에 전념하는 회원, 농사를 짓고 있다며 수확한 고구마를 삶아온 회원, 주식 투자에 관심 있는 회원, 감리단장으로 이곳저곳 현장을 누비는 회원, 최근까지 경영일선에 있다가 잠시 휴식 중인 회원, 사회적 기업을 운영하며 불우이웃 돕기에 앞장서는 회원, 인간관계가 넓어 회사 동료를 자주 만난다는 회원, 일선에서 물러나 취미 생활을 즐기고 가족과 여유롭게 생활하는 회원 등 각자의 자리에서 충실하게 생활하고 있어 보기 좋았다.

복 중에는 건강 복이 제일이라고, 저녁 시간 대화의 자리에선 건강 관련 이야기가 압도적으로 많고, 의료 대란 이야기 등도 있었다. 한 회원은 흐지부지 없어진 기수가 많다며 우리 모임이 가장 잘되고 있다는 말에 강한 자부심과 책임감을 느끼게 했다. 20여 년 쌓아온 우정이 앞으로 20년 이상 지속되는 초석이 될 것이라는 믿음을 갖게 했다. 무엇보다도 전 사무총장의 헌신적인 봉사가 지금의 모임을 존속하게 한 일등 공신이었다. 힘들고 귀찮은 일을 초창기부터 마다하지 않고, 굳건하게 틀을 만들어 놓고 최근 다른 회원에게 물려주었다.

  모임이 지금까지 기복 없이 유지되는 비결은 회원 간 이해타산이 적고, 모임에 대한 애정과 큰 자부심이 영향을 미쳤다. 일 년 동안 동문수학한 정이 끈끈하여 대화가 잘 통하고, 공통의 관심사나 공감대가 비슷하다. 또한 각자의 성격과 취향을 너무도 잘 알고 있어 신뢰하며 배려하고 존중한다. 살아가는데 이런 인연 하나쯤 있다는 건 참 다행한 일이다. 앞으로 몇 번의 봄과 가을이 남아 있을까? 어느 호텔에서 우리는 다시 웃으며 만날 것이다. 그 자리는 말보다는 따뜻한 눈빛이, 시간보다 강한 우정이 기다리고 있을 것이다. 그리고 그때도 우리는 오늘처럼 말할 것이다.
  '벌써 20년이네, 그래도 우린 참 잘 지켜냈어.'

(2024. 11. 7.)

# 나의 사랑하는 모임 2

사람들은 왜 모임을 할까? 그것은 본질적으로 '함께함'을 전제로 하기 때문이다. '나' 혼자의 삶만으로는 완전할 수 없다는 사실을, 우리는 태어날 때부터 자연스럽게 받아들이며 살아간다. 가족이라는 이름의 모임, 학교라는 공동체, 회사라는 조직 그리고 각종 바깥 활동까지, 우리는 누군가와 연결되기를 바라며 일상을 살아간다. 모임은 사람 간의 유대감을 키우고, 소속감을 느끼게 한다. 어쩌면 우리가 모임을 쉽게 거절하지 못하는 이유는, 사회적으로 고립되고 싶지 않은 본능, 함께하고 싶은 욕망, 그리고 누군가에게 기대고 싶은 마음이 내면 깊숙이 자리하고 있기 때문이 아닐까?

회사를 그만두고 인생을 다 산 사람처럼 차차 정리를 해야겠다고 생각한 것이 모임이었다. 매월 또는 일정 기간마다 지출되는 회비와 부수적인 비용 등이 수입이 없는 시기에는 부담이 되어 지출을 줄이는 일 순위로 부상했다. 현실을 아직 받아들이지 못하는 모습을 비추어 주고 싶지 않겠다는 생각과 축소 지향적인 생각도 한몫했다. 나이 들어 친구가 중요하다고 하는데 반대로 행동하고 있었다. 제2 직장에 입사하고 나서 생각이 조금씩 바뀌기 시작했다. 같은 업계에서 동고동락하는 연배가 비슷한 사람들과 친하게 지내고 싶다는 생각은 나만 그런 게 아니었나 보다.

유유상종, 알게 된 사람들과 번개를 쳐서 점심을 같이하게 되면서 차차 그 횟수가 늘고, 그 사람의 성격과 인품을 알아갈 무렵 연말이 되어 부인까지 합류하는 송년 모임을 하게 되었다. 부인을 같이하게 된 배경은 한 해 동안 남편 뒷바라지하느라 애쓴 노고를 위로하고 싶은 생각도 있었으며, 모임에 부인들이 합류하면 오래 이어질 수 있겠다는 생각이었다. 4명의 부부가 모이기로 했는데 한 가족이 사정으로 못 왔지만, 화기애애한 분위기에서 멋진 시간을 함께하여 흡족한 표정들이었다.

관리소장 생활을 10여 년 했지만, 처음 있는 일이고, 다른 사람들도 마찬가지였을 것이다. 나이 들어 가정과 건강을 중시하는 사회 분위기와 어디에 매이지 않고 싶은 마음도 있지만, 편한 사람, 마음에 맞는 사람, 회사나 건강 정보를 교환하고 싶은 사람과 우정을 나누고 싶다는 생각은 누구나 가질 수 있다. 그렇지만, 나 자신이 선뜻 나서는 게 머뭇거려지는 것은 주선에 시간이 걸리고, 상대가 나 같지 않고, 어떤 생각을 하는지 알 수 없기 때문이 아닐까?

흔히 나이가 들면 고집이 강해지며 끈끈한 연결고리가 약해져 모임의 존속이 흔들리게 되고, 그래서 모임을 만든다는 게 쉽지 않다. 일단 모임이 만들어지면 회비가 일정하게 지출되어야 하는데 아깝다고 생각할 수도 있다. 다른 사람이 사면 나 또한 균형을 맞추어야 하는데 절약할 수 있는 것을 찾아 한 푼이라도 줄이려는 마음이 조급하여 소극적인 삶에 초점이 맞추어질 수 있다. 모임이 진정으로 나에게 이익이 되고, 가치가 있는 모임인지 의심이 들기도 한다. 뜻을 같이하고 취지가 좋다고 하여도 나이 들어서는 깊게 사귀기 어려운 것은 이해타산과 정체성, 자존심이 확고하기 때문이다. 인간은 사회적 동물, 사회적 인간으로서 자신의 정체성을 유지하기 위해 애써왔는데 이젠 고립되어도 좋다는 신념으로 그런 노력을 그만하고 싶다는 생각과 그래도 조직에 몸담은 한 네트워크의 끈을 붙들고 있어야 한다는 생각의 갈림길에서 우왕좌왕할 때가 많다.

부인들까지 합류한 것은 올해가 두 번째로 11월 하순에 모임을 하기로 했다. 연말로 갈수록 각자 모임 등으로 자리를 함께할 수 없을 것 같아 조금 앞당겼다. 회원들로부터 음식점 추천을 받아 한 달 전에 예약할 수 있었는데 사전 답사를 하지 않아 불안했지만, 미식가인 김 소장의 추천이라 안심이 되었다. 일 년 만에 자리를 같이하는데 그동안 여러 차례 만난 남자들이야 실수가 조금 있더라도 이해하고 넘어갈 수 있지만, 부인들까지 오는 자리라 신경이 꽤 쓰였다.

하필이면 모임 날, 날씨가 심상치 않다. 올해 들어 첫눈이 내리는데 바람이 매섭다. 진눈깨비가 내리고 바람이 강하게 불면서 체감 온도는 더 낮다. 눈이 내렸다가 그치기를 반복하여 종잡을 수 없다. 가는 날이

장날이라고, 그동안 날씨가 좋다가 오늘 부쩍 추워져서 날을 잘못 잡았는지 한편으로는 미안한 마음도 있었다. 그러나 겨울의 참맛을 느낄 수 있어 싫지는 않았다.

일 년 사이 신변에 큰 변화를 겪은 분이 있다. 그분은 스트레스 등으로 더 이상 근무할 수 없어 사직하고 쉬고 있다. 계단을 오르는 일이 힘들고, 갑자기 심장이 '쿵쾅쿵쾅' 두근거려 생활할 수 없을 정도여서 정밀 건강 진단과 휴식이 필요하여 그만두었는데, 모임 자리에서 만난 그는 증상이 사라지고, 얼굴색이 좋게 보여 다행이었다. 어디에 구속되지 않고 운동과 식사에 관심을 둔 생활이 건강 회복에 도움이 된 것 같다. 두 마리 토끼를 잡기 위해 현직에 있었다면 경제적인 측면에서는 여유가 있었겠지만, 감정을 억누르고 통제하는 일을 수반하는 감정 노동자로서 실제 자신이 느끼는 감정을 뒤로한 채 업무에 필요한 감정을 사용하는 생활은 건강을 잃게 할 수도 있다.

식당 안으로 들어서자, 도떼기시장처럼 소음과 옆 테이블의 큰소리 대화가 미간을 찌푸리게 한다. 대화에 집중하려고 해도 소음이 심해 불쾌감이 밀려왔다. 순간 이곳이 식당인지 전쟁터인지 알 수 없었다. 주인은 이 상황을 알고 있을까? 시끌벅적한 시장통에서 떡볶이를 사 먹는 것도 아니고, 나름 고급 음식점에 온 터라 더더욱 어울리지 않는다. 시장통처럼 어수선한 식당에서 밥을 먹고 싶지 않다. 미쉐린 가이드의 별 몇 개에 빛나는 프랑스 레스토랑이라도 그렇다. 두 번이나 볼륨을 줄여달라고 하여 겨우 대화가 가능하게 됐다. 내가 개념이 없는 것인지, 고개가 갸우뚱거려졌다.

대화의 주제는 건강으로 나이를 먹었다는 증거였다. 칠십 가까이 되다 보니 그동안 건강을 소홀히 하였거나 가족력으로 여러 곳이 정상이 아닌 모양이다. 하룻밤에도 한두 번은 잠자리에서 깨어 소변을 보기 위해 일어나고, 깜박하는 일이 많아졌다고 말한다. 잠자리에서 깨어나도 피곤하고, 피로감이 완전히 가시지 않는다는 등 인정하고 싶지 않지만, 몸은 노화의 길로 접어들고 있음을 인정하지 않을 수 없다. 자식들에게 짐이 되지 않기 위해 목숨 걸고 운동한다는 사람, 하루라도 빠지면 안 된다고 스스로를 다잡는 사람, 운동 때문에 멀리 갈 수 없다는 사람 등 각자의 실상을 자세히 밝히지 않았지만, 대화 중간중간에 우리는 서로의 약해진 내면을 읽을 수 있었다. 발등에 불이 떨어진 격이다. 실건실제(失健失諸)를 너무나 잘 알고 있는 그는 과거의 그 사람이 아니었다. 건강 전도사로 변한 것을 보면서 얼마나 절박하면 이렇게 변할 수 있을까. 가슴 한켠이 아릿하게 저려 왔다.

모임은 단지 시간을 함께하는 일이 아니다. 서로의 시간을 살짝 내어주는 일이고, 서로의 인생을 잠깐씩 나눠주는 일이다. 그렇게 조금씩 나누다 보면, 어느 순간 우리라는 작은 우주가 만들어진다. 나 하나의 삶도 가능하지만, 결코 완전하진 않다. 누군가와 함께할 때, 우리는 비로소 이야기가 되고, 기억이 된다.

진심 어린 대화를 함께 나눌 수 있는 사람을 곁에 둔다는 것, 가치관이 닮은 이들과 함께 살아간다는 것은 생각보다 큰 축복이다. 서로를 북돋아 주고, 또 서로에게 기대어 배우는 것. 그런 이들이 곁에 있다는 사실만으로도 마음이 따뜻해진다. 좋은 친구가 없는 사람은 뿌리내리지 못한 나무와 같다고 했다. 살아가며 좋은 사람을 만나는 일은 생각보다 쉽지 않지만, 그래서 더 내가 먼저 좋은 사람이 되어야 하지 않을까? 내가 먼저 따뜻해지고, 내가 먼저 손 내밀고, 내가 먼저 빛이 되어야 좋은 사람들과 함께 따뜻한 삶을 이어갈 수 있을 것이다.

(2024. 11. 28.)

## 서로에게 다가가는 시간

우리는 살아가며 종종 낯설고 어색한 만남을 경험한다. 사돈 역시 그런 만남 중 하나일지도 모른다. 혼인을 통해 인연이 맺어졌지만, 가족처럼 가까이 다가가기에는 간격이 느껴질 때가 많다. 한국 문화에서는 예의와 체면을 중시하기에, 서로에게 쉽게 마음을 열지 못하는 경우가 많다. 말투나 습관, 삶의 방식이 서로 다르기에 조심스러워지고, 그 조심스러움이 때로는 어색함으로 다가오기도 한다. 과거에는 자식을 통해 맺어진 사돈 사이가 가까이 지내기 어려운 관계로 여겨졌지만, 요즘은 조금씩 달라지고 있는 듯하다. 여전히 '사돈은 어색하다'고 느끼는 사람이 많을까? 아니면 이제는 그 말에 고개를 갸웃하게 되는 시대일까?

오늘은 둘째 사돈댁에 가는 날로 그동안 날씨가 좋았는데 빗줄기가 그칠 기미가 보이지 않아 덥고, 습하여 땀이 많이 날 텐데, 음식 준비를 어떻게 할지 걱정이 많았다. 장마나 지나고 나서 만나자고 할 걸, 미리 전화하지 못한 미안한 마음이 컸다. 사부인은 상견례 때 목가적인 풍경을 보여주고 싶었는지 기회가 되면 우리를 초대하겠다는 말을 잊지 않았다.

굵은 빗줄기가 어찌 된 일인지 고속도로 요금소를 빠져나오자, 요술을 부린 것 같이 약해져서 그나마 다행이다. 전부터 아들과 며느리로부터 집수리 중이라는 말을 들은 적이 있어, 어떻게 고쳤을까? 호기심이 많았는데 콘크리트 포장을 한 널따란 마당, 금잔디 정원, 정자, 경회루를 연상케 하는 2층 처마가 눈에 띈다. 손재주가 좋다는 말을 들은 적은 있었지만, 목수도 아닌데 이 일을 혼자 해냈다니 돈도 돈이지만, 놀랍다.

"사돈집과 뒷간은 멀수록 좋다."는 속담은 사돈과 같은 친척관계에서 너무 가깝게 지내는 것보다 적당한 거리를 유지하는 것이 좋다는 의미다. 이 속담은 지나치게 가까운 관계가 불편함이나 갈등을 초래할 수 있음을 강조하며, 적당한 거리감을 유지함으로써 서로의 관계를 더욱 건강하게 유지할 수 있다는 의미이지만, 주변에서 보면 사돈집과 화장실은 오히려 가까울수록 좋은 세상이 된 것 같다.

얼마 전 아들 내외는 제주도 한 달 살기를 갔다 왔다. 떠나기 전 아들은 우리에게 제주도에 있을 때 다녀갔으면 좋겠다고 하여 며칠간 머물다 온 적이 있다. 아들 처지에서는 친부모이지만, 며느리 처지를 고려하여 다음에 기회가 되면 친정 부모님도 함께하자고 했다. 양가 부모가 사이좋게 잘 지내는 게 아들 내외의 결혼 생활에 긍정적인 역할을 할 수 있다.

사돈이 농촌에 살고 있어 좋은 점이 많다. 분주한 도시에서 생활하다 자연이 숨 쉬는 곳에서 편안하게 쉴 수 있을뿐더러 계절마다 생산되는 양파, 마늘, 취나물, 감자, 고구마, 들기름 등을 아들 집은 물론 우리 집까지 나누고 있어 미안할 때가 많다. 원자재 가격 상승으로 농업 투입재 가격이 상승하고, 노임도 높아 흥이 나지 않을 텐데 땡볕에 작물을 키우느라 고생하셨을 것을 생각하면 마음이 뭉클하다. 값으로 치자면 얼마가 될지 모르지만, 정이고 성의라서 고맙다. 잊을 만하면 이런 것들이 서로를 잇는 연결고리라는 것을 알게 되었다. 보내준 농작물은 신선하고 정직하다. 토양과 바람, 햇빛의 기운이 고스란히 담겨 있는 듯한 그 맛은 언제 먹어도 특별하다. 농작물은 물질적인 선물일 뿐만 아니라, 삶의 깊이를 함께 나누는 소중한 마음의 표현이다.

한 지인은 딸이 살고 있는 부근으로 이사를 와서 딸의 가정을 돌봐 주고 있다. 음식을 해다 주는 것은 물론 딸에게 일이 있을 땐 외손녀를 유치원에 데려다주는 일부터 집안일까지 도맡아 한다고 들었다. 육아 문제를 해결하는 방법으로 많은 부부가 시가보다는 친정을 선택하는 경우가 많다. 시한폭탄과 같이 언제 터질 줄 모르는 일을 고스란히 받아 내야 하는 게 딸 가진 부모가 아닐까?

사부인은 손이 큰지 음식 준비를 넉넉하게 한 것 같다. 근처 양식장에서 사 왔다는 장어와 함께 나온 소고기가 입에서 살살 녹는다. 인근 산에서 채취했다는 귀한 능이 버섯국에는 능이가 가득했다. 아들은 평소 먹던 것보다 능이가 몇 배는 더 들어갔다는 말에 모두 웃었다. 아무래도 사돈이 더 신경이 쓰인 모양이다. 음식을 잘 나누면 정이 돈독해지지만, 잘못 나누면 서운한 마음이 쉽게 드는 법이다. 옛말에 '음식 끝에 정 난다.'는 말도 있지만, 반대로 '음식 끝에 마음 상한다.'는 속담도 생겨날 만하다.

사돈은 묵묵히 자기 일을 해내는 사람이다. 상견례와 결혼식 때에는 말씀이 거의 없으셨는데, 오늘은 마음이 편한지 어느새 많은 이야기를 나눌 수 있어 더욱 가까워진 느낌이다. 사부인은 매일 새벽마다 중생이 종소리를 들으며 괴로움에서 벗어나기를 바라는 마음으로 절에서 범종을 친다. 오랫동안 해온 수행 덕분인지, 그 불심은 조용하지만 깊고 단단하다. 두 분은 서로 존중하고 배려하며 조화롭게 살아가는 모습이 오래 마음에 남는다. 우리가 온다고 일손을 도와주러 온 며느리 남동생 진택이의 중매 이야기가 입에 오르내리기도 했다. 누군가를 집으로 초대한다는 것은 삶의 여유로움을 편안하게 보여주는 일이고, 자신을 있는 그대로 드러내는 용기이기도 하다. 그렇게 마음이 닿고, 친밀감이 스며든다. 정성껏 지은 밥을 함께 먹고, 같은 반찬에 젓가락을 나누며, 같은 솥에서 만들어진 숭늉을 마시며 우리는 천천히 한 가족이 되어간다.

집안 친인척들의 모임을 매년 여름철에 1박 2일로 열고 있는데, 40~50명이 한자리에 모인다고 하니 참으로 보기 좋은 광경이다. 흩어져 지내던 가족들이 먼 길을 마다하지 않고 모이는 모습은 피붙이 간의 정이 얼마나 소중히 여기는지 보여주는 일이다. 세월이 흘러도 변치 않는 그 정성과 마음이 부럽기도 하고, 한편으로 잊고 지낸 가족의 의미를 다시금 떠올리게 하는 따뜻한 가족애에 감탄하지 않을 수 없다.

집과 주변 환경이 좋다. 거실에서 짙푸른 바랑산과 월성봉이 보이고, 뒤로 완주군 운주면의 왕사봉에서 발원한 논산천이 흘러 한 폭의 수채화 같다. 사돈의 유년 시절에는 흰 자갈이 강바닥에 많았다는데 어느 때부터 갈대와 풀이 무성하게 자라, 옛 흔적이 사라졌다며 아쉬워했다. 대둔산의 깊은 계곡에서 불어오는 골바람으로 말린 반건시의 부드러운 맛으로 명성이 자자한 '양촌곶감축제'가 열린다는 행사장(매년 12월 중순에 개최) 부지도 구경하고, 강변을 끼고 산책하며 물수제비를 뜨는 여유로움도 즐길 수 있었다. 다리 밑에는 여러 명의 피서객이 족대를 들고 분주하게 움직였다.

집안의 꽃은 역시 손녀였다. 얼마 전까지만 해도 외할아버지에게 가면 울었다는데 이제는 낯가림을 안 하는지 울지 않아서 좋다고 했다. 요놈을 한 번이라도 더 안아보려는 마음이 크다. 손녀의 모습 하나하나가 관심의 대상이며 웃음거리를 만들어 내는 웃음 제조기다. 모두가 좋아해 주고 사랑을 듬뿍 주어서 그런지 밝고 티 없이 성장하고 있어 감사할 따름이다. 요사이 개인기가 하나둘씩 늘어가고 있다. "여보세요"라고 하면 손을 귀에다 갖다 댄다. "곤지곤지"를 하면 손바닥에다 검지를 가져다 대고, "빠이빠이"를 하면 손을 흔들어 댄다. 이런 모습들이 웃게 만들고 천진난만하다.

딸을 시집보낸 어머니의 마음은 어떨까? 살아온 환경, 문화가 다른 사람과 만나 한 가정을 이루는 것이 쉬운 일은 아니다. 귀한 딸을 누구에게 보낸들 너무 아까운 어머니 마음은 다 똑같다. 결혼 생활은 잘하고 있는지, 시부모에게는 사랑을 받는지, 음식은 잘 차려 먹는지 항상 근심 걱정을 달고 사는 우리 어머님들은 조금이라도 부족할까 늘 살피고 채워주며, 시녀처럼 뒷바라지를 해주어야 했다. "딸네 사돈은 꽃방석에 앉히고, 며느리 사돈은 가시방석에 앉힌다."는 속담은 이런 마음을 잘 표현하고 있다.

돌아올 때는 상추, 청양고추, 들기름, 오미자청 등을 바리바리 싸준 것은 예를 다하려는 겸손한 마음이었다. 상추는 노지와 비닐하우스에서 키운 것의 맛 차이가 크다. 노지의 상추가 힘이 있고 녹색이 강하게 느껴진다. 잎도 노지 상추가 더 많다. 줄기 등을 꺾어보면 하얀 상추의 진액이 나온다. 저녁에 상추 겉절이를 들기름에 무쳐 먹는 맛이 좋았다.

사돈은 서로를 잘 알지 못한 채 혼례를 계기로 만나게 된다. 그러나 진심이 담긴 사돈 관계는 서로에 대한 존중과 신뢰, 이해와 배려 위에 형성된다. 감사와 사랑의 마음을 나누며, 서로의 가정과 삶에 따뜻한 시선을 보낼 수 있다면 그 관계는 더욱 단단해지고 오래 지속될 것이다. "잘 지내세요?"라는 인사에 담긴 진심은 어느새 마음의 문을 열게 하고, 앞으로 함께 걷는 시간에 작은 빛이 된다. 그 속에 며느리의 다리 역할도 분명히 있을 것이다. 노년의 길목에서 서로를 잊지 않고 바라보는 관계, 그게 바로 진짜 사돈이 아닐까?

(2024. 7. 7.)

# 대마도의 우리 민낯

얼굴이 화끈거리며 뻘게졌다. 신사 입구에 낯 뜨거운 표지판을 보는 순간 얼굴이 달아올랐다. 아니, 보고 싶지 않아 아예 치워 버리고 싶었다. 과거 자기들의 식민지였다는 이유로 천대받는 느낌이었다. 당당한 우리 민족이 신사에서 왜 이런 대우를 받아야 하는지 분통이 터졌다.

"한국에서 오신 인솔자와 관광객 여러분께 드리는 안내 말씀! 하치만구 신사를 찾아 주시어 감사드립니다. 본 신사를 통하여 일본의 신앙과 문화를 이해하여 한일 교류의 장으로 삼으려고 노력하였습니다. 하지만, 일부 관광객·인솔자의 매너 및 일본 문화를 경시하는 분이 많아 부득이하게 한국 관광객의 출입을 금하기로 하였습니다. 이점 송구하게 생각합니다."

둘째 날 아침, 8번 궁 신사 관광이 있었다. 아름드리나무가 우거진 돌계단 그늘에 앉아, 가이드로부터 고종의 고명딸인 덕혜옹주(1912~1989, 2016년 허진호 감독의 '덕혜옹주' 영화가 상영됨)의 파란만장한 이야기를 듣는 순간, 그가 겪은 고난과 당시 나라를 잃은 슬픔이 겹쳐 눈물이 쏟아졌다. 신사에 왔다면 당연히 관람하는 줄 알았는데, 출입이 금지되었다는 말에 마음이 아프고 속상했다. 아니, 수치스럽고 부끄러웠다. 앞선 사람들이 어떻게 행동했기에 그런 조치를 당했는지 의문이었다. 한국인만 출입을 막는 것은 너무한 처사라는 생각도 들었지만, 혹시 우리가 너무 예민하게 반응한 건 아닌지 스스로 되묻게 되었다. 의심은 남았지만, 진실을 알 수 없기에 마음이 무거웠다.

아까운 여행비와 황금 같은 시간을 내어서 여기까지 왔는데 '출입 금지' 표지판을 보고 열불이 나서 참을 수 없었다. 나라 망신, 국민 욕됨처럼 느껴졌다. 국가의 이미지에 부정적인 영향을 미칠 수 있으며 해외에서는 각 개인이 그 나라를 대표하는 사람으로 여겨질 수 있어 각별한 주의가 요구되는데, 언제부터 이런 조치가 있었는지 모르겠지만, 정부에서는 손을 놓고 있었단 말인가? 안내문이 변색된 것을 보면, 어제오늘의 일이 아닌 것 같았다. 관련 부처에서는 이 사실이 맞다면, 현지 영사관 등에 사실 파악 후 재발 방지 대책을 세워 국민의 자존심을 해치지 않도록 조처해야 함에도 강 건너 불구경하듯 방치하고 있다는 느낌을 지울 수 없었다. 이 표지판을 보는 순간 '대한민국 국민'이라는 자긍심이 곤두박질쳤다.

부산에서 대마도가 가까워(50㎞) 연간 30만 명이 방문한다고 한다.

일본과의 역사적인 관계 때문에 '가깝고도 먼 섬' 취급을 받는 유라시아 대륙과 일본 열도 사이를 잇는 문화, 경제교류의 창구가 되어 온 대마도는 한국과 일본 사이의 징검다리 구실을 했다. 1419년 세종대왕 시기에 이종무 장군이 왜구의 노략질이 심해 대마도를 정벌한 적도 있었다. 조선통신사가 한양을 떠나 부산에서 배를 타고 일본을 방문할 때 가장 먼저 도착한 곳이 대마도이며, 1413년부터 1811년까지 400여 년간 20회에 걸쳐 일본에 파견되었으며 이들은 외교뿐만 아니라 학문, 예술, 문물 교류를 통해 문화적 가교 역할도 수행했다.

대마도 섬은 경관이 아름답고 역사, 문화, 생태 등 풍부한 관광자원을 갖추고 있지만, 일본 본토와 많이 떨어진(82㎞) 변두리인 데다 경작지와 일자리가 적고, 고령화가 진행됨에 따라 인구가 지속해서 감소하고 있다. 1960년대 7만 명에 달했던 인구는 현재 2만 8천 명에(2022년 기준) 불과하다. 2000년대 초반부터는 경제의 상당 부분을 한국인 관광객에게 기대고 있어 이해를 할 만하다는 생각도 들었지만, '가재는 게 편'이라고 우리와는 달랐다.

출입 금지를 어떻게 보아야 할지 고민이 많았다. 앞서 다녀갔던 분들이 나의 형제자매가 아니던가? 자유의 방종에서 비롯된 것일까? 일본에 대한 반일 감정의 표출일까? 문화 차이에서 오는 걸까? 과도한 규제를 하는 것은 아닐까? 혐한의 표시는 아닐까? 신사 측은 "직원 모두가 신성한 공간이 훼손되는 것에 대해 참을 수 없는 정신적 고통을 겪고 있으며, 반복되는 폭력과 모욕으로 인해 신사 운영의 위기를 실감하고 있다."고 주장하고 있지만 풀리지 않는 궁금증만 더한다.

쓰시마시 국제교류협회에서 발표한(2023. 11. 13.) 한국 단체 관광객에 의해 발생하는 문제점들을 아래와 같이 밝혔다.

첫째, 기도 등의 의식이 행해지는 중에도 불구하고, 신사 문을 열어 마음대로 들어서는 일이 있다.

둘째, 신사 건물이나 부속건물 등에 허가나 양해도 없이 들어가는 경우가 적지 않다.

셋째, 금지선을 설치하였는데 출입을 금하는 장소에 굳이 들어가는 일이 빈번하다.

넷째, 쓰레기를 신사 부지 내 시설이나 차량 짐칸 등에 버리고 가기도 한다.

다섯째, 신사 내 흡연이 끊이지 않고 있다.

일본에서 신사는 공공시설이 아니라, 개인 소유의 종교시설로서 단체 관광객이 자유 관람을 할 때 위반 사항 발생이 많다고 한다. 일본 전국에는 약 8만 8천 곳(2010년 기준)의 신사가 있다. 신토(神道)는 일본 고유의 민족 종교로, 신사를 중심으로 신을 모시고 제사를 지내며 일본 문화와 생활에 깊숙이 자리잡고 있다.

일본의 풍부한 문화를 체험하는 방법의 하나가 신사를 방문하는 것이다. 종교적 배경을 떠나 신성한 장소에서 그들만의 개성 있는 이야기와 건축미를 보고 느낄 수 있는 곳이다. 무례한 행동을 삼가고, 정중하게 행동하며 옷매무시를 단정하게 하고 질서를 지켜야 할 것이다. 그들의 문화를 존중하고 예절을 지켜야 우리 문화도 존중받게 된다.

이번 여행에서 가이드의 역할이 얼마나 중요한지 깨닫게 되었다. 가이드는 관광객들이 안전하고 편안한 여행이 될 수 있도록 관리와 인솔, 여행지에 대한 소개, 통역 서비스 등을 제공하는 사람이다. 해외여행객은 그 나라의 문화를 공부하고 가는 경우가 많지 않아 예절을 중요시하는 장소에서는 가이드의 안내와 적절한 통제가 절실하다는 것을 느꼈다. 여행객은 호기심으로 한곳이라도 더 보려고 금도를 넘나드는 경우가 많다.

자라나는 후손들은 앞서 다녀간 우리 민족의 가슴 아픈 장면을 보고 무엇을 배울 것인가? 정말 우리 민족은 이런 부끄러움을 감내할 수밖에 없는 사람들일까? 오히려 한국인이 당하는 수치와 부끄러움을 은근히 즐기는 느낌마저 들었다. 언제까지 그렇게 외면하고만 있어야 할까? 일부 개인의 행동을 이유로 특정 국적 전체를 제한하는 것은 부당한 일반화라는 생각이다. 자성찰오(自省察誤)의 마음으로 외교부를 비롯한 관련 부처와 역사문화 관련 기관들이 이 사태의 원인을 차분히 분석하고, 잘못된 점이 있다면 진심으로 사과하며, 다시는 같은 일이 반복되지 않도록 약속하는 노력이 필요하다. 문화 차이였을지 모르지만, 부끄러운 우리들의 민낯을 하루속히 지워야 한다. 앞서간 이들의 잘못을 지금 와서 들춰내어, 무엇을 얻을 수 있을까? 그 잘못 위에 우리가 서 있다면, 중요한 것은 비난이 아니라 배움일 것이다.

2023년 상반기 기준으로 아시아 국가의 국민성을 사회 안전성과 도덕성 및 정치적 공정성, 성차별 등을 비롯한 기본적인 생활 의식 수준 등을 구분하여 비교 분석한 결과 1위는 평가 항목 점수 5.0 만점에 4.99점인 일본이며, 2위는 4.97점의 싱가포르, 3위는 대만으로 4.89점, 4위는 4.87점의 대한민국이, 말레이시아는 4.85점으로 5위를 차지했다. (아시아 국가별 국민 의식 수준 순위 비교, 2023.)

해외 관광객들이 공공질서와 사회윤리를 의식적으로 지키고, 현지의 종교와 관습을 존중하며 말과 행동을 조심하고 환경을 보호하도록 의식 수준을 높여야 한다는 점과, 가이드의 중요성 또한 이번 여행을 통하여 깊이 인식하게 되었다. 관광 정책 전반을 총괄하는 문화체육관광부의 역할도, 이제는 해외에서 한국의 이미지를 직접 대표하는 관광 인력의 자질 관리와 윤리 교육까지 포괄해야 한다고 생각되었다.

8번 궁 신사 외에도 육지 신사를 중심으로 바다에 다섯 개의 도리이가 서 있는 모습이 특징인 와타즈미 신사도 차창으로만 구경할 수밖에 없어 아쉬웠다. 일본과는 특수한 관계라는 점은 이해가 되지만, 양국 국민 감정에 영향을 미칠 수 있는 상징적인 행위로 우리의 민얼굴을 보는 것 같아 못내 씁쓸했다.

(2024. 6. 16.)

# 여행과 잠

잘 자야 한다. 먹고 입는 것 외에 잠자는 것도 웰빙의 한 축이라서 자는 시간 못지않게 어떻게 잤는지 수면의 질이 좋아야 한다. 잘 자기 위해 중요한 요소 중 한 가지는 베개와 잠자리다. 해외 여행지에서는 색다른 환경, 시차, 집과 다른 침구류 등으로 다소 예민한 사람은 잠을 쉽게 못 이루고 불면을 겪을 수도 있다.

젊은 시절 한때 침대를 써본 적이 있었지만, 허리 협착증 탓에 단단한 온돌바닥에서 자는 것이 더 편했다. 침대는 몸의 빈 공간을 감싸주는 푹신한 스프링 덕분에 좋다고들 하지만, 내게는 오히려 불편했다. 해외여행을 가서도 침대밖에 없는 숙소에선 늘 잠자리가 고역이었다. 어쩔 수 없이 침대를 포기하고 바닥에 요와 이불을 펴고 자는 날이 많았다. 어떤 날은 바닥에서 올라오는 냉기에 몸을 웅크리고 자야 했고, 또 어떤 날은 자는 둥 마는 둥 밤을 지새우곤 했다. 어쩌다 침대에서 자게 되는 날이면, 비틀어진 허리를 바로잡기 위한 스트레칭을 꼭 해야 했다.

때로는 가이드의 도움으로 이불과 요를 추가로 지원받아 바닥에 펴고 잘 수 있어 잠자리가 편안했다. 같은 호텔에서 연박(連泊) 하는 경우 바닥에 펴 놓은 침구류를 갤 필요가 없어 종이에 서투른 영어로 이런 문구를 적어두고 나오는 일이 많았다.

'Please Help me!
Don't fold the blanket.
Thank you'

다행히 이해했던지 그날 이불을 정리하지 않고 그대로 두어서 감사했다.

베개 높이가 맞지 않아서 몸에 긴장을 주어 머리나 어깨 주위가 뻐근하고 신경에 칼날이 서 잠을 이룰 수 없을 때는 바로 일어나 대형 목욕 수건을 몇 겹 접어서 베개를 만들어 잤다. 베개는 목 부분을 중심으로 머리의 일부까지 둥근 모양으로 받쳐주는 것이 좋은데 호텔의 베개는 나에게 높아 베개와 전쟁을 하였다.

해외여행 시 시차중(Jet Lag Syndrome)이나 평소와 다른 환경, 침구류 등으로 깊은 잠을 자지 못하는 경우가 있다. 낯선 환경에서 잠을 청하는 불편을 이겨낸다는 것이 쉽지 않아 고생한다. 돈과 아까운 시간을 들여 멀리까지 와서 여행 기간 내내 몽롱하여 졸다 간다면 그런 여행이 과연 나에게 무엇을 남길 수 있을까? 다른 일행들 보기에도 민망하다. 체력 저하와 시차증으로 불면과 낮 동안의 졸음, 신체적 불편감과 위장 장애 등은 여행의 재미를 떨어트릴 수 있다. 수면 총량 보존의 법칙이 적용되는지 다음 날 버스 안에서 병든 닭처럼 종일 맥을 추지 못한다. '졸음 앞에 장사 없다.' 졸음이 올 때 저절로 내려오는 눈꺼풀은 천근만근, 그 어떤 힘으로도 밀어 올릴 수 없다.

해외여행을 하다 보면 여유롭게 시간을 보내는 경우보다는 한 가지라도 더 보여 줄 욕심으로 질보다 양을 중시하는 여행사에서 일정을 빡빡하게 짜놓아 쉴 시간이 없다. 강철 체력이 아니고서는 쉬 지치거나 일정 한두 개는 포기하고, 버스 안에서 시간을 보내는 사람도 더러 있다. 일정이 많아야 좋은 여행 상품이라는 인상을 주지만, 수박 겉핥기식 여행이 되는 경우가 많다. 우리나라 여행사의 관광 상품은 서구인들의 휴식형이나 체류형보다 경유형이 많아 쉽게 피로하고, 내일 일정을 위해서는 먹기 싫어도 먹고, 자기 싫어도 자야 컨디션이 유지될 수 있다. 그러나 한 가지라도 삐끗하면 여행에 영향을 미칠 수 있다. 고품격 여행 상품일수록 잠자리가 편안하고, 시간적 여유가 있다. 여행은 잠자리가 편해야 다시 충전하고 다음 날 상쾌한 기분으로 기대에 가득 차 새로운 여행지를 향해서 떠날 수 있다.

지금껏 해외여행을 하면서 잠과 잠자리로 고생했던 추억 중 하나는 네팔 트래킹 때이다. 아름다운 히말라야 설산, 마차푸차레(6,993m) 롯지(lodge)에서 수없이 쏟아지는 별빛에 취해 뜰을 서성대며 한밤을 지새우다 잠든 새벽, 추워서 도저히 잘 수 없었다. 롯지 안의 양동이 물이 얼 정도였다. 침대는 딱딱하여 잘만 했지만, 허술한 방한 시설과 이불이 두껍지 못하고 짧아 발이 나오고, 전열기가 없어 내 체온이 유일한 난로였다. 또 하나는 대만 여행 시 같은 방을 사용하던 코골이 회원 때문에 겪은 일이다. 그 회원보다 일부러 먼저 잤는데 무호흡증과 코 고는 소리가 탱크가 굴러가는 것처럼 커서 초저녁에 잠이 깨, 도저히 함께 잘 수 없어 침구를 화장실 바닥에 펴고 자려고 해도 한 번 덴 노이로제로 몸서리치며 뜬눈으로 지새워야 했다.

잠을 제대로 못 자는 '불면'은 질환으로 분류될 만큼 수면이 건강에 미치는 영향은 크다. 잠을 잘 자야 하는 이유는 첫째, 50대 이후 불면증이 생기면 치매 위험이 2배 이상 증가한다는 연구가 있다. 둘째, 단기기억을 장기기억으로 전환하는 작업은 깊은 잠을 자는 동안 이뤄지기 때문이다. 셋째, 잠들기 5~6시간 전 식사를 마치고 숙면하면 생체시계가 정상적으로 작동해 비만을 막는 데 도움이 된다. 넷째, 잠을 제대로 못 자면 면역계도 부정적인 영향을 받기 때문에 깊고 충분한 수면을 해야 한다. (코메디닷컴, 2021. 11. 24.)

전문가들에 따르면, 여행 시 잠을 잘 자기 위해서는 도착 후 며칠은 여행 일정을 너무 촘촘하게 짜지 말고, 낮에는 밝은 햇볕을 많이 쬐며, 수분을 충분히 섭취해야 좋다고 한다. 그리고 알코올과 카페인 섭취를 자제하고, 매일 일정 시간 걷기와 산책을 하며, 정해진 시간에 취침하고, 잠을 잘 때는 심호흡이나 명상 등을 하는 것도 좋다고 한다. 액세서리(Accessory)로는 여행용 베개, 수면 안대, 귀마개, 편안한 잠옷 등도 잠을 잘 자는 데 도움을 준다고 한다.

묵고 있는 객실의 조명이 매우 밝고 환한 빛이거나, 빛이 하나도 없는 어둠에서는 잠이 오지 않는 경우가 많다. 이럴 땐 잠자리 근처에 은은하게 노란빛이 나는 간접조명이 좋고, 여행지에서 잠자기 한 시간 전부터 전등을 끄고, 아늑한 조명으로 긴장을 풀어 주는 숙면의 분위기 조성도 중요하다. 마음이 안정되지 않고, 제대로 숙면할 수 없다면 잠자리 근처에 라벤더(Lavender), 카모마일(Chamomile), 재스민(Jasmine) 등 심신 안정에 도움을 주는 방향기(Diffuser)를 놓아두는 것도 좋다.

여행에서 기본이 되는 것은 먹고, 자고, 보고, 즐기는 것이다. 이중 잠과 잠자리가 불편하면 기대했던 여행의 만족도가 떨어질 수 있다. 하루 동안 쌓인 피로를 풀고 기력을 회복하는데 가장 좋은 것은 숙면이다. 약간의 불편을 감수하고, 여행에 적합한 사람이 되어가는 것도 한 방편이다. "하느님! 오늘도 하루 잘 살고 죽습니다. 내일 아침 잊지 말고 깨워 주십시오."라는 나태주 시인의 시처럼 꿀잠 자는 여행지의 밤을 꿈꿔 본다.

(2024. 10. 11.)

# 50년 만에 만남이 있던 날

출발하기 전 시간이 왜 이렇게 가지 않는지 한 시간이 열 시간처럼 느껴진다. 만나지 못한 세월이 길었던 만큼 해후의 시간을 쉽게 내주지 않는 것 같다. 승용차를 타고 만날 장소로 향하는 마음이 설렌다. 내가 보여줄 첫인상이 그동안 50여 년을 어떻게 살아왔는지 보여주는 일이라 신경이 꽤 쓰였다. 머리도 한 번 더 매만지게 되고, 표정도 거울에 비춰보며, 옷차림새도 다시 한번 점검하며 갑자기 도덕군자의 모습을 꿈꿔보지만, 살아온 길이…. 만나는 상황을 가정하여 여러 생각이 머리를 혼란스럽게 한다.

'첫 인사말로 무슨 말을 할까?'
'포옹은 할까?'
'호칭을 무어라고 불러야 할까?'

여기에 몰입된 나를 발견하고, 벗어나기 위해 라디오 버튼을 켜는 순간 마음이 후련하다.

마음이 지척이면 천 리도 지척이라는데 사무치는 그리움에 5년 전 초임지를 가보았다. 오가다 옷깃만 스쳐도 전생의 인연이라는데 살아생전 만날 수 있을지 반신반의했던 일이 실현되는 순간 설레고 흥분되었다. 하늘나라에서나 만날 수 있을지도 모르는 일이 지상에서 이루어졌으니 얼마나 다행스러운 일인가! 중국 속담에 "인연이 있으면 천리 밖에 있어도 만날 수 있으나, 인연이 없으면 얼굴을 마주하고 있어도 만날 수 없다."더니 강력하게 이끌리는 마음의 정이 있었나 보다. 지인들에게 자랑삼아 첫 부임지에서 만난 사람을 반세기 만에 해후상봉(邂逅相逢)한다고 말했더니 놀람과 부러움을 사기도 했다.

약속 장소는 사려 깊게 나를 위해 고속도로 요금소와 가까운 곳을 선정했다. 5시라 아직 저녁 영업시간이 아니라서 텅텅 빈 창가 쪽 식탁에서 네 사람이 담소를 나누는 모습이 포착되었다. 세 사람은 바로 알아볼 수 있는데 한 사람은 생각날 듯 말 듯 머릿속을 빙빙 돌며 혀끝을 맴돈다. 머리를 쥐어짜 보지만, 생각이 안 나 결국 옆에서 누구라고 알려주는 말에 "아" 하고 생각이 난다. 참석자 명단에 없었는데 어떻게 연락이 되었는지 더 반가웠다. 내게 각인되었던 이미지와는 달리 많이 변한 것 같다. 조금 늦겠다는 후배도 바로 합류하여 총 6명이 모였다.

50년 만에 만나서 주고받는 말 중 백발홍안(白髮紅顔)처럼 보였는지 "머리만 희었지, 얼굴은 예전 그대로네!"

라며 그동안 건강하게 잘 있었는지 안부를 묻는다. 어색함 때문인지 격한 포옹은 안 했지만, 따뜻한 시선으로 바라봐 주며 마치, 남북 이산가족이 상봉하는 느낌이었다. 십 년이면 강산도 변한다는데 처음 만날 땐 푸릇푸릇한 청춘이었으나, 무정세월은 우리를 머리숱이 성글며, 어깨는 축 처지고, 피부엔 세월이 묻어 거칠어졌으나, 이 순간의 만남은 타임머신을 타고 혈기 왕성했던 젊은 시절로 금세 돌아갈 수 있어 감사하고 행복했다.

50여 년 전의 영세불망(永世不忘) 추억이 하나로 이어 주고 이를 안줏거리 삼아 대화가 금세 풍성해졌다. 둘째 연장자인 A 씨가 장가갈 때의 일이 입에 올랐다. 첩첩산중 시골 마을에서 친구들이 신랑을 어찌나 심하게 다루었는지 두 정강이에서 피가 났던 일이며, 꽃다운 두 누님이 해수욕을 실컷 즐기고 나왔는데, 옷이 없어져 하마터면 선녀와 나무꾼이 될 뻔한 일 등 잊을 수 없는 추억을 곱씹는 일은 모두에게 타임머신을 타고 50년 전으로 돌아가서 우리를 그때 그 시절로 데려다 놓았다.

식사를 마치고 찻집으로 옮긴 뒤 대화의 초점은 추억보다는 각자가 지금은 어떻게 생활하고 있는지에 맞추어졌다. 한 선배는 상가 2층에서 부동산 사무실을 운영한다며 돈보다는 매일 할 일이 있어 규칙적으로 생활을 할 수 있어서 좋다고 했다. 또 한 선배는 퇴직자 7~8명과 어울려 재밌게 생활하고 있다고 했으며, 여성 선배는 주민자치센터에서 운영하는 프로그램에 참여하여 당구, 탁구 운동을 하며 유익하게 시간을 보낸다고 했다. 동년배는 동우회 일을 맡고 있으며, 후배는 골프의 매력에 빠져 있었다. 모두 한결같이 노후 연금의 중요성을 말했다. 매월 꼬박꼬

박 들어오는 연금이야말로 노후의 가장 큰 버팀목으로 큰 힘이 된다고 했다. 총 여섯 명 중 우체국에서 퇴직한 세 분은 비교적 안정된 생활에 도움이 된다며 다른 국민연금을 받는 사람들의 부러움을 샀다.

짧은 만남을 뒤로한 채 곰곰이 오늘의 만남을 반추해 보았다. 마치, 초등학교 동창들이 오랜만에 만나도 옛 시절로 바로 돌아가 한마음이 되듯, 50년 만에 만남은 전혀 어색하지도 않고 금세 가까워졌다. 이질감이나 괴리감을 찾아볼 수 없었다. 모두가 순수한 사람이라서 가능했다. 겸손의 미덕을 가진 그런 사람들이었다. 첫 자리인 만큼 개인의 가정사나 자식 이야기는 서로 자제하는 분위기가 역력했다. 헤어지고 난 뒤 SNS를 통하여 모두가 한마음이라는 것을 알 수 있어 발걸음이 가벼웠다.

"만나서 반가웠습니다. 이제 방금 집에 도착했습니다. 모두 건강한 모습으로 뵐 수 있어서 참 좋았답니다. 항상 건강하시고 하시는 일마다 큰 기쁨 거두시길 빕니다. 감사합니다."

"오늘 참 기분 좋은 날이네요. 모두 만나 반가웠어요. 우리 또 만나길 기다리며 행복한 저녁 시간 되시길 바랍니다. 수고들 많으셨습니다."

"원거리인데도 불구하고 반가운 만남을 주도했던 고 작가님 덕분에 총각 때 추억을 되새기며 행복한 밥상까지 너무 좋았습니다. 다음에는 제가 쏘겠습니다."

"여러분 만나 뵙게 되어 반가웠습니다. 과거로 돌아가 옛날이야기 나누며 떠들고 웃고, 모처럼 행복한 시간이었습니다. 앞으로 자주 만날 수 있는 기회가 만들어지면 좋겠습니다. 항상 건강하시고 행복만 가득가득 쌓이는 나날 되시길 기원합니다."

"그때는 나도 총각이었지."

"어제는 좋은 만남이었어요. 옛 추억을 생각하면서 즐거웠어요. 우리 다음에 또 만나요."

아내는 모임에 갔다 온 소감이 몹시 궁금했던 모양이다. 나의 반응도 궁금하지만, 다른 사람들이 보인 반응을 무엇보다도 궁금해했다. 일회성 만남으로 끝나지 않고 다음에 또 만나길 희망한다는 말에 놀라움과 부러움을 샀다.

50여 년 시간이 한번 만남으로 다 해소될 수 없다. 우리는 서로 다른 환경과 성격, 가치관, 모습으로 살아왔지만, 서로 존중하며 배려하는 태도는 공백이 컸던 만남에서는 더 필요했다. 시간이 꽤 흘러 삶의 수단이 편리해지고, 경제적으로 윤택해졌다고 해도, 젊은 시절 보았던 인간의 본성은 변하지 않았다. 사회적 관계망이 좁아지는 때 선물처럼 온 인연에 감사하며 서로의 건강을 가슴으로 빌었다. 모두 건강한 모습과 삶을 즐겁게 살려는 나름의 노력을 보면서 이렇게 볼 수 있어 감사했다. 가장 아름다운 만남은 어떤 만남일까? 그런 만남을 꿈꾸는 내가 행복하다.

(2024. 7. 5.)

## 가슴으로 전해지는 효심

　생활 관광의 한 형태인 '한 달 살기'는 낯선 지역에서 먹거리, 볼거리를 즐기고, 현지인과 교류하는 기회를 가질 수 있으며, 그 일대를 깊이 살펴볼 수 있는 장점이 있다. 환상의 섬, 제주도는 인구 약 50만 명보다 26배가 많은 연간 1,300만 명의 관광객이 방문하는 곳으로 그동안 한 달 살기에 적합하여 많은 주목을 받아왔다. 언어가 달라 버벅거릴 일도 없고, 갑자기 생긴 문제를 해결하지 못해 발을 동동 구르지 않아도 된다. 에메랄드빛 바다, 아기자기하게 쌓은 돌담, 늘씬한 키껑다리가 살짝 정신없어 보이는 산발한 머리 모양의 워싱턴 야자나무 등 천혜의 자연이 펼쳐져 있어서 해외에 온 것 같아 많은 사람에게 낭만적인 장소임이 틀림없다.

출산 후 일 년 만의 복직을 앞둔 며느리와 육아 휴직을 낸 지 일주일이 지난 둘째 아들은 제주도 한 달 살기를 떠났다. 아들 내외는 휴가가 겹치는 기간을 이용하여 그동안 손녀를 키우느라 애쓴 며느리, 집과 직장을 오가는 곽곽한 삶에 지쳐 재충전이 필요하다고 느꼈을 아들, 예쁜 손녀에게 색다른 풍경을 보여주고 싶은 바람이 컸는지, 망중투한(忙中偸閑)의 시간을 가졌다. 일상에서 벗어나 거리를 두고 보면 자기 삶의 조화로운 균형이 어떻게 깨어져 있는지 분명히 보일 수도 있다.

아들 내외는 떠나기 며칠 전, 6월 초 연휴를 이용하여 부모님께서 다녀갔으면 좋겠다는 의향을 내비쳤다. 자기들만의 오붓한 시간을 원하는 달콤한 신혼 기간인데, 끼어도 되는지 한참 고민이 되었지만, 성의가 고마워 합류하기로 했다. 문제는 징검다리 연휴라서 항공권이 원하는 날은 매진이라 다른 날로 어렵게 구하여 4박 5일을 머물다 올 수 있었다.

국내 여행이라 가볍게 생각하고 신분증을 지참하지 않았는데 그게 사달이 났다. 공항 체크인 카운터에서 신분증을 요구해 휴대전화기에 저장된 여권과 주민등록증을 보여 주었으나 무용지물이었다. 직원의 도움을 받아 무인민원발급기에서 주민등록초본을 발급받으려고, 오른손 엄지를 지문 인식기에 십여 차례 대어도 안 된다. 기계를 달리하고 방법을 달리해도 안 돼 탑승할 수 있을지 마음은 타들어 가기만 했다. 결국 지문 인식을 포기하고 여러 앱 중 PASS를 이용하여 인증을 진행했고, 지문인식부터 인증 완료까지 모두 30여 분이 걸렸다. 불안과 짜증이 났지만, 즐거운 여행길이라 꾹 참고 마음을 다독여야 했다.

아들은 서쪽 지역인 한림읍 귀덕리의 바다와 가까운 아파트 3층에 두 번째 숙소를 정하여 한 달 살기를 하고 있었다. 아파트 화단에는 내 키만 한 소철이 자라고, 왜철쭉과 백합꽃이 피어 육지와는 사뭇 달랐다. 바다에 설치된 풍력발전기의 블레이드(Blade)가 바람에 회전하는 모습은 마치 풍차의 나라 네덜란드를 연상케 한다. 무엇보다도 대기 오염물질 배출원이 적어서 그런지 청정한 공기 맛이 달랐다. 아파트 내부는 리모델링한 지 얼마 되지 않아서인지 깨끗했다. 다소 비좁지만, 며칠 동안 부대끼며 3대가 함께 지내기로 했다. 여기에 온 지 2주 가까이 된 아들의 얼굴을 본 순간 많이 밝아지고, 편안해진 느낌이라 역시 휴식이 좋았다.

바라만 보아도 기분 좋은 손녀꽃에 푹 빠져 웃음꽃이 절로 핀다. 삶의 후반부에 맞닥뜨린 조부모 단계는 인생의 하이라이트이다. 손녀로 인해 가족 사랑의 기반이 되고, 아들 내외와의 관계가 개선되는 가교역할은 물론 잃어버렸던 동심을 되살리는 시간이다. 조부모에게 삶의 새로운 차원을 선물하고, 저절로 벙글어지는 웃음과 활력을 선물하는 손녀는 에너자이저(Energizer)이다. 생각만 해도 내 가슴에 수를 놓는 손녀는 사랑스럽고, 예쁜 꽃이다.

모든 관심의 초점이 손녀에게 집중되었다. 아침에 일어나면 나팔꽃처럼 활짝 웃는 미소는 얼마나 아름다운가? 초롱초롱한 작은 눈망울 속에 별이 빛나고, 보들보들한 뺨에 비비고 싶다. 고사리같이 여린 손에 꼬집히는 감촉은 어떨까? 엄마 품에 안긴 놈을 안아보고 싶어 손을 내밀면 고개를 휙 돌린다. 다소 무표정한 조부모는 손녀의 눈에는 절에 모셔놓은 부처님 얼굴처럼 근엄하고 접근하기 어려운 존재로 비쳤나? 손녀에게 그 누구보다도 엄마는 최고의 안식처다. 평소에 자주 안 들던 소리가 나면 예민하게 반응하여 고개를 그쪽으로 돌리거나 기어가서 무엇인가 확인한다. 놀이도구로 팸플릿 등을 주면, 호기심이 발동하여 정신이 팔린 지 일 분도 안 돼 관심이 딴 곳에 가 있다. 식당에서 유아용 의자에 앉혀놓으면 혼자서도 잘 놀아 효녀처럼 예쁜 손녀는 하늘에서 내려온 작은 천사가 따로 없다.

부모는 자녀를 양육하는 동안, 서투르고 너무 바빠 자녀들과 여유 있게 즐길 수 있는 시간을 거의 갖지 못하는 경우가 많다. 부모가 조부모가 될 무렵에는 인생에서 자신에게 주어진 많은 임무를 수행한 후라 시간 여유를 가질 수 있다. 바쁜 자녀들과 시간을 함께하는 일도 어렵게 될 때, 손주는 조부모에게 축복인 동시에 유일한 미래로 지각되기 때문에 자녀보다는 손주가 훨씬 더 사랑스러울 수 있다. 아들 내외와 손녀는 한 가족으로 완전체가 되어 가고 있다. 기울임 없이 아이와 부모가 서로에게 맞물려 톱니바퀴처럼 돌아간다. 가족은 운명 공동체다. 가족은 운명을 선택한 것이 아니라, 저절로 부여받은 것이다. 새로운 가족 문화의 형성과 행복의 샘물이 솟아나고 있는 곳에서 같이 할 수 있어 좋았다.

아들이 가정을 꾸린 뒤 며칠을 함께 지내며 같이 밥 먹고 잠든 건 처음 있는 일이었다. 제주도에 온 김에 좋은 풍경이라도 더 보여주고, 맛있는 음식을 함께 나누려는 그의 진심 어린 마음이 고스란히 전해져 더욱 고마웠다. 부지런히 살아가는 그의 모습에서 삶에 대한 태도와 가족에 대한 사랑을 다시금 깨달았다. 그동안 알지 못했던 이야기들을 마주하며, 때로는 현미경처럼 자세히 들여다보기보다 망원경처럼 멀리서 전체를 바라보는 것이 더 나을 수 있다는 생각도 들었다. 눈에 선명히 들어오지는 않더라도, 있는 그대로 받아들이는 게 지혜일 수 있다는 깨달음도 있었다.

효도라고 하면, 어릴 적엔 뭔가 거창한 줄 알았다. 용돈을 드리거나, 비싼 선물을 하는 것, 나이가 들면 부모님을 모시고 살면서 모든 것을 책임지는 것, 그게 효도라고 배웠다. 하지만 효도는 작고, 소박한 것에서 시작된다는 것을 알았다. 일상에서 부모님과 함께하는 시간을 늘려가고, 자주 만나거나 통화를 해서 소통하려는 노력이 여느 젊은 사람답지 않다. 내 기준이 아닌 부모님 기준에서 이해하고, 배려하며, 사소한 것이라도 부모님이 무엇을 좋아하는지 관심을 둔다. 오늘은 부모님과 어떤 일을 하면 좋을까, 어떤 이야기를 해드릴까, 잠시 생각해 보고 소중한 시간을 함께하는 것만으로도 충분히 출천지효(出天之孝)의 길을 걸을 수 있음을 가슴으로 느끼는 시간이었다.

많은 사람이 지친 일상의 탈출구로 이국적인 제주도 한 달 살기를 꿈꾸는데 아들 내외도 다르지 않았다. 많은 대화로 한층 더 가까워지고 돈독해지는 시간이었다. 눈이 멀고 마음이 유해진 손녀 바보는 행복했다. 효도란 어렵고 특별한 게 아니라 부모 마음을 편하게 하는 것이다. 아들 내외가 이번 기회를 통해 서로를 다시 바라보고, 사랑의 온기를 확인하며, 앞으로의 길에 더 깊은 신뢰와 용기를 얻었으면 한다. 충분한 휴식과 재충전으로 다시 먼 길을 갈 수 있는 아깝지 않은 시간이었기를 기대해 본다.

(2024. 6. 12.)

| 고영덕 5수필집 해설 |

# 고사성어와 잠언의 활용에 대하여
— 고영덕 5수필집을 감상하고 —

문학평론가 리 헌 석
(사) 문학사랑협의회 이사장

1.
작가의 내면을 오롯이 표현하는 장르가 수필입니다. 알기 쉽고 자연스럽게 표현하면 좋습니다. 그러나 내면이나 정서, 그리고 특별한 상황을 절묘하게 표현하기 위해 고사성어를 인용하거나 잠언을 활용하기도 합니다. 선각자들의 예지를 공유하기도 하고, 앞서신 분들의 말씀이나 글을 인용하기도 합니다. 이러한 노력을 통하여 수필의 수준이 높아지고, 독자들과 특별한 감동을 공유할 수 있습니다.

고영덕의 수필집 다섯 권을 통독한 바 있습니다. 각 권마다 60편 내외의 수필이 수록되어 있는데, 그중에 고사성어 혹은 외국어를 인용한 작품이 여러 편이고, 그 상황에 적합한 표현이어서 때로는 무릎을 칠 정도로 감탄한 바 있습니다. 최근에 발간한 5수필집 독서 과정에서 〈앙천이

타(仰天而唾) 도오기면(徒汚其面)〉을 만났는데, '하늘에 침 뱉기'라는 우리 말 표현으로도 좋았을 터이지만, 인용 뒤에 우리말 설명을 붙였기에 작가의 의중을 수용할 수 있습니다.

> 남을 가볍게 흉볼 일이 아니었다. 어떤 일이든 거기에는 그럴만한 사유가 있다. 나 자신이 그 상황을 직접 경험하지 않은 이상 피상적으로 여겨서는 안 된다. 자칫 그 비난이 나 자신에게 돌아올 수 있다. 마음속으로 흉을 보아서 다행이었지 대놓고 말했다면 큰 낭패였으리라. 말은 생각나는 대로 함부로 내뱉어서는 안 된다. 앙천이타(仰天而唾) 도오기면(徒汚其面)이라 했다. '하늘을 보고 침을 뱉으면 오히려 자기 얼굴을 더럽힐 뿐' 이라는 말이다.
>
> － 「흉보다가 닮는다」 일부

오스트레일리아와 뉴질랜드 여행을 떠나기 전에, 미리 다녀온 사람에게 자문을 구하던 중에 일어난 에피소드입니다. 건강식품과 기념품 구입에 5백만 원이라는 거금을 쓴 사례를 듣고 자신은 절대 그러지 않겠다고 다짐하였는데, 여행 중에 자신도 그를 답습하면서 부끄러운 내면을 표현한 부분입니다. 뒤에 우리말로 〈'하늘을 보고 침을 뱉으면 오히려 자기 얼굴을 더럽힐 뿐'〉이라는 설명을 붙였기 때문에 사족(蛇足)을 달지 않아도 되지만, 어원의 유래에 대하여 간략하게 정리하기로 합니다.

불교의 요지를 42장으로 나누어 기술한 경전 『四十二章經(사십이장경)』의 8장에 〈악한 사람이 어진 사람을 해치는 것은 마치 하늘을 향해 침을 뱉으면 하늘에 닿지 않고 땅에 떨어지는 것과 같다.〉는 기록이 있습니다. 또한 당나라 '누사덕'은 고사(故事)에서 〈하늘을 향해 침을 뱉으면, 제 얼굴에 떨어질 뿐이다.〉라고 비유한 바 있습니다. 조선시대 정약용의 『耳談續纂(이담속찬)』에도 그대로 실려 있는데, 이를 고영덕 수필가가 다시 인용하였으니, 시대와 사람이 달라도 귀한 말씀은 널리 회자(膾炙)되는 것 같습니다.

2.
고영덕 수필가의 작품을 읽으면서, 때로 과공비례(過恭非禮)를 떠올리지만, 그것이 내면의 실상으로 보이는 것은 그의 인품에 상응하기 때문입니다. 그는 5수필집의 서문에서 〈천학비재(淺學菲才)라 두려운 마음이 크지만, 최선을 다해 쓴 글이 독자에게 잔잔한 감동과 울림을 전할 수 있기를 조심스럽게 기대해 본다.〉고 정리하고 있습니다. 여기에서 〈학문이 얕고 재주가 변변치 않은〉으로 표현해도 좋았겠지만, 독자들을 향하여 '겸손'을 간명하게 표명하기 위한 선택이라 하겠습니다. 과공할 정도로 겸양하는 고루과문(孤陋寡聞)은 몇 작품에서 인용되고 있습니다.

> 과분하지만, 인간 구원과 사회를 밝히는 등불이며, 영혼을 깨우치는 글이 되게 하소서. 작가는 읽고, 생각하고, 여행하며, 쓰고, 고치는 일이 수없이 요청되기에 부지런하게 하소서. 고루과문(孤陋寡聞)한 탓에 무딘 붓끝은 지긋지긋한 번민과 고뇌로 뒷덜미를 움켜잡게 한다. 글을 쓴다는 것, 작가로 산다는 것은 많은 어려움과 고통이 따르지만, 글쓰기는 온전한 나의 완성임을 알기에 더 열심히 정진하도록 기도합니다.
> 
> — 「나를 위한 기도」 일부

고영덕 수필가는 나이 들어 글을 쓰는 일이 좋은 일이라고 정리합니다. 자신이 글을 쓰는 일, 좋은 글을 남기는 일보다 소중한 일은 없다면서 〈그냥 쓸 것이 아니라 전력을 다해 쓰게 하소서〉 기도문을 남깁니다. 이러한 자세여서 '고루과문'은 현학적(衒學的) 겸양이 아니라 내면의 진정한 표현이자 하느님 혹은 성모님께 바치는 간절한 기도문입니다. 다른 작품「미리 쓰는 유언장」에서도 인용하고 있습니다. 어려서부터 영특하였고, 여러 분야의 기량이 출중한 아내인데, 자신 때문에 가려진 것 같아 가슴 아픈 속내를 드러냅니다. 그리하여 자신은 〈고루과문(孤陋寡聞)하여 아내를 자양분 삼아 그의 기회를 가로채어 산 못난 남편이었다.〉고 자성하기에 이릅니다.

수필가로서, 아내의 남편으로서 자성의 세월을 보낸 그는 훌륭한 부모님으로 시선이 옮겨집니다. 그의 부모님께서는 배우지 못한 한을 자식에게 절대 물려주지 않겠다는 굳은 신념으로 자식 교육에 적극적이셨다고 회고합니다. 부모와 자식 간의 만남을 〈전생에 무슨 인연으로 부모님을 잘 만난 덕분에 지복(至福)을 누리고 있다.〉면서 눈물에 젖습니다. 〈송강 정철(1537~1594, 조선 중기 시인, 정치인)의 '훈민가의 부의모자(父義母慈)'가 생각난다. 그런 숭고한 희생을 어떻게 감내하셨을까?〉 하면서 감읍합니다.

> 빛은 나누어 줄수록 더 밝아지고, 꽃은 꿀을 내줄수록 열매를 맺어 가고, 미소는 번질수록 더 아름답다. 나누고 베풀수록 사람들의 몸과 마음에 기쁨과 활력이 넘치고, 나아가 사회가 더 건강해진다. 나눔은 마음을 부유하게 하고 웃음꽃이 피게 하며 사람을 보람차게 한다. 음덕양보(陰德陽報)

를 바라지 않지만, 나눔이 가족 간 화합과 사랑을 몸소 실천하는 길이라고 생각되어 배달부도 흐뭇한 아침이었다.

- 「나눔의 기쁨」 일부

'남모르게 음지에서 쌓은 덕행은 양지에서 드러나 갚음을 받는다.'는 '음덕양보(陰德陽報)'는 가까운 사람과의 관계에서도 고마운 일이지만, 모르는 사람들에게로 확장되면 거의 종교적 신앙에 견줄 행실입니다. 고영덕 수필가는 이 작품에서 〈나눔이 성공보다 더 가치 있는 행복〉이라는 철학자 김형석 선생의 말씀을 인용하고 있습니다. 100년을 살아보니 행복은 이웃과 더불어 사는 삶, 소유가 아닌 베풂이 목적이 되는 삶, 돈 때문에 일하는 인생이 아니라 베풀고 봉사하는 삶이 중요하다는 선생의 말씀을 인용합니다.

문인들이 베풀고 봉사하는 삶을 실천하는 일은 좋은 저서를 발간하는 일도 포함될 터입니다. 또한 좋은 저서를 문우들이나 필요한 분들과 나누어 보는 일도 좋을 터입니다. 정해지지 않은 독자들이 읽고 저자와 감동을 공유한다면 형언할 수 없는 기쁨일 터입니다. 작품 「책을 선물한다는 것」에서 헌근지의(獻芹之意)를 인용하고 있습니다. '정성을 다하여 남에게 선물이나 의견을 올린다.'는 이 말은 책을 선물하고, 또한 선물 받으면서 마음을 나누는 일이며, 문인들 사이에 정을 나누는 방법이기도 합니다.

수필집을 문우들에게 130여 권 발송하였다. 같은 문학 활동을 하는 문우들에게 생각 나눔을 3권째 하고 있다. 비 문학인에게 배포하는 것보다 마음과 뜻이 통하는 문우들과의 정신적 교감이 더 나아 '무주상보시(無主相布施)'의 마음처럼 누군가에게 무엇을 줬다는 걸 으스대지 않기 위해 마음을 다잡았다. 자칫 공짜로 주었는데 잘 받았다는 최소한의 예의도 없느냐고 준 사람으로서는 말할 수 있지만, 내 손을 떠난 것에 연연하지 않으려고 했다. 주어서 고맙다는 인사를 받는 것보다 먼 훗날이라도 그 책의 내용을 전하며 이야기해 주는 사람이 더 고마울 것 같다.

― 「책을 선물한다는 것」 일부

고영덕 수필가는 마음과 뜻이 통하는 문우들과의 정신적 교감을 위해 '무주상보시'의 마음으로 저서를 선물합니다. 이 말은 '집착 없이 베푸는 보시'라고 하며, 원 뜻은 '法에 머무르지 않는 보시'를 말합니다. 즉 형식에 얽매이지 않는 보시, 겉으로 드러내지 않는 보시를 의미하며,『금강경』에서 중요하게 권하는 잠언입니다. 이러한 책 선물임에도 그는 누군가에게 책을 선물하는 게 큰 부담으로 작용하는가 봅니다. 작품 같지도 않은 것을 보냈다고 하지 않을까 후회도 되지만, 〈애벌레가 나비로 거듭나는 과정〉으로 위안을 삼습니다.

고영덕 수필가는 사람과 사람 사이, 단체와 단체 사이, 나라와 나라 사이에 가장 중요한 명제는 '약속'이며 신뢰가 바탕 되어야 함을 역설합니다. 수필「피노키오 코가 될 뻔한」에서 고사성어 3개를 인용하고 있습니다. 한번 승낙한 약속은 천금과 같다는 일낙천금(一諾千金), 쇠와 돌같이 굳게 맹세한 약속이라는 금석맹약(金石盟約), 고지식하고 융통성이 없는 믿음이라는 미생지신(尾生之信) 등을 통하여 신의가 중요한 미덕임을 강조합니다. 약속과 신뢰는 '신상필벌(信賞必罰)'을 도출하여 때로는 사회 규범이 되기도 합니다.

> 인간의 마음을 움직이는 수많은 수단 중 하나는 무엇일까? 그중에서도 신상필벌(信賞必罰)은 오래전부터 통치의 도구로 쓰여 왔다. 고대 철학자 한비자는 말했다.
> "사람은 본디 상 받는 것을 좋아하고, 벌 받는 것을 두려워한다."
> 이는 인간 마음 깊은 곳에 자리한 인정 받고 싶은 갈망일지도 모른다. 진정한 동기는 내면 깊은 곳에서 솟아나야 하지만, 어쩌면 인간은 외부에서 오는 작은 인정, 작은 상(賞) 하나에도 기꺼이 마음을 열고, 다시 한 걸음 내디딜 용기를 얻는다. 상이라는 것은 어쩌면, 마음속 어둠에 작은 불빛을 켜는 일이다. 그 불빛을 좇아 우리는 더 나은 자신을 향해 걷는다.
> ― 「상을 받는다는 것」 일부

고영덕 수필가는 상을 받은 후, 〈나 또한 더 깊고 단단한 글을 쓰고 싶다는 소망이 깃든다. 인품에서 향기가 나야 좋은 수필을 쓸 수 있다는 말을 곱씹는다.〉 〈결국 중요한 것은 진정성 있는 노력과 성과의 축적이다.〉 〈언젠가는 내 글에서도 아름다운 향기가 번져나가길 바란다. 그저 부드럽고 따스하게, 누군가의 마음에 닿을 수 있기를….〉 소망하며 수필 창작에 매진합니다.

그의 수필에는 한자어와 외국어 등이 잠언 역할을 합니다. 「15년 만에 다시 찾은」에는 어린 시절에 먹던 나물국을 잊지 못한다는 채갱불망(菜羹不忘)이 제격인 고사성어입니다. 특히 「기막힌 우연」에 나오는 세 개의 고사성어, 운명을 하늘에 맡긴다는 청천유명(聽天由命), 눈먼 거북이가 너른 바다에서 우연히 물에 뜬 나무를 만난다는 맹귀부목(盲龜浮木), 매우 드물게 오는 기회를 일컫는 천재일우(千載一遇) 등이 적재적소에 활용되고 있습니다.


3.
    고영덕 수필가는 자신을 〈애벌레가 나비로 거듭나는 과정〉이라고 겸양하지만, 그는 이미 나비가 되는 우화등선(羽化登仙)의 과정을 수료하였으며, 등단 5~6년에 5권의 수필집을 발간할 정도로 창작에 열중하는 중견 문인입니다. 무형식의 형식이라는 수필에 자신만의 형식을 설정하여 집필하고 있으며, 내용과 정서에 따른 표현 또한 놀라운 성공을 이루어 여러 상을 받은 바 있습니다.

    이런 바탕에는 수필 창작에 대한 그만의 직왕매진(直往邁進)의 자세가 주효(奏效)했을 터입니다. 주저하거나 머뭇거리지 않고 곧장 힘차게 나아간다는 이 말은 수필 「머뭇거리다」에 인용되어 있습니다. 그는 〈과감하면 위험성이 크지만, 충분히 사전에 준비하고 기회를 엿보아 낚아챈다면, 만족스러운 결과를 얻을 수 있는 게 세상의 이치〉라며 수필 창작에 열중합니다.

> 인간의 손이 닿지 않은 자연 그대로의 숲과 정돈된 아름다운 숲이 마음속에서 충돌하여 너무 성급하게 행동하지 않았는지 망설임이 있었지만, 방치할 때 주변 나무들을 죽여 황폐케 하는 유해식물이라 제거를 잘했다. 한 그루의 성목(成木)은 성인 4명이 24시간 숨 쉬는 데 필요한 산소를 공급

하고, 1년에 최대 10㎏의 이산화탄소($CO_2$)를 흡수한다고 한다. 일수백확(一樹百穫)이라고 했는데 그런 나무를 우리의 무관심으로 죽게 놔둘 것인가?

- 「제발 나 좀 살려 주세요」 일부

작가들은 머리와 가슴으로 작품을 창작하면서도 현실 참여를 통하여 봉사합니다. 고영덕 수필가의「제발 나 좀 살려 주세요」가 일례(一例)입니다. 자주 가는 곳에 큰 나무가 있는데, 칡넝쿨이 점령군처럼 넓은 잎사귀로 햇빛을 차단해 광합성을 막고, 넝쿨이 나무를 옥죄어 가지를 뻗을 수도 없게 합니다. 칡, 환삼덩굴, 가시박, 다래, 노박덩굴 등 덩굴식물은 빛을 좋아하여 무엇이든 높은 곳으로 올라가는 습성이 있습니다. 꽃가위를 챙긴 후 칡넝쿨 줄기를 제거하여 질식 지경인 나무를 살려냅니다.

나무 몇 그루의 고통을 덜어주며, 그는 '한 그루 나무에서 백 가지 수확(이익)을 볼 수 있다.'는 일수백확(一樹百穫)의 보람을 찾습니다. 이 말은 비유적으로 유능한 인재 한 명을 양성하면 사회와 나라에 크게 쓰인다는 의미로 수용합니다. 수필 작품에 고사성어나 외국어를 사용하는 것이 크게 권할 일은 아닙니다만, 의미와 정서를 전달하는 수필에서 적요(摘要)하게 활용하면 감동적일 수 있습니다. 고영덕 수필가의 수필집을 독서하는 일은 마음과 정서를 공유하는 일이매, 우일신(又日新)의 기대로 다음 수필집을 기대합니다.

## 다시 길 위에 서다
고영덕 5수필집

| | |
|---|---|
| 발 행 일 | 2025년 7월 30일 |
| 지 은 이 | 고영덕 |
| 발 행 인 | 李憲錫 |
| 발 행 처 | 오늘의문학사 |
| 출판등록 | 제55호(1993년 6월 23일) |
| 주　　소 | 대전광역시 동구 대전로 867번길 52(한밭오피스텔 401호) |
| 전화번호 | (042)624-2980 |
| 팩시밀리 | (042)628-2983 |
| 전자우편 | hs2980@hanmail.net |
| 카　페 | cafe.daum.net/gljang(문학사랑 글짱들) |
| 인터넷신문 | www.k-artnews.kr(한국예술뉴스) |
| 계좌번호 | 농협 405-02-100848(이헌석 오늘의문학사) |

| | |
|---|---|
| 공 급 처 | 한국출판협동조합 |
| 주문전화 | (02)716-5616 |
| 팩시밀리 | (02)716-2999 |

ISBN 979-11-6493-391-4
값 18,000원

ⓒ 고영덕 2025

\* 이 책의 판권은 저작권자와 오늘의문학사에 있습니다.
\* 이 책은 E-Book(전자책)으로 제작되어 ㈜교보문고에서 판매합니다.
\* 잘못 제작된 책은 구입하신 서점에서 바꾸어 드립니다.